U0164901

LEAP
How to Thrive in a World
Where Everything Can Be Copied

向上而生

如何在同行竞争中脱颖而出

俞 昊 著　　姜忠伟 译

中信出版集团 | 北京

图书在版编目（CIP）数据

向上而生：如何在同行竞争中脱颖而出 / 俞昊著；
姜忠伟译 . -- 北京：中信出版社，2023.5
书名原文：Leap: How to Thrive in a World Where
Everything Can Be Copied
ISBN 978-7-5217-5502-2

Ⅰ . ①向… Ⅱ . ①俞… ②姜… Ⅲ . ①产品开发－研
究 Ⅳ . ① F273.2

中国国家版本馆 CIP 数据核字（2023）第 049646 号

向上而生——如何在同行竞争中脱颖而出
著者： 俞昊
译者： 姜忠伟
出版发行：中信出版集团股份有限公司
（北京市朝阳区东三环北路 27 号嘉铭中心　邮编　100020）
承印者： 北京诚信伟业印刷有限公司

开本：880mm×1230mm 1/32　印张：10.25　　字数：184 千字
版次：2023 年 5 月第 1 版　　印次：2023 年 5 月第 1 次印刷
京权图字：01-2019-3795　　书号：ISBN 978-7-5217-5502-2
定价：59.00 元

目　录

序　章　竞争如何展开

当每个人都是天才的时候：竞次　002

神奇的药物　006

不再闪亮的珍珠　008

稳定——一场不可能的追求　010

路线图　013

第一部分　发生了什么

第一章　钢琴战争：当力量变成弱点

有史以来最好的钢琴　021

危机中的王朝　026

麻烦的陌生人　028

后发制人的好处　034

不是更聪明，只是更快和更好　037

这个世界上没有什么学不会的东西　039

越有钱越舍不得花　043

困在金色的笼子里　046

当力量变成弱点　047

第二章　创新者的第一个优势：当竞争像泥石流一样暴发时

化学工业的发展　051

轰动世界的产品　054

微生物猎人　057

好运还是自己的努力　061

"猪肉之城"辛辛那提的一家小企业　064

卖出美好生活　067

最早的数据奇才　072

详尽探索现象事件　077

第三章　创新者的第二个优势：如何掌握知识

新技能　081

寻找灵丹妙药　086

追求新知识领域的史诗之旅　093

搅动下一个潮流　097

无法阻挡的潮流　099

宝洁的困境　105

对第一部分的反思

竞争优势是短暂的　109

你有可能保持住自己的竞争优势　110

如果跳跃如此重要，那么什么时候是最佳的跳跃时机　110

第二部分　将发生什么

第四章　利用无处不在的连接性：从孤独的天才到众人
　　　　的智慧

上百位作者创作的图书　115

真正重要的规则　119

推特，谷歌，微信　122

如果达尔文来调研互联网　124

大规模生产决策 126

当工程变得十分复杂时 130

众筹到来 133

解决正确的问题 136

做伟大的事情却没有得到报酬 142

微信如何改变我们对互联网的了解 148

第五章　利用机器智能：从直觉到算法

计算机过载到来 153

不只是一个更强大的搜索引擎 156

会（不会）犯错的人 159

正在形成的明智建议 167

不再是你爷爷那辈的分类广告 170

除扩大之外 173

从杂志出版商到平台提供者 175

自己制造还是购买 178

从科技巨头的阴影里走出来 180

第二个机器时代 181

那人类怎么办 188

第六章　利用管理创新：从大数据到人情味

在奥秘和难题之间 189

哥谭镇的地下城 191

统计那些重要的人 195

前进一步，后退两步 198

通过同理心理解奥秘 202

全体一起创新 206

不太有希望的候选人 207

产生善意 208

改变背景 210

那人类该怎么办 212

知识重组 216

进行创意跳跃 220

对第二部分的反思

三个关键点正在改写竞争规则 227

机器智能正在进化 228

公司必须押大注 229

第三部分   接下来该发生什么

第七章   从远见到组织化的行动

一台非常非常小的电脑 233

战略究竟是如何运转的 237

深思熟虑的战略和新兴战略 243

全面去中心化的问题 246

有用的干预还是无效的干涉 249

CEO 无法授权的东西 253

CEO 深潜 255

假如有如果 257

尾   声

每个人都能跳跃吗 267

致   谢 275

注   释 279

序　章　竞争如何展开

不论是国外还是国内，新市场的开放无一例外都印证了产业突变的相同过程。在这个过程中，经济结构从内部开始不断变革，传统的结构不断被打破，新的经济结构不断涌现。这种创造性破坏的过程就是资本主义的本质。

——约瑟夫·熊彼特（1883—1950），美籍奥地利经济学家

长久保持竞争优势很难，要想在数十年甚至是上百年的时间里保持优势更加困难。自从工业革命以来，每个成功实现富强的国家都是从模仿其他国家起步的：法国模仿英国，美国模仿德国，日本几乎模仿了每个国家。

在国家竞争的过程中，无数国家出局。但有一些具有开创性的企业在数百年的竞争中不仅存活下来，甚至更加欣欣向荣。这一切是如何做到的？

当每个人都是天才的时候：竞次 [①]

南卡罗来纳州，格林维尔，1872 年

150 年前，亨利·哈米特是南卡罗来纳州格林维尔市的市长。他乐观开朗，体型高大。他乘坐的单人马车是特殊定制的，只有这样才能装下他肥胖的身躯。哈米特头顶已秃，面色苍白，刮得干干净净的下巴上满是赘肉，南卡罗来纳的上流社会人士都认识他。他曾在城市俱乐部的一次集会上发表演讲，宣布里士满和丹维尔铁路即将动工的消息。[1]"皮德蒙特段铁路沿线拥有得天独厚的自然优势，能够让我们县变得富强、繁荣和伟大，"哈米特面对观众，慷慨激昂，"坐火车经过的旅客都会对这里优美的自然风景和得天独厚的优势印象深刻，资本家也会发现这里是绝佳的投资地。"[2]对市长来说，新宣布开发的铁路是皮德蒙特的天赐良机，能够改变整个县的经济发展蓝图。借助这个机会，皮德蒙特能够摆脱原有的名声。在过去，皮德蒙特被视为贫穷白人的聚居地，居住着破产的农场主和偏远、冷漠、原始的山地居民。

在美国历史上，19 世纪 70 年代末到 90 年代是铁路开发的黄金时代，当时新建了共计 73 000 英里 [②] 的铁路，平均每年新建

---

① 经济学术语，指公司为在竞争中保持优势，采用最低工资或者提供恶劣工作环境等方法降低成本。——译者注

② 1 英里 = 1.609 344 千米。——编者注

约 7 000 英里铁路，其中大部分都延伸到美国南部诸州和西部地区。[3] 穿越皮德蒙特的铁路会把这座城市与夏洛特和亚特兰大联结起来，进一步延伸到纽约以及新奥尔良，这之间几乎都是笔直的线路。这种憧憬十分有诱惑力，所以皮德蒙特铁路用"航线"一词来宣传自己——比商业航空更早使用这个术语。[4] 这种憧憬也很有吸引力，以至于哈米特市长身体力行，将自己在商业集会上提出的建议付诸行动，利用铁路带来的便利交通创立皮德蒙特制造公司。1876 年 3 月 15 日，皮德蒙特制造公司开始向中国市场出口卷成圆柱状的棉布，直径约为 36 英寸①，织布时使用的是当时最先进的纺织机械。

公司大获成功。1883 年，皮德蒙特制造公司在采购价值 8 万美元的机械设备后，成为南卡罗来纳最大的纺织品生产商，拥有 25 796 锭纺锤和 554 台织布机。五年之后，哈米特开办了第二家工厂——皮德蒙特二号。又过了一年，哈米特开办了皮德蒙特三号工厂。

中国人很喜欢这种便宜、粗糙、耐用的布料。消费者不再喜欢价格较高的英国布料，皮德蒙特的低工资和大型工厂开始在全球出名。事实证明，人们对纺织品的需求，就像对煤炭、石油、铁矿石和钢铁等的需求一样，具有很强的弹性。当价格降低的时

---

①　1 英寸 = 0.025 4 米。——编者注

候，人们就会买更多布料；当价格上涨的时候，人们就会减少消费。一位去中国旅行的游客写道："东方遍地都是皮德蒙特牌的布料。"[5]

虽然皮德蒙特制造公司快速扩张，但其他公司很快后来居上。国际市场打开之后，霍尔特、坎农、格雷、斯普林斯、拉夫、杜克、海恩斯等大品牌快速横扫亚洲市场。这些公司一起终结了英国制造商自工业革命之后主宰亚洲市场的格局。到20世纪30年代，美国南方地区的纺锤数量占据全美75%的份额。当地媒体反复宣扬，将这份巨大的成就归于辛勤工作的南方人，他们用销售技巧和创新实现了这份成就，将几乎所有竞争者扫地出门。

然后，来自日本的一美元女士衬衫到货了。[6]

第二次世界大战结束后不久，日本学到了发展诀窍——创新和低工资。这些辛勤工作的日本人生产的纺织品比皮德蒙特生产的更加便宜。但在接下来的10年里，日本的服装生产流向劳动力更加廉价的中国香港、中国台湾和韩国。当这些地区的工资上涨之后，纺织厂开始进一步搬迁到中国内地、印度和孟加拉国。2000年的时候，中国和印度尼西亚纺织工人的时薪不到一美元，而美国纺织工人的时薪为14美元左右。

到20世纪末期，曾经人口众多的美国大型工业小镇开始衰落。工业建筑被封闭起来或遗弃，有的被改造或者改建为博物馆。1983年10月，一场大火烧毁了皮德蒙特一号工厂——因为对美国南方纺织业的巨大影响，该工厂曾入选美国国家历史地标。但没人为此感到悲伤。工厂的停车场早已杂草丛生。周围也荒无人烟。其实皮德蒙特一号工厂早在 1977 年就已经停工。工厂遗迹被拆除和搬离，其名字也从美国国家历史地标名单中删除。[7]如今，格林维尔纺织遗产协会仍然在记录当地老人的时代记忆，使用的是一些历史学家所称的口述历史的记录方法。[8]

有人可能因此总结出，纺织制造行业就是如此短暂，没有公司能够长久繁荣。但无独有偶，我们还可以看一下个人电脑行业的发展。

我们可以回想一下工程史上的奇迹——硬盘驱动器的历史。使用传统磁带存储的时候，如果使用者想要处理末端的数据，驱动器要从头开始读取数据，直到最后才能获得相关信息。但硬盘驱动器存储和检索数据的方式与磁带不同，不是按部就班，而是随机存取，这让读取数据的效率大大提升。通过采用这种方式，硬盘驱动器的旋转圆盘每分钟能够转动 7 000 次，机械臂上的磁头可以一直在磁盘上读取和写入数据。这项科技成就堪称壮举，相当于飞行员在海拔 3 000 米的高空之上以每小时 600 英里的速度驾驶战斗机，将乒乓球扔到木桶里 600 次但没有一次失误。20 世纪 50 年代，只有 IBM（国际商业机器公司）的圣何塞实验室能够创造这种工程奇迹。第一个可以运行的硬盘驱动器诞生于 1956 年，其从托马斯·爱迪生发明的圆筒留声机中汲取了很多灵感。[9]自那时起，硬盘存储技术飞跃式发展，硬盘的体积不断缩小，而存储容量成倍增长。但创新的中心转移到了其他地方。如今，硬盘领域的竞争者遍布全球各地。日本的东芝，再加上中国台湾的几家公司，在这个领域展开激烈竞争，让制造效率大幅提升。该行业的价格竞争非常激烈，导致其成为零利润的行业。

另一个例子是可再生能源。风力涡轮机——通用电气、西门子以及维斯塔斯等公司开创的业务——曾经几乎全部为西方制造。但在不到 20 年的时间里，中国的金风科技和华锐风电等公司成为全球市场的主要供应商，从之前的玩家手里抢走大量市场份额。太阳能电池板制造又提供了另外一个例子，中国的英利集团在 2013 年成为全球最大制造商。事实上，在排名前十的太阳能电池板制造商里，有七家是来自中国的后来者。

从纺织业到电子存储再到可再生能源，这让我们开始思考一个问题：难道在现代经济体系里，早期的创新公司终究难以逃脱被取代的命运吗？或者有可能避免被竞争淹没吗？

神奇的药物

瑞士，巴塞尔，2014 年

从巴塞尔市区驱车五分钟，就来到位于瑞士西北部的一片综合办公区。这里就是全球第三大制药公司——瑞士诺华制药的总部所在地。整片建筑群围绕主庭院呈扇形分布，每座建筑都拥有独特的现代建筑元素，包括不锈钢框架与落地玻璃窗，以及极简主义的碎石路花园，其中还点缀着非常引人注目的超现代主义雕塑。如果不是其中成群结队的身穿黑色西装的管理人员与身穿白大褂的专家，人们可能误把这里当成现代艺术博物馆。

英国建筑师戴维·艾伦爵士设计了其中的 22 号建筑。这座建筑开阔的空间结构具有很高的美学价值，专家在这里进行跨学科的合作研究。在这座建筑里，生物、化学、计算机科学以及医学专家一起工作，他们进行细胞实验以及大数据分析，希望能够揭示癌症的真正成因。包括他们在内，有许多人致力于攻克这些看似无法治愈的疾病。这座时髦而且现代化的总部园区，证明了诺华这些年来的兴旺发达。

虽然这些建筑都是新建的，但这个地方一直都没变。诺华的前身是汽巴精化和山德士公司，1996 年这两家公司合并为诺华。合并前的这两家公司一直都坐落在瑞士莱茵河畔，它们的历史与巴塞尔的历史紧密交织。1887 年，汽巴精化开始生产第一款退烧药物——安替比林。1895 年，它的竞争对手山德士开始制造并推销合成糖精以及从植物中提取的可待因。它的另一个竞争对手罗氏制药成立于 1896 年，在成立之初就向国外扩张，1897 年扩张到米兰，1903 年扩张到巴黎，1905 年扩张到纽约。一个多世纪之后的 2014 年年初，诺华和罗氏制药这两大巨头的总市值仍然在上升，总市值超过 4 000 亿美元。仅 2014 年这一年，诺华的研发投入就达到惊人的 99 亿美元，罗氏制药的研发投入与其基本持平。[10]

巴塞尔没有像其他工业中心地带那样最后变成铁锈地带，它的生活水准一直是西欧地区最高的。沿着莱茵河畔是一系列风格多样的城市建筑，既有完美无瑕的周围是狭窄石头马路的老城镇房屋，也有堪称典范的工业建筑以及现代化的民居。这些建筑风格多样，但都完美和谐地融汇到一起。与皮德蒙特短暂的兴旺不同，巴塞尔的红利似乎无穷无尽。

那么，到底为什么纺织工业的经济前景如此短暂，而莱茵河畔的这些公司长盛不衰呢？当面对后来者的竞争时，为什么一些公司能够毫发无损地躲过一劫，而另一些公司却被横扫出局呢？

不再闪亮的珍珠

当学者遇到一个问题的时候，他们会阅读、观察、采访、辩论，然后撰写相关论述。2011 年我以全职教员的身份入职瑞士洛桑国际管理学院，这本书就是相关研究的直接产物。高管培训项目是我主要的实验项目，让我得以探究相关核心问题，弄清楚在这个所有东西都能被模仿的世界里，商业是如何实现繁荣发展的。这个项目的参与者大多为来自不同行业的经验丰富的国际商业领袖，他们为我提供智力上的指导，向我讲述那些不怎么出名的公司的兴衰史。借助这种优势，我获得了集体经验，并且进行综合性的分析。

早在我加入学术界之前，我就开始关注行业动态以及早期创新者被取代的问题，甚至对这个问题着迷。我在中国香港出生和长大，见证了知识和资本势不可当的迁移。我还记得在小学的时候，老师称香港的经济形态是"转口港"。这是英国人对香港地区的说法，因为当时香港几乎是中国内地与外界接触的唯一窗口。包括奶酪、巧克力、汽车、棉花以及大米在内，几乎所有商品和货物都要通过香港进出中国内地。

香港借助低成本优势，成功崛起，成为劳动密集型产业的主要制造中心。这个曾经沉睡的渔村成为"东方之珠"，是经济发展的闪亮明证。到 1972 年，中国香港已经取代日本，成为世界上最大的玩具出口地区，成衣和服装制造成为香港地区的经济支柱。李嘉诚是亚洲最富有的人之一，净资产大约为 300 亿美元。他最初是一名工厂工人，然后是塑料花供应商，后来进入房地产开发、码头集装箱运营、公共交通运输、零售、电信等行业。

但在 20 世纪 80 年代早期，香港的制造业群聚效应开始下降。工厂开始转移到内地，带走的还有制造业就业机会。这些工厂一开始转移到深圳，然后扩展到广东省，最后又转移到内地的其他省份。香港的失业率开始飙升，当地居民多年以来的乐观精神受到打击。在我大学毕业那年，我的同学都说为了养活自己，需要掌握新的技能。这时候我们甚至还没有找到第一份工作。我们告诉自己，为了生存，我们必须彻底改造自己。

香港正是这样做的。它抛弃了之前的制造业标签，开始将自己重新改造成地区金融和物流中心。我就是在香港自我改造期间长大的。当时恰好全世界的政策制定者都推崇外包，认为这是一种有效率的方式。当时自由市场经济学家还没有意识到，新兴市场的企业有一天会赶上西方的大公司。在那个时代，人们毫无保留地信任全球化。但对包括我在内的所有香港人来说，这也是一个不信任的时代。我接触到的所有人都渴望稳定和延续。我想要弄清楚究竟该如何实现这一点。

稳定——一场不可能的追求

为什么知识和专业技能从皮德蒙特和香港无情地溜走，瑞士本土的企业却仍旧坚定、完整而且繁荣呢？

当我向一些高管提出这个问题时，他们似乎对我的问题有些困惑，然后直接表示"制药比纺织和玩具行业需要更多高科技"，或者"大型制药公司拥有许多专利"，或者其他类似的答案。人们普遍认为，药物研发和商业化需要巨大投入，因此保护了瑞士的制药巨头，而服装和玩具制造业缺乏特殊技术和知识，无法阻止其他竞争者进入这个行业。

这个解释听起来令人信服，甚至有些不证自明。但它没有解释清楚，为什么许多行业需要大量技术，但仍然无法抵御竞争者的入侵，最终低成本的竞争者随着时间发展，成功取代它们。如果复杂的知识和技术是抵御竞争的决定性因素，那么经济学家就可以制作出一张生存周期表，展示公司典型的生命周期与行业技术复杂性之间的关系。在某个行业里，技术越复杂，现存公司的生命周期就越长。这将成为一个简明、优雅和有价值的模型，可以发送到世界上所有商学院学生的手里。

但是，现实里没有这种表格。在硬盘存储、汽车、风力发电以及手机等诸多行业里，后来居上的竞争者都战胜了以前的创新者。突然之间，甚至就连高科技这个词也需要额外解释。难道纺织制造在当时的皮德蒙特不是尖端科技吗？所有这些反证都证明，高科技不足以解释皮德蒙特和巴塞尔制药公司命运的巨大差异。

针对这种差异，第二种惯常的解释与知识的本质有关。一些高管指出，药物研发的不确定性和风险都很大。这一点也能从诺华天文数字般的研发成本里得到印证。这些研发成本并不能保证药物成功通过临床验证，最终成功上市。如今，推广一款新药的平均成本是 26 亿美元，而且每过五年这个数字就会翻番。与之相比，在纺织、电子、风力发电、太阳能发电等领域，创新的成本没有那么高，而且预测性更强。从这一角度来看，只要公司所在的行业研发成果不确定性非常大，机会窗口就不会向后来者打开，无法威胁到现有的竞争者。为了应付这些本身就无法预测的复杂问题，企业需要丰富的经验、深厚的知识以及主观的专业技能；对没有经验的后来者来说，这些门槛太高而且无法克服。至少这种解释是这么分析的。

这种说法虽然有一定道理，但历史上有大量反例，后来者成功克服了之前被认为无法克服的不确定性。以汽车制造为例。在很长一段时间里，产品质量偏差都被认为是理所应当的事情。福特、通用汽车以及克莱斯勒的经理都认为，没有任何工程创新能够克服基本的人为错误。因此，当丰田和本田开始引入精益生产和适时库存管理时，西方的专家、顾问和学者都彻底惊呆了。他们没有想到，只要使用一些质量控制工具箱，就能让之前无法控制的行业混乱变得秩序井然。乘着这股春风，东京不久就打败了当时的"汽车之都"底特律，让其成为现在的铁锈地带。

因此，在一个产品创新和制造之前被认为是无法预测的行业里，来自国外的竞争者确实能够成功，下一章我们还会看到另一个例子。但这种成功为什么没有扩展到制药行业，或者至少在很大程度上影响其他行业呢？是的，专利和规定能够阻止后来者出售同一配方的产品。但后来者可以学习如何研发药物，然后自己掌握这种能力。为什么没有任何一家公司这么做呢？与之相反，创新的公司该做些什么，才能防止萧条和被取代呢？

路线图

有句话说：历史本身不会重复，但旋律会不断重复。这句话体现了本书写作的精神。在本书里，我将用行业历史与不同公司采取的行动做对比。通过对比它们不同的结果，我将提炼出五个基本的原则。当劳动力、信息和资金都处于快速而且容易流动的状态时，这些原则同时解释并预测了公司如何实现繁荣发展。

用最简单的话来说，寻求一种独特方法来实现可持续优势是不可能的。知识产权、市场定位、品牌认知、制造规模，甚至是营销网络都无法长时间抵挡竞争。不管多么独特的价值定位都不会永远不遭受挑战。虽然有专利法以及商业机密，但良好的设计以及好点子都会被模仿。在这种情况下，要想在长时间内实现繁荣发展，唯一的方法就是跳跃：创新者必须跨越学科界限，利用或者创造新的知识，开发出新产品或者新服务。如果创新者不这么做的话，后来者总会赶上来。

那么，为什么创新的公司不经常跳跃呢？导致问题更复杂的原因在于，高管通常面临着业务持续增长的巨大经营压力。长期来看有利的方案，在短期内却会产生不良影响。因此，要想准备好跳跃，就需要以一种全新的方式思考和领导业务。

原则一：了解你公司的基本知识和发展轨迹

我们先来看一个问题，就是现存公司要想在新竞争中抢占先机为什么这么困难。即使没有任何技术断层或者消费者偏好转移，后来者也通常会对先前的创新者发起强大的挑战。作为此次研究的一部分，我们会研究雅马哈的音乐业务是如何战胜施坦威钢琴的。就制造钢琴而言，现在基本上没有什么重大变化，但施坦威几乎注定要挣扎求生。这种反常甚至令人不安的案例向我们说明，后来者为什么以及如何入侵新行业，并且将该行业原来的创新者打败。要想避免这种危险的发展轨迹，高管首先需要重新评估公司的基本或者核心知识，以及其成熟度。要想避开危险，我们首先要知道自己身处何地。

原则二：获取和培养新的知识学科

从现代医药发展历程中我们得知，在一个领域发现的新知识，通常会导致其他领域的新发现。正是这种不断发现的过程，最终开启了增长的新路径。根据这种观点，竞争优势主要取决于吸收新知识，以及及时开辟新市场和新业务。只有不断努力向前，而非重新定义已有市场，才能让创新者不被后来者打败。这就是为什么在将近一个半世纪的时间里，巴塞尔那些曾经不怎么出名的制药公司一直领先。

但是在这里，管理选择的角色也不能被过度夸大。有些公司所处的行业确实天生就具有优势，科学家的新发现能让公司轻易决定该向哪里跳跃。但有些行业就不那么幸运了，它们无法找到明确的答案。但我也看到有些公司的前景注定黯淡，但它们一次又一次持续领先。比如，宝洁就通过向新的知识学科领域跳跃，而一直保持着在家用消费品领域的领先地位。我们将详细探究其发展历程。

原则三：利用重大转变

如果历史的作用就是让我们理解过去，帮助我们建立跳跃到新知识领域的概念，那么我们就必须将自己对于历史的理解投射到未来。我们该从哪里寻找跳跃的机会呢？

虽然不同行业之间存在重大差异，但不论你是谁，你生活在哪里，你都会感受到全球经济体系中某些重大的转变。比如 18 世纪蒸汽机的发明以及 19 世纪电力的应用，这两种相互交织的力量一起推动人类进步，直到进入 20 世纪后半叶，人工智能和万物互联开始势不可当地崛起。

所有的胜利者都要利用好他们身边的重大变革，然后开始跳跃。因此，不论是科技发明者、传统制造业者、科技创业者还是非营利组织成员，都必须确认那些在未来几十年里最为重要的力量，并且比别人更早开始重新配置自己的竞争力。

原则四：通过试验获得证据

虽然有上述原则可以借鉴，但我们还是要做出具体的选择。一个大胆的决策在最终结果（被证明是错误的）出来之前，看起来总是好的。借用唐纳德·拉姆斯菲尔德的话来说就是"不知道自己不知道"，高管在做决策的时候可能不知道他们缺少关键信息。经理人要想增强基于证据的决策，就必须频繁展开试验，以此消除自己认知上的盲区，而且在达成结论时对事情也相对熟悉。

这是另一种看待它的方式。威胁一个庞大而复杂的组织生存的最大风险是政治上的内斗和集体不作为。在董事会中的争论可能类似于空洞的修辞，只不过是一种个人信仰。试验是让光线从外部进入真理的窗口。我们将研究如何确定关键的假设，然后通过严谨的试验来证明。

原则五：深入执行

知道跟坚信是两码事，因此光是洞悉某事远远不够。由于战略与执行紧密交织，因此，除非将想法转化为每天的行动和运营战略，否则创新者仍然面临被后来者取代的危险。思考并不等于实践。

饱经风霜的创新者有一个基本的优势，就是它们拥有领先的知识；当它们把这种知识与新的知识领域相结合时，它们就可以改变原有的产品开发轨迹。但对创新公司来说，之所以跳跃如此艰难，是因为随着商业倡议逐渐传播，它们能够改变游戏规则的想法很容易被透露出去。这也就是为什么坚定的顶层管理者在必要的时候，必须准备好介入并执行新的指令。高管在关键时刻亲自介入，发挥能量，克服具体的困难，我将这称为 CEO "深潜"。深潜不同于微观管理，因为其依靠知识而非地位的力量。对想要重新配置并且组合的大公司来说，最后一条原则为它们去除了最后一个障碍。

* * *

现在你手里已经拿到这份路线图了，我们将会开始具体探索，为什么有些创新者繁荣兴旺而有些创新者最终失败。这些故事将会告诉我们一些指导性原则，用以回应这个不断变化而且经常让人感到困惑的世界。

第一部分

发生了什么

第一章

钢琴战争：当力量变成弱点

那些忘记过去的人注定会重蹈覆辙。

——乔治·桑塔亚纳（1863—1952），哲学家

有史以来最好的钢琴

在纽约市皇后区阿斯托利亚大道和第二十五大道之间，沿着施坦威街延伸的区域通常被称为小埃及。在这条街上，阿尔曼清真寺对面是一个熙熙攘攘的夜店。水烟馆旁边是一个带有橱窗的面包店，里面飘出蜜糖果仁千层酥和土耳其软糖的香味。沿着街道继续往北走一点儿，我们就会看见备受尊敬的施坦威钢琴工厂。

这座工厂看上去就是老式的工厂，外面是红砖墙，两边排列着密集的窗户。工厂里许多机器的年龄比操作它们的工人都大。

头顶上的吊灯发出荧荧的光。在工厂的一个角落里有一台收音机，里面传出舒缓的爵士乐。工厂东边一英里的地方就是拉瓜迪亚机场，从这里能看到一架又一架飞机滑行就位，准备起飞。机场这块土地曾经也属于施坦威。

施坦威曾经拥有附近大片土地。包括整个小埃及在内的附近400英亩①的土地，都曾是施坦威村的一部分。工厂附近有木材厂、钢铁厂、员工宿舍、邮局、图书馆、公园、公共浴室以及消防局。当时有一辆消防车——施坦威塑料公司七号，现在被纽约市消防博物馆永久收藏。[1] 所有这一切辉煌都始于1853年，当时一个名叫亨利·恩格尔哈德·施坦威的德国移民，决定创建自己的钢琴制造公司，他想要"对待每一架钢琴都比医生对待病人更加细心"，以此"制造出最好的钢琴"。[2]

就钢琴制造而言，长久以来都没有发生多少变化。施坦威一直坚持手工制作钢琴，尽量不采用自动化工艺就是明证。U形支架是三角钢琴的底盘，制作支架需要使用18块硬枫木表层饰板，每块饰板长达22英尺②，然后人工进行涂胶并将其堆叠在一起。之后一队工人在工厂里搬运这些木板，将其放在压弯机里进行压弯操作，最后将木板制作成三角钢琴的支架。以前这些工人基本上都是意大利裔，现在他们来自不同的种族。6个工人几乎

---

① 1英亩≈4 046.86平方米。——编者注
② 1英尺=0.304 8米。——编者注

同步发力，从直角边用力沿着弯曲处把木板压弯。他们的汗水不断滴落，最终确保压弯的木板就位，然后他们用 65 磅重的大钳子、滚动轴、转动把手和大号扳手进行调整，工厂里会响起叮叮当当的声音。工人用粉笔在刚压好的木板上标记日期，然后将木板送到阴暗的调温室储存 10~16 周，用特定的温度和湿度让木板"放松"，最后再进行总装配。[3]

对一个外行来说，钢琴是一种复杂得让人着迷的东西。每架钢琴都由将近 1.2 万件紧密衔接的配件制成，这些紧密衔接的配件对音质来说至关重要。虽然现在有电脑控制系统，但从共振板到低音琴桥再到高音琴桥等配件，每件配件在制作的时候都故意比实际参数大一点儿，这样，有经验的工人在制作的时候就能手工切除不需要的部分。施坦威总经理桑福德·伍达德在 1991 年解释说："如果配件的参数正好符合标准的话，它能跟其他配件衔接，但不会达到完美效果。要想达到完美效果，唯一的办法就是手工制作。"[4]制作一架三角钢琴需要两年的时间，而施坦威的每一架钢琴都是不一样的。每一架钢琴都有自己独特的声音色彩，能够呈现出独特的力量和微妙的差别。换句话说，每一架施坦威钢琴都有自己的"个性"。

在这方面而言，调音师至关重要，因为经他之手会影响钢琴所有微妙之处，他的创造力会放大每架钢琴独特的魅力。一位调音师告诉《大西洋月刊》："有时候你的钢琴不错，平滑而且柔

施坦威每次只制作一架钢琴，手艺一代又一代从师父手里传到学徒手里。距离施坦威创建已经过去一个世纪，但在纽约皇后区的工厂里，工人仍然手工制作钢琴。
图片：克里斯托弗·佩恩

和……但你如果想让它变得出色，就要一直折腾。比如，我想拍一个东西或一个人，如果我在这里用了太强的光线的话，那么就无法呈现出我想要的效果。但如果使用柔光的话，目标就会呈现出一些特质、一种神秘性……因此你不会让其暴露在太多光线中，危及其特殊的品质。"[5] 在施坦威，培训工人需要很长时间，但经过时间检验的工艺得到了人们的认可。一位调音师在独立工作之前，需要先当 1~3 年的学徒。[6] 工厂导游霍勒斯·康斯托克告诉

《纽约时报》："我们非常相信裙带关系。"游客在参观时会看到在第一次世界大战时期施坦威工人的照片，导游会提醒他们，工人唯一显眼的变化就是他们的衣服。[7]

包括著名演奏家弗拉基米尔·霍洛维茨、范·克莱本和郎朗等人在内，对超过90%的演出艺术家来说，施坦威三角钢琴都是他们的首选。阿图尔·鲁宾斯坦被认为是20世纪最伟大的钢琴家，他曾经宣称："施坦威就是施坦威，世界上没有其他钢琴能比得上它。"[8]施坦威钢琴装饰着庄严的白宫及宏伟的史密森博物馆。施坦威钢琴还主宰着美国的演出舞台、大型交响乐表演以及录音工作室。施坦威钢琴以其长久的使用寿命著称。施坦威使用的木材从不会腐烂，金属部件也从不会生锈。计划报废策略驱动了冰箱、电脑、手机市场的增长，但这一点无法用到钢琴身上。而且施坦威钢琴不同于汽车，不需要每年推出新款。据说施坦威前CEO（首席执行官）彼得·佩雷斯曾说过，他遇到的最大的竞争来自老式施坦威三角钢琴，有时候它们的售价会达到原定零售价的4倍。[9]

虽然施坦威有过这么多辉煌的成就，但在过去50年里，施坦威的财务状况却不断恶化。管理层要不断面对一场又一场危机，公司也每况愈下。1926年，施坦威卖出6 294架钢琴，这是公司有史以来的最高纪录；但在2012年，公司只卖出2 000多架钢琴。[10]1972—1996年，公司三度易手，先是由哥伦比亚广播公司接手，随后被卖给约翰和罗伯特·伯明翰兄弟组成的私人投资集团，最后被卖给美国排名第一的乐器制造商塞尔莫工业集团。所有这些都发生在1996年施坦威在纽约证券交易所上市前。2013年，保尔森对冲基金以5.12亿美元的价格将施坦威私有化。这次交易引发钢琴爱好者的担忧，他们谴责这一交易，将其称为机会主义的掠夺。一名钢琴爱好者在钢琴世界论坛上谴责说："狼又一次赢了。"[11]

世界上最优秀的钢琴制造商也难以避免螺旋衰退，对此我们该如何解释呢？

危机中的王朝

在曼哈顿市中心，距离西五十七街卡内基大厅不远的地方，就是施坦威曾经的旗舰店。靠近入口的地方是一个八边形的建筑空间，公司高管将其称为圆形大厅。这是一座两层35英尺高的建筑，里面大部分壁画都由纽厄尔·康弗斯·韦思和洛克威尔·肯特创作。在生机勃勃的天空和翻滚的云团壁画之上，是一个穹顶天花板，上面画着狮子、大象、女神、少女等意象，讲述着音乐对人类的影响的故事。[12]

1968年2月，亨利·施坦威曾与高管开会讨论问题。亨利是施坦威家族第四代总裁，他也将是最后一位掌舵的施坦威家族人。他们已经意识到"未来最主要的竞争对手是雅马哈，这是施坦威第一次在全球舞台遭遇重大挑战"。亨利身高六英尺两英寸（约为1.88米），比家族其他人都高，他穿着笔挺的布克兄弟西装，这更加突出了他统率一切的威严。亨利敦促高管"采取必要的措施应对这一挑战"，并且在管理团队里展开行动计划。

1. 雅马哈在美国之所以能够成功，部分原因就在于它能及时交付产品。它的经销商可以立即交付产品，但我们不能。我们必须竭尽全力生产更多的三角钢琴。

2. 我们永远无法在价格上与雅马哈竞争，所以我们在宣传和营销等活动中，必须告诉消费者为什么要选择施坦威。

3. 我们的钢琴在细节上必须做得更好。这就是我们所说的类似"吹毛求疵"的那种抱怨。我会安排把一架雅马哈钢琴和一架欧洲生产的施坦威钢琴以及我们本土的产品，摆到一起做对比。

4. 我们不允许经销商把我们的产品跟雅马哈的产品摆在一起出售，这一政策必须延续下去。

5. 我们要尽量搜集更多有关雅马哈的信息。我会负责把这些信息整合起来。你们回去都搜集一下手头的资料，把相关资料复印件给我。[13]

新竞争对手的快速崛起让亨利感到吃惊。雅马哈曾经是一个默默无闻的制造商，以前为了适应日本家庭空间相对狭窄的现实状况，专注于竖式钢琴，生产小型家用钢琴，这与在西五十七街宏伟的陈列厅里展示的演奏钢琴截然不同。在日本，直到第二次世界大战结束十年之后钢琴才开始普及，之前没有人对钢琴感兴趣。但就是这个来自日本的竞争者，竟然不知怎么就突然成了卓越的施坦威钢琴的强大挑战者。发生了什么？

麻烦的陌生人

1960 年，雅马哈在洛杉矶设立了在美国的第一间办公室，雇用日裔美国人吉米·金谷，让其负责管理美国的雅马哈销售工作。但吉米的努力基本上失败了。当地的经销商和零售商不想购买不知名公司的产品。"抱歉，我们只与知名品牌和公司合作""我们不会买日本产品""你们公司没有持久竞争力"，这就是吉米不断听到的回复。只有一个零售商——山姆·齐姆林对雅马哈产品的质量印象深刻。即便如此，他也不认为雅马哈的品牌具有吸引力，他希望将雅马哈的钢琴换个品牌出售。

幸运的是，齐姆林手下的一个销售经理艾夫·罗恩非常热情。他认为雅马哈如果贴牌出售的话简直是疯了。罗恩坚持说："把雅马哈的名字印在这些钢琴上，我能把它们卖到全国去。"[14] 罗恩在钢琴行业拥有 15 年的零售和批发经验，而且对美国市场认识深刻，他正是雅马哈需要的员工。因此雅马哈雇用了他。

罗恩为人粗鲁而且喜怒无常，他从来都不是一个受下属拥戴的高管，但他做事极其执着。他在洛杉矶市中心潘兴广场的一个小办公室里工作，成功劝说洛杉矶联合校区购买了几十架雅马哈钢琴，及时给雅马哈品牌增加了一些信誉。当时的美国人普遍认为日本产品质量不佳，罗恩为了打破这种偏见，还恳求独立调音师和技术专家分享对雅马哈钢琴的看法，并且组织研讨会展示雅马哈钢琴可靠的质量。这个前所未有的外展项目，最终成为雅马哈持续时间最长的技师培训项目，人们亲切地称其为"小红屋音乐学校"。人的记忆经常会发生奇异的变化，我们可能会忘记之前发生的事情，忽略一些细节。事实证明，雅马哈钢琴的崛起远远早于在美国发生的这些重大事件。[15]

时间回到 1887 年，当时在日本有一个叫山叶寅楠的年轻人，他在滨松村第一次见到梅森汉姆林公司生产的簧风琴。当时日本帝国政府刚决定在国内推广西方音乐。包括金博尔、斯托利克拉克、艾斯蒂风琴、梅森汉姆林等公司在内，数十家外国制造商都向日本出口簧风琴。山叶寅楠家族流传的一个说法是，山叶寅楠看见簧风琴后决定自己制造。由于无法购买到标准配件，因此他使用当地能买到的配件，然后进行改进：他使用抛光的龟壳而不是象牙制作风琴的琴键，至于簧片，他则使用粗陶凿子手工打磨黄铜片。风箱使用黑色的挡风纸板制作而成，声键则使用牛骨代替。[16] 没人知道年轻的山叶寅楠怎么这么有天赋，竟然能够将自己只见过一次的东西复制出来，而且他制作的簧风琴音效非常好。

不久，山叶寅楠就搬到滨松村，后来公司总部也设立在了这里。山叶寅楠寻求投资人的支持，最后筹集到 3 万日元资金（相当于今天的 1 万美元），并且以家族姓氏雅马哈（山木的英语音译）命名新的公司。

雅马哈生产的口琴在第一次世界大战期间风靡一时。第二次世界大战时期，雅马哈跟其他许多私营企业一样被政府战时征用，生产船只、机械以及塑料制品。公司成功度过日本战败时期，之后重新回到乐器行业。1947 年，盟军批准民间贸易，雅马哈重新出口有名的口琴。1950 年，雅马哈第四代家族总裁川上源一接管公司，他一上任就开始了为期三个月的全球之旅。

新 CEO 首站想要参观科恩公司在美国印第安纳州埃尔克哈特的工厂，但遭到拒绝，因为没人想要招待一个不熟悉的日本人。随后川上源一参观了金博尔和古尔布兰森在芝加哥的钢琴厂、国王乐器在克利夫兰的工厂，以及鲍德温在辛辛那提的钢琴厂。在欧洲，川上源一参观了施坦威汉堡工厂，以及其他数家德国钢琴制造商的工厂。这些参观让他大开眼界。川上源一曾说："相比之下我们显得非常原始，在我出国参观之前，我没有意识到我们有这么多东西要学。我们的产品达不到出口的标准。"[17] 在接下来的 30 年里，川上源一决心让雅马哈赶上西方的同行，最终超越它们。他在木料厂安装了处理材料的自动化木工机床，还在工厂里安装了传送带，用来传送钢琴。

1956 年，雅马哈建成日本第一个全自动烘干窑，这是当时公司最大的一笔基建投资。这个烘干窑能够烘干新鲜木材，去除其中的水分，而且产能非常大，一次能够处理制作 5 万架钢琴的木材，而当时雅马哈每年仅能制作 1.5 万架钢琴。这个项目招致人们的严厉谴责，被认为是铺张浪费和追求极端的行为。但川上源一不屈不挠。他反驳批评者的指责，坚称空余的地方很快就会放满新钢琴。他是正确的。

日本人一直都喜欢音乐。掌握一门乐器以及拥有一架钢琴，一直以来都是成功、高学历和世故的象征。战后日本经济蓬勃发展，再加上整个国家对西方乐器有强烈的兴趣，使雅马哈拥有了一个庞大的国内市场。钢琴销售在 20 世纪 60 年代达到有史以来的新高，几乎日本每一个拥有足够收入的人，都会买一架钢琴。钢琴产量增长了 400%：从 1960 年到 1966 年，日本的钢琴产量从 2.5 万架增长到 10 万架。这让雅马哈成为世界上最大的钢琴制造商，规模几乎是施坦威的 17 倍。

为了进一步刺激需求，川上源一在 1966 年建立了雅马哈音乐基金会这个独立的非营利组织。该组织以低廉的价格提供音乐课程，很快这一组织就扩展到了其他国家。到 20 世纪 80 年代，该基金会在日本拥有 9 000 家音乐学校，注册学员达到 68 万人，全球学员总数达到 100 万。

与此同时，在雅马哈工厂内部，许多制造过程实现了自动化，尽量减少使用人工。电脑控制系统会确认每片木板，然后通过头顶的 Y 形机械臂将其运到七个不同的轮圈压弯机前，每一处都对应雅马哈生产的一款三角钢琴。这个过程只需要两名员工操作，使贴面位于正确位置。随后液压气缸会发出嘶嘶的气动声，将木板压弯成型。由于使用了高频固化法，轮圈黏合剂冷却 15 分钟就够了。[18] 整个制造过程旨在尽量减少生产过程中的变量，这与施坦威强调的用心以及劳动密集型手工艺的做法形成了鲜明对比。

即便如此，大多数美国本土的乐器制造商直到 20 世纪 60 年代中期，才逐渐开始承认雅马哈是一个竞争对手。当斯托利克拉克的副总裁罗伯特·伯尔于 1964 年参观雅马哈时，他发现美国几乎没有人知道雅马哈的规模和领域，对此他感到震惊。他说道："雅马哈的制造能力让我感到震惊。"

1966 年，雅马哈宣称："我们现在已经通过制造测试，我们认为自己生产出了世界上最优良的演奏会用三角钢琴。"这个原型就是雅马哈音乐学校 CF——这款钢琴使用传统的手工制造，1967 年在芝加哥商品交易会上公开亮相。

人们都知道，雅马哈的工程师会定期购买和拆解施坦威的钢琴，以此学习其技术。施坦威的一位高管曾说："如果拿施坦威钢琴的知识考雅马哈工程师和施坦威工程师，我不知道谁会得更高分。"虽然许多人质疑雅马哈 CF 在许多指标上能否与施坦威竞争，但这款钢琴还是受到许多好评，而且雅马哈也不掩饰自己的野心。一位雅马哈高管曾宣称，"我们紧紧追赶，想要赶上施坦威"，虽然另一位高管也承认，"拿两者对比不公平，这就像把劳斯莱斯跟丰田做对比"，但他们都承认，竞争"让我们感到紧张，毫无疑问，施坦威也是如此"。[19]

雅马哈为了推广自己的演奏会用三角钢琴，在 1987 年推出"艺术家项目"，这与施坦威的演奏会和艺术家项目如出一辙。雅马哈也想让著名艺术家在公开表演时，选择自己的钢琴。著名演奏家安德烈·瓦茨为了纪念自己 25 年前在卡内基大厅的首秀，决定与纽约爱乐交响乐团进行一次全国电视转播的纪念演出，但这次演出对施坦威造成重大打击。瓦茨曾是"施坦威艺术家"名单里的人，这个名单里有数百个知名钢琴家，为了获取他们的公开支持，施坦威允许他们在任何需要的时候免费使用施坦威钢琴。这些艺术家可以使用全美 160 个城市里超过 300 架钢琴。钢琴家只需要拜访施坦威在当地的零售商，然后试琴（取决于地区不同，在乡村地区至少有一架，在纽约则有 40 架以上），之后他们就可以要求零售商在指定时间把钢琴送到演出地点。钢琴家只需要支付将钢琴运到演奏会大厅的运费，其他所有费用都由施坦威买单。

在瓦茨演奏会当天，当镜头拉近的时候，电视机前的观众吃惊地发现，钢琴外面用金色字体印着雅马哈的名字。瓦茨本来是施坦威认可的艺术家，但他对施坦威糟糕的服务感到失望。施坦威当地的经销商缺乏必要的设施，无法让钢琴达到艺术家期望的完美水平。虽然施坦威经销商宣称他们在改善这种情况，但进展缓慢，而且成效也不明显。瓦茨成为第一位"叛逃"到雅马哈艺术家项目的人。雅马哈还"追求"知名大学（比如斯坦福大学和密歇根大学）里崭露头角的新人表演家，此外还有音乐协会以及学校，他们经常一次就需要十几架钢琴。所有这些都表明，一个外国玩家最终成功"入侵"演奏会领域，用施坦威一位员工的话来说，这一领域是施坦威的"命脉"。雅马哈成为世界上最大的钢琴制造商，每年能够生产20万架钢琴，远超施坦威的6 000架。

后发制人的好处

当我在高管研讨班上研究钢琴制造史时，资深的经理人通常将雅马哈的成功归于以下因素：（1）艾夫·罗恩是一个有企业家精神的销售经理，他不屈不挠地开拓雅马哈在美国的市场；（2）日本的钢琴市场开始腾飞，让雅马哈能够在国内实现规模优势；（3）制造过程的自动化，能够大幅降低生产成本；（4）雅马哈迫切希望能够生产演奏会钢琴，进入利润更高的市场；（5）有远见的领导在将近30年的时间里，一直坚持他的扩张战略。

这些原因都是对的，但它们只是近似原因。它们能够从表面上解释雅马哈的成功，但无法说清楚深层原因。要想探究雅马哈的成功，就要深入进去看看到底是什么导致上述原因，并且让雅马哈最终战胜施坦威。

我们可以思考这样一个问题：为什么我要喝水？直接的答案是"我渴了"，当然这只是表面上的答案。真正的原因在于水能够分解营养和矿物质，并且将这些物质运送到人体全身。水可以调节体温，保护内脏器官。如果人体缺水，整个人会快速"分崩离析"。那么结论是什么呢？就是我们需要水维持生存。这就是我所说的因果关系链里的终极原因，所有表面看似偶然的事件内在都有基本的原理。

我将图 1-1 称为知识漏斗，图中描述了钢琴制造和纺织业的发展过程。[20] 正如我们所见，同样的模型也可以解释其他行业动态，包括当今经济体系中的制药行业以及其他部门，我们在后面的章节里会详细研究。

在施坦威，生产方法原始而且传统，熟练的匠人依靠深厚的专业知识和灵巧的双手，生产出演出艺术家渴望拥有的无与伦比的高端乐器。这是崇高的手工艺最突出的特征。人类的直觉和专家的判断掌控一切。在许多新生行业里，这一点难以避免。知识在早期发展阶段，还没有被整理成文字规定。技术诀窍仍然独属于一小部分领先的专家。

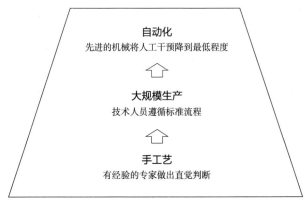

图 1-1　知识漏斗

　　但知识会进化。当经验累积之后，人们的理解也会逐步提升。行业技术诀窍曾经只属于一小部分大师，但以后会逐渐被整理成文字，传给后人。在这个过程中，没有被炫耀出去的技术诀窍会变得越来越明确，商学院专家将这个过程称为知识编码。但这个过程其实只是把自己知道的东西写下来，然后跟同事分享。这样做的一个后果就是，技术没有那么熟练的工人会逐渐取代具有开创性的专家。任何工人都可以遵循标准流程、手册和指导。毕竟，在专家知道的所有东西都被编写成手册之后，就无须再进行太多额外的干涉。换句话说，在专业知识编码之后，就有更多的人可以掌握基本原理。在依据规则决策开始流行之后，人类直觉的重要性就会淡化。更加糟糕的是，编码的知识可以轻易通过借阅、复制、模仿或者偷窃进行传播。历史已经证明，世界级专家首创的重大发明，最后总会实现机械自动化生产。

不是更聪明，只是更快和更好

雅马哈将许多生产过程自动化之后，就能够实现标准化以及精密制造。雅马哈借助传送带系统以及巨大的快速烘干窑，能够将制造一架钢琴的时间从两年缩短到三个月。在自动化刚开始的时候，标准化产品与传统的手工产品相比，总是显得没有那么精细。机器无法再现手工制品复杂微妙的细节，因此，使用自动化生产的商品只适合于大众市场或者低端市场。但低端市场能够让一个企业立足，为工程师提供时间、资金（不管多么微薄）以及机会，去提升以及做更多工作。当产品技术和质量提升之后，这种可以买得起的产品就会吸引新的消费者，反过来进一步刺激需求。按照这种逻辑，早期掌握自动化的公司最终会成为赢家，掌控新兴的行业。这就是雅马哈迅速崛起的原因。这也是施坦威开始衰败的原因，其在很大程度上过于短视而且迷恋手工制造，因此忽视了技术提升以及自动化。

当雅马哈进入演奏会钢琴领域时，它已经成为一个全球竞争者。雅马哈拥有更健康的资产负债表、多样化的技术，以及先进的生产工艺，因此能够调动更多资源用于市场营销、供应链、招聘以及生产。雅马哈从低端市场获得的资金，成为其进入高端市场的动力源泉。

面对这种结果，最突出的现象就是，当发生这些变化的时候，基本的产品并没有发生变化，这让施坦威的困境更加令人难以接受。简单来说，一架钢琴就是用小槌敲击琴弦发出声音。产品的功能及外观，以及主要艺术家对产品的要求基本上没有发生变化。施坦威不像柯达和宝丽来一样，被数码摄影技术打败，它所在的行业基本没有发生变化。而且当行业知识成熟时，也就是从早期的手工艺到后期的自动化，运气逐渐从早期的创新者身上转移到后来者身上。要想在知识生命周期的不同阶段获得胜利，就需要完全不同的组织能力。这种能力不是程度的变化，而是类型的变化。当竞争加剧之后，后来者总会打败早期的创新者。后发也有后发的优势。

这并不是说雅马哈从来没有创新。正好相反，当雅马哈努力想要利用先进制造的潜力时，它需要引入新的工艺和体系。公司的每一次生产自动化升级，都包含很多创新元素。创造天赋从通过人工生产高质量的产品，转移到设计一个更好的自动化生产过程，以此减少成本并提高产量。因此，雅马哈最终拥有更加低成本的生产工艺，能够更高效地生产钢琴，满足巨大的市场需求。

但早期的创新者难道不可以通过申请专利和商标保护自己的技术，以此将后来者扼杀在摇篮中吗？难道施坦威不能更好地保护自己的商业机密，以此扼杀雅马哈吗？

19世纪早期的纺织业会告诉我们答案。

这个世界上没有什么学不会的东西

1810 年，35 岁的哈佛大学毕业生弗朗西斯·卡伯特·洛厄尔，带着妻子和幼子前往英格兰旅行。许多人认为这次旅行是现代历史上第一次也是影响最大的商业间谍案。

许多人认为纺织业就是当时的高科技行业。大英帝国对此十分精通，它靠机器纺织称霸全球贸易。1851—1857 年，英国的纺织品出口翻了两番，从每年 600 万件增长到 2 700 万件。[21] 到 19 世纪 50 年代末期，棉制品出口占英国出口一半的份额。在高峰时期，英国的纺织行业生产了世界上几乎一半的棉布。从格拉斯哥到兰开斯特再到曼彻斯特，英格兰中部的工业盆地里挤满了棉纺厂。

英国政府为了保护这一至关重要的行业，禁止出口任何纺织机器，以及相关工厂图纸及方案。英国政府还担心熟练的工人可能会将机密泄露到国外，所以禁止纺织工人离开英国。违反者将会当场被逮捕并关押一年，并且最高处以 200 英镑罚款。与这些严厉的措施相比，今天的专利法以及禁止披露协议都显得温和了些。工厂主也花了大力气避免信息泄露。他们不向参观者开放工厂，让员工发誓保密，"像保卫中世纪的城堡一样"保护工厂，给机器增添许多额外的装饰，让其看起来比实际更复杂。[22]

　　洛厄尔来自波士顿一个船运家族,是上流社会出身,他介绍自己是一个"人脉广泛、温文尔雅的美国商人,因为健康原因……来欧洲旅游"[23]。通过一些商业人脉,他得以进入数家大型工厂参观。洛厄尔在苏格兰和英格兰逗留了两年时间,他假装随意地参观了数十家工厂,秘密搜集了大量商业机密。[24]他曾在哈佛大学数学专业学习,正好能够学以致用,记下纺织制造的各项关键细节,包括生产流程、传动装置细节,以及动力织布机的内在工作原理。他在返回马萨诸塞州之前,通过海关将大量机器图纸走私回国。还有很多像洛厄尔这样的人在努力。

　　许多人突破英国的移民法案,带着配套技术、备受追捧的专业技能以及工业技术前往美国。到1812年,马萨诸塞州几乎所有纺织工厂,都掌握了机器织布的知识。[25]这就是后来者的优势。在过去,人们只能用水力机器纺纱。独立的工人会在家中使用自己的设备进行纺织,这就是家庭手工业。这些人的住所一般都靠近城市,他们形成了一个工厂之外的网络,能够提供充足劳动力。[26]但洛厄尔的波士顿制造公司重新设计了生产过程,用水力同时实现纺纱和织布,让这两道工序可以同时在一个厂房内进行。而且洛厄尔跟他的英格兰同行不一样,他没有过去的包袱,不必担心现有资产的折旧。洛厄尔建立了一个巨大的商业城镇,不仅能够实现更大的规模优势,还能够摆脱公司对当地劳动力市场的依赖。将乡村改造成居住社区，当然需要大量的资本投入。但正是这种大型的前期投资，让具有利润意识和回报要求的英国工厂主犹豫不决。[27]

英国小说家查尔斯·狄更斯在1842年第一次游历美国，他参观了洛厄尔的新城。虽然他对现代化进行了严厉批评，但洛厄尔提供给工人的舒适工作环境让他十分动容。

> 我们到达第一家工厂的时候，晚饭正好结束，姑娘们都开始回去工作；事实上，到处都挤满了人……她们都打扮得体，也就是说她们都十分干净……
>
> 她们外表看起来很健康，许多人十分精神，拥有年轻姑娘的举止和神态，而不是卑贱的役使牲口……
>
> 她们工作的厂房也跟她们一样整洁……总之，这里有新鲜的空气，干净整洁，而且按照这个行业的标准已经尽量做到舒适了……
>
> 我那天参观了好几家厂房，看到许多面庞，我庄严宣布，其中没有一个年轻的脸庞上有痛苦的神情；如果我有能力的话……我也无须拯救任何一个姑娘。[28]

工业小镇开始在新英格兰地区遍地开花。其中最大的是位于梅里马克河边的阿莫斯克亚格工厂，这座工厂拥有650 000个纱锭以及 1.7 万名工人，每天能够生产 500 英里长的棉布。[29] 新英格兰地区的工厂凭借大规模生产，将美国的大众市场从英国出口商手里夺了回来，只有精致帽子和其他物品等小市场仍由英国人掌控，因为这些小市场仍然需要更好的手工艺技能。

无论如何，英国对国际贸易的主宰地位开始动摇，此后逐渐陷入无法阻挡的衰退之中。如图 1-2 所示，英国最严重的衰退发生于 20 世纪早期，在位于英格兰西北部的兰开斯特，工厂几乎以每周一家的速度关闭。纺织行业曾是英国的骄傲，但后来只剩下一座座空旷的厂房。

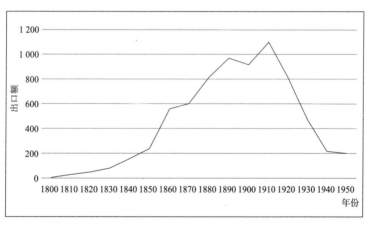

图 1-2 英国棉布制品出口（以百万英镑计，1800—1950）

来源：R. Robson, *The Cotton Industry in Britain* (London: Macmillan, 1957), 332–333. 数据每十年开始的时候报一次。引自：皮厄特·拉里奥利，一件衬衫在全球经济体系之旅：一位经济学家研究全球贸易的市场、力量以及政治，2009。

越有钱越舍不得花

好像历史注定会再现一样，商业机密和专利也无法保护施坦威。早在 20 世纪 60 年代的时候，施坦威 CEO 亨利·施坦威就曾注意到雅马哈崛起的威胁，据说还"对他们怕得要死"。[30] 以前只有在死敌之间才会出现这种恐惧和憎恨，但施坦威并没有做出任何重大变革。在接下来的 50 年里，施坦威一次又一次将皇后区阿斯托利亚大道曾属于施坦威村的房屋拍卖出去。原来占地 400 英亩的区域逐渐缩减，最终只剩下我们今天所知的区域，也就是位于施坦威街尽头的一个红砖工厂。在将近半个世纪的时间里，施坦威钢琴的销量从每年 6 000 架，锐减到 2012 年的不到 2 000 架。

亨利·施坦威的继任者是彼得·佩雷斯，他努力想要进行反击（说实话已经太晚了），最后他不情愿地同意发布 K 型号钢琴。这是相对便宜的竖式钢琴，用来与雅马哈竞争。然而在一次私人谈话时，CEO 佩雷斯质问一名花了两年时间参与这一项目的下属。他说："我们的时间和资源都有限，我仍然纳闷花在这上面是不是最好的方法。三角钢琴是我们最强的地方，但我们现在却要把精力转移到其他方面。而且，在这个时间节点介绍新的产品，难道不会导致拖延和混乱吗？也许我们应该坐下来，再次思考我们对未来的规划。"最终在经过漫长和激烈的内部讨论之后，K 型号钢琴得以面世。可以预料到，这款钢琴既没有对雅马哈产生影响，也没有阻止施坦威日益衰退的趋势。[31]

当时间仍站在施坦威这一边时，是什么导致其没有快速做出回应呢？为什么施坦威没有跟雅马哈一样，投资自动化并且执行扩张战略呢？

在 20 世纪 80 年代，当日本经济如日中天的时候，哈佛大学教授罗伯特·海斯和威廉·阿伯内西联合在《哈佛商业评论》上发表了一篇重要文章《将我们管理向经济衰退》。作者指责美国的经理人太过依赖于投资回报率等短期金融手段进行投资决策，而非依赖于长期的产品与技术开发。在他们看来，美国的经理人集体经历了"竞争近视"。利润都进入了股东的口袋而非更新设备。

大约与此同时，另一位哈佛大学教授卡丽斯·鲍德温与哈佛商学院前院长金·克拉克联合发表文章，认为美国的公司之所以不愿意投资新技术，是因为企业害怕新技术会冲击现有产品或者生产工艺。经理人都害怕利润相对较低的新产品或服务会直接冲击现有产品的销售。[32] 对于这种看似不合逻辑的管理行为，作者给出了一个简单的解释。经理人一般会通过金融分析工具评估投资机会，比如贴现现金流或者净现值等。这种做法的关键是要将现有投资机会与其他投资或者不投资做对比。要想预测未来的现金收入或者不同投资的收益，经理人就必须借助历史数据。经理人通过这种对比，通常都会认为公司只要保持现有生产体系，就能够一直维持下去。

但这是一个危险的前提。这种假设不切实际，导致许多公司都不想投资利润比现有产品低的新产品。这只会导致经理人在面对竞争压力时，只想推出更多高端产品让自己实现差异化。但对施坦威来说，公司已经站在行业顶层，上面也没有更多开发空间了。最终的结果就是丧失市场份额。

而且当一个人过于沉迷边际成本时，表面的利润也会更有欺骗性，从而导致问题更加复杂。在财务人员警惕的目光中，升级现有生产工艺总是比建立一套全新体系更有诱惑力。因为重复利用现有技术或者是扩大现有生产装备，公司只需要相对少的资本投入就可以增加产量。或者是在老工厂增加人工投入，虽然人力开支有所增加，但相对于已经完全折旧的设备资产来说，投入也相对较少。相比之下，创建全自动装配线等全新体系，其前期成本需要分摊到多年的成本里，因此会在短期内影响利润。

施坦威要应对需求增加，不需要花费数百万美元创建自动化工厂。短期来看，它只要再雇用一队匠人，在工厂里再增加一个班次即可。这就是典型的边际思维。经理人在评估是建立新体系还是利用现有设备时，忽略了沉没成本和固定成本，而是依据边际成本和收益做出决策。基本上所有金融或者经济学课程都会教授这些知识，正是这一点导致公司更愿意利用让其在过去获得成功的设备，而非创建其在未来需要的设备。而且由于经理人的年度奖金大都取决于下个季度的表现，因此他们更相信自动化工厂生产的钢琴满足不了演出艺术家的需求，这些艺术家是施坦威最有影响力的组成部分。

不愿意冲击现有销售体系，以及想要利用现有生产设备，正是这两点导致许多公司没有扩大投资以让它们能够在未来获得优势。

困在金色的笼子里

相比之下，雅马哈的想法就简单多了。雅马哈没有长达百年的精致手工业传统，所以也就没有任何历史包袱。因此，雅马哈在先进制造体系上花的每一美元，都能保证公司产出更高质量的产品，带来更高的边际收益。而且雅马哈是从底层开始崛起的，它的投资者也习惯了雅马哈的收益比施坦威低。讽刺的是，投资者对雅马哈的期望不高，让雅马哈能够投资新产能，进入新市场。雅马哈的投资并非一个可选的选项，而是关乎公司的生存。而在施坦威，这个过程总是很痛苦。你看见什么取决于你所站的位置。

面对逐渐加剧的竞争，就像其他所有挣扎求生的商业领袖一样，亨利·施坦威开始向华盛顿求助。他游说尼克松政府增加对日本进口钢琴的关税。[33] 在巨大的国会听证室里，贸易委员会代表坐在前面，而美国的钢琴制造商以及日本的代表面对面坐在两侧。当听证会开始时，吵闹的大厅陷入肃静，亨利·施坦威在他的开场白里宣称，不止他一家公司受到日本产品的影响，还有另外 17 家国内制造商也是如此。

在现场，日本的听证会代表忍不住询问亨利，他公司的订单已经满足不过来了，他为什么还要求更高的关税。亨利做出老套的回应，说他公司的钢琴之所以卖完了，是因为只有施坦威能制造出世界上最好的钢琴。之所以会出现短期缺货，是因为施坦威要花费很长时间才能培育出一名优秀的工匠。显然听证会上的每个人都清楚意识到，施坦威被困在了一个金色的牢笼里。[34]

至于雅马哈，则很快决定绕过政治纠纷，提出一个更好的策略。雅马哈决定在佐治亚州[35]建立钢琴制造工厂，开始宣扬"美国制造"的信条。

当力量变成弱点

施坦威所面对的问题并非只有美国人才有过，也并非只局限于钢琴行业。这是一个思维方式的问题，最终会导致全球所有的企业陷入困境。公司不愿意冲击现有产品销售，以及过度迷恋边际成本，这也解释了为什么英国的棉布生产商迟迟不愿投资新生产方式，弗朗西斯·洛厄尔及其他美国人则开始领先。还有美国南方皮德蒙特的作坊在 20 年后兴建更大的工厂，最终取代北方的工厂，以及后来亚洲的工厂开始生产一美元裤子，取代美国南方的工厂，等等。

在我们继续讨论之前，先让我们思考一下之前提到的知识漏斗。知识漏斗表明，任何竞争优势都是短暂的。公司可能在早期创业时保持领先，但当知识成熟之后，它们就再也无法保持领先。施坦威就一直依赖这种优势。最终，依赖手工艺以及经验丰富的员工这一模式开始出现局限性。换句话说，核心竞争力逐渐变成核心僵化，阻碍公司对雅马哈的威胁做出合理的战略反应。

钢琴爱好者可能对施坦威的困境感到悲伤，但我们所有人都应该从中学到一课。经理人必须扪心自问，对他们的公司来说哪些知识领域是最基本的。他们的商业核心知识是什么？这种知识是否成熟，能否轻易获得？由于不断发展，施坦威所面对的历史问题随着时间推移只会更加严重。由于互联网和现代通信方式的发展，我们的世界联系更加密切，因此优势保持的时间也逐渐变短。书面文件、电子记录、人、资本开始跨越地理界限传播，其速度是几十年前的人们不敢想象的。知识产权、商业机密以及个人专业技能，只能暂时抵挡后来者的入侵。很快后来者就会获得同样的理解，甚至以更新和更有效的方式颠覆现有成员。

知道这一点之后，我们就可以继续研究位于巴塞尔莱茵河畔的制药公司，这些制药公司已经在这里生存了 150 年，但这么多年过去了，它们还是行业创新者，保持自己的领先地位。这些制药公司有什么独特的地方？当其他高科技行业，比如计算机以及风力发电等行业，大部分初始的创新者都被后来者超越时，为什么这些制药公司还能保持领先呢？至少到目前为止，它们是如何应对困扰其他公司的问题的呢？

第二章

创新者的第一个优势：
当竞争像泥石流一样暴发时

> 仅仅因为事情没有像你计划的那样展开，并不意味着它没有用。
>
> ——托马斯·爱迪生（1847—1931），美国发明家

化学工业的发展

制药商之前是印染商。

现代制药工业是先进和复杂的代表，但它起源于看起来不那么高端的纺织业。圣加伦坐落于湖水碧绿的康斯坦茨湖南边，是一座宁静的城市，但在15世纪的时候，这里是一个繁忙的制造业中心。这里生产优质布料，以复杂的刺绣和精致的蕾丝出名，产品行销于法国、英国和德国等地。虽然瑞士是个内陆国家，但

国内蜿蜒曲折的河流和大量湖泊提供了便利的出口通道。制药的历史几乎就相当于科学的重新发现。制药行业与纺织业诞生于同一时代，一开始掌握的基本知识都是有机化学知识。但制药公司一次又一次转移到其他领域，因此能够繁荣兴旺，摆脱施坦威无法摆脱的困境。

按照传统，印染工人一般直接从植物中提取染料。[1]当时，颜料十分宝贵，只有国王、贵族以及高级僧侣才有资格穿彩色的衣服。比如，1870年茜草根的价格是90马克一千克，一千克茜草根能够提炼出140克红色干染料。嘉基是巴塞尔一家经营化学品的百年老店，经营的范围包括"各种原料、化学品、染料以及药品"，[2]它在1868年的时候发现真正的商机并非染布，而是用染料作为原料进行开发和制造。[3]嘉基紧接着改造了一家工厂，[4]用来生产苯胺洋红——一种能够"大规模生产的神奇红色[5]"。[6]嘉基生产的红色化学染料只卖8马克一千克。[7]因此，嘉基生产的洋红很快就销售一空。化学染料成为赚钱的爆款商品。

在嘉基新工厂东边几个街区，就坐落着另一家行业领先的化学品公司。这家公司在1839年成立，刚开始的时候是一家丝绸印染厂。[8]化学家罗伯特·宾雪德拉在接管生意之后，开发了许多新的染料产品，还在瑞士之外建立供应链网络。不到一年的时间，原本的30个工人就翻番了，[9]到1881年的时候，工厂里有250名工人和20名化学家。1884年，宾雪德拉将公司重命名为巴塞尔化学工业协会，简称为 CIBA（汽巴精化）。[10] 五年之后，经理爱德华·山德士从汽巴精化辞职，建立山德士公司。[11] 山德士的工厂当时有 10 个工人和一台 15 马力的蒸汽机，[12] 山德士首先生产的染料就是茜素蓝和金胺。[13] 到 1913 年，嘉基、汽巴精化和山德士三家公司，每年向世界出口总共 9 000 吨染料。这些吃苦耐劳的山地人，将巴塞尔变成了一个化学中心，他们自己也成了染料巨头。

虽然巴塞尔的化学产品大获成功，但其有害的一面也逐渐显现。染料制造会引发污染，带来危害。工人在基本不通风的环境里工作，只在鼻子上蒙着一块薄布。工作后洗澡也于事无补，当晚上工人回家时，他们的胳膊、脖子和脸上都是色彩斑斓的颜料条纹。[14] 毒素会造成皮肤褪色、尿血、痉挛等疾病。膀胱癌也被称为苯胺瘤，当时这种病在当地很常见，以至于医生都将其称为"最明显的职业病"。[15] 实验室里的技师情况也没有多好。当时人们对化学仍然所知不多，要想找到更好和更亮的色彩，只能靠胆大的人不断试验。比如，为了提取尿酸，技师要熬制整桶的动物油脂，解剖红尾蟒，以及研磨蝙蝠排泄物。[16] 他们整天都要混合盐酸与硫酸，融合腐蚀性的强碱，还要调制包括砷在内的毒药。这些试验类似于中世纪的炼金术，起火爆炸是家常便饭。

但这些问题都没有阻挡巴塞尔化学工业的发展。在其黄金时期，化学家、经理人、创业者以及投资者蜂拥而入，想要在关键时刻分一杯羹。直到 20 世纪到来之后，人们才开始关注工人福利以及这个行业对环境的影响。荒诞的是，这些瑞士创业者不屈不挠追求的致命有毒染料，有一天却转变成救死扶伤的产品。

轰动世界的产品

1883 年，德国一个名叫路德维希·克诺尔的化学家，成功合成了安替比林，这是世界上第一款用来治疗流感的止痛退烧化合物。[17] 在此之前，人们主要从植物中提取止痛药。例如，可卡因是从古柯叶中提取的，水杨酸是从柳树皮中提取的，而药效最强的吗啡是从罂粟中提取的。当时基本的药物制造技术就是蒸馏，先是煮植物叶子，然后将蒸汽冷凝，最后获得其中的活性成分。

克诺尔博士出生于一个富裕的商人家庭，他写了一系列关于苯肼实验的论文。当时人们主要把苯肼当成染料的活化剂。[18] 克诺尔通过实验制造出了安替比林，这是第一批人工合成的药物。工业革命以来，煤炭工业还衍生出了煤焦油。克诺尔在上级的鼓励下提交了专利申请，跟一家位于法兰克福郊区的小染料厂赫斯特合作生产药物。[19] 安替比林在退烧和治疗流感症状方面药效显著，因此，在传染病肆虐的欧洲，这款药物广受欢迎。

在大西洋的另一边，美国一名医生在 1885 年时说，安替比林"就像是魔法一样"治愈了他五个病情最严重的病人，这些病人之前遭受偏头痛的折磨，甚至连吗啡也没有用。[20] 来自罗得岛的一名医生宣称，安替比林的效果"几乎是立竿见影……一两个小时之内，就能够看到明显的效果"[21]。这款药物在美国大受欢迎，以至于《纽约时报》在 1886 年 1 月 1 日宣称："在人们发明的减轻病痛折磨的治愈方法里，没有哪种方法能比得上安替比林。"[22] 人们唯一担心的就是，"德国的制造商无法生产足够的药物满足全世界的需求"[23]。安替比林成为世界上第一款爆红的药物。[24]

但让赫斯特感到恼怒的是，汽巴精化在 1887 年也开始生产同样的化合物。在当时的瑞士，还没有对化学产品的专利保护。在这片制假者的土地上，[25] 瑞士化学家可以自由模仿外国的发明，甚至受到一定程度的鼓励。瑞士的模仿非常成功，甚至汽巴精化在 1900 年巴黎世界博览会上获得大奖。[26]

赫斯特在绝望之下，立即与汽巴精化和山德士签署限价协议，将一部分世界市场让给两家公司。[27] 这份协议禁止任何一家公司降价打击其他公司。但是，当时的人已经意识到这个新生的制药行业有多么重要。从那时起，汽巴精化模仿德国，系统性地投资广泛的研究和开发。此外，汽巴精化还依赖自己与许多大学和研究机构的关系，这种早期的大学-产业合作，能够产出许多技术论文，而且研究结果既能为技术开发指明方向，也能为企业长期的绩效做出贡献。

与此同时，山德士在 1915 年建立首家内部制药实验室，后来任命瑞士化学家亚瑟·斯托尔掌管实验室。斯托尔随后从麦角里分离出一种活性成分，将其命名为麦角胺。麦角胺能够用来引产以及抑制产后出血。1921 年，这款药物以酒石酸麦角胺的名字正式面世。[28] 到世纪之交的时候，汽巴精化、嘉基和山德士都已经在有机化学领域建立坚固基础，因此也就将它们的产品重心从商业染料转移到利润更高的药物上。与治愈生命的灵丹妙药相比，制造有毒的化学品没有那么高的利润。但这里有一个关键问题：为什么制药工业在接下来的几十年里，没有像传统的纺织业一样变得商业化？对此我们可以借鉴上一章提到的知识漏斗。如果在制药过程中没有重大发现，那么行业的焦点势必会转移到成本控制上。主宰这样一个世界，既要依赖大规模生产技术，也要依赖先进机械设备自动化。雅马哈和施坦威的钢琴战争已经证明，后来者在这样的环境下可以轻易战胜先行者。

汽巴精化、嘉基和山德士是幸运的，因为它们在巴塞尔没有身处这样的环境。制药行业很快就会从有机化学跳跃到一个全新的领域。这个行业从合成化合物开始，很快在微生物领域有新发现，而这会将这个行业推向新的前进方向。正是微生物学研究这个新的知识领域，为行业接下来数十年的发展提供了上升空间。

微生物猎人

1941 年 2 月，英国一名警察被玫瑰刺划破了脸，链球菌和葡萄球菌感染导致他生命垂危。[29] 感染非常严重，他的头皮开始渗出脓汁，一只眼球不得不被摘除。[30] 亚历山大·弗莱明在十年之前就已经发现青霉素。他发现某些霉菌产生的"霉菌汁"能够消灭细菌。虽然没人能够控制完美的剂量，很多事情都要靠摸索试错，但这名警察在经过一系列试验性治疗后，病情开始缓解。

但随后青霉素用完了。当时唯一能够获得青霉素的方法就是在实验室里进行表面培养发酵，但这种方法无法产出足够数量的青霉素，科学家必须等待霉菌生长。人们拼命想要找到制造更多青霉素的方法，包括从病人的尿液中回收青霉素。但这名警察由于没有足够的青霉素治疗，感染开始恶化，最终他病情复发去世。[31] 直到第二次世界大战爆发的时候，制药行业才掌握了大规模生产抗生素的技巧。

第二次世界大战期间，盟军发现死于肮脏环境的士兵，跟死于枪炮之下的士兵一样多。很快科学家就发现，只有在大水箱和大锅炉里进行深层发酵，才能够大规模生产青霉素，这跟啤酒厂使用的技术一样。到 1943 年的时候，美国的默克公司用产黄青霉和玉米浆开发出这种生产工艺。默克公司在不到两年的时间里，[32] 就生产出 6.2 万亿剂青霉素，而在实验室的表面托盘里远远无法实现这种产量。另一家美国制药公司辉瑞也开始大规模生产青霉素，其于1944年在证券交易所正式上市。当时辉瑞公司每年营收刚超过700万美元，[33] 但公司大胆地投资300万美元，将纽约布鲁克林的一家制冰厂改造成青霉素生产工厂，希望能够将工厂里一万加仑 ① 的水箱都利用上，进行深层发酵。[34]

辉瑞的这项投资远远不是勇敢能够形容的。辉瑞前总裁约翰·史密斯后来回忆说："霉菌就跟歌剧演员一样性情无常，产量低，分离困难，提取让人头疼，净化也很难，而化验也无法让人满意。"[35] 但在战时人们的诸多努力之下，辉瑞克服了工程上的挑战，青霉素的产量开始提升，价格开始下降。1944年1月，参加诺曼底战役的盟军所有士兵都能够得到青霉素治疗。青霉素是第一款现代制药水平的药物，默克和辉瑞后来之所以股价腾飞，牢牢跻身道琼斯工业平均指数行列，刚开始很大程度上就是因为成功大规模生产青霉素。[36]

意识到微生物学正在成为药物研发的一个重要学科后，瑞士人决定不落在后面。

* * *

1957年，山德士正式实施了自己的土壤筛选项目。[37] 这个

---

① 1加仑 ≈ 0.003 8 立方米。——编者注

项目的依据是当时出现的一项理论，即认为抗细菌的真菌主要生活在土壤里。[38]春天的时候，当走在树林里，我们会闻到泥土的芳香，事实上这就是真菌分解土壤中的有机物散发出的味道。很明显，土壤一定存在自我净化的能力，因此，即使死去的动植物年复一年埋到土壤里，土壤仍然能够恢复其原来的组成部分。真菌具有杀灭细菌的能力，因此，科学家假设真菌产生的抗生素可以被提取出来，能够有效杀死致命的病原体。[39]山德士跟许多美国同行一样，派遣科学家以及雇用人手采集样本。公司临时招募旅客、牧师、飞行员以及海外留学生收集土壤。公司还从公墓里采集土壤，放气球到空中收集风中的微粒。野外工作者会上到山顶、下到矿井底部收集土壤。员工也被告知，在清理冰箱时要注意有用的霉菌。[40]这是一场发现有用物质的竞争。

1969年夏天的时候，微生物学家让-弗朗索瓦·博雷尔把山德士的土壤样本带回家。这份样本来自挪威南部的哈当厄高原，[41]研究团队在其中发现了多孔木霉。[42]虽然博雷尔的样本没有多少抗菌效果，但展现出一种阻止其他真菌生长的惊人能力。[43]

在医学研究中，发现通常是一个缓慢的过程，而且还会发生没有人能够料到的转折。博雷尔继续分离土壤中的活性成分。最终人们发现这种真菌可以作为免疫抑制素——这是器官移植需要的重要物质，能够阻止病人自身的免疫系统攻击新移植的器官。重要的是，博雷尔发现的免疫抑制素只阻止某些具体负责器官排斥[44]的化学反应，而不会摧毁人体内抵御感染的 T 细胞。这种选择性和可逆性比现有治疗方法更加细腻和温和，因为没有选择性的抑制通常会摧毁患者整个免疫系统。

博雷尔需要更多这种真菌来继续研究，但大部分存货到1973 年的时候已经基本消耗完毕。山德士的高管对这种化合物的商业前景有所怀疑。[45]山德士经过计算发现，临床试验和制造生产设备就要花费 2.5 亿美元。[46]1976 年的时候，公司估计到1989 年整体销售额也不会超过 2.5 亿美元。[47]换句话说，这种只能用于器官移植的药物市场前景有限。博雷尔开创性的发现看起来就要被搁置了。

就跟历史上大多数事件一样，这次事件也是个人坚持、政策洞见以及一点儿运气的结合。博雷尔用自己仅有的存货证明，这种化合物能够治疗其他自身免疫疾病，包括类风湿关节炎以及肾病综合征。突然之间，这种化合物的经济前景开始变得广阔，因为炎症类疾病一直是山德士的优先研究方向，与单纯器官移植相比，炎症类疾病的市场更加广阔。[48]根据修订后的估计，管理层支持博雷尔的研究。

但这种化合物溶解性不强。药物要想在血液循环中达到理想剂量，溶解性是一个至关重要的指标。[49]现在只剩下一个选择，就是让研究者用自己做试验。博雷尔将一些化合物放入酒里，然后把它们喝掉，看看这种物质能不能在血液中再次出现。神奇的是它再次出现了。这就去掉了商业化的最后一道障碍。[50] 博雷尔将这种物质命名为环孢素。1983 年，美国食品药品监督管理局正式批准环孢素，用于治疗数种自身免疫疾病以及阻止器官移植排斥反应，跟博雷尔 13 年前设想的效果一样。[51]1986 年，博雷尔获得著名的盖尔德纳国际奖，[52] 许多人认为这个奖项是诺贝尔医学奖的先声。[53]

好运还是自己的努力

到 20 世纪中期，制药工业的研究重心已经基本从有机化学转移到微生物领域。这种转变十分彻底，以至于在 1967 年的时候，瑞士罗氏制药甚至在美国建立了分子生物研究所。汽巴精化也紧随其后，建立了弗里德里希·米歇尔研究中心。该研究中心以巴塞尔物理学家和生物学家米歇尔的名字命名，米歇尔发现了细胞核内的核酸。[54] 因此，从概念上来说，汽巴精化和山德士所在的制药领域正在从有机化学向微生物学跳跃。制药公司不再像处于有机化学领域时那样，仅仅依靠成本和产量竞争。这种战略限制了它们，使它们只能生产一些产品，也就是安替比林或者其他止痛药。但反过来说，正如图 2-1 所示，制药行业非常依赖于外部科学世界的发现。微生物学新领域给巴塞尔这些公司带来新的生机。

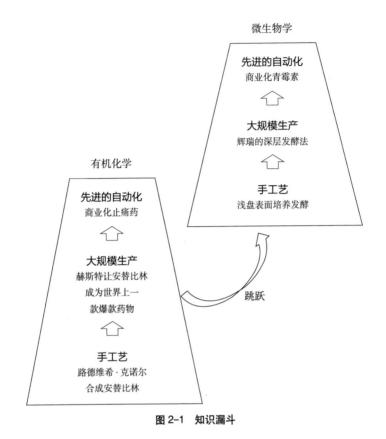

图 2-1 知识漏斗

　　有一点很重要，就是每次向新的知识领域跳跃的时候，行业知识都会回到成熟曲线的初期。在辉瑞开发出深层发酵法，第一次实现工业化生产青霉素之前，制造过程难以控制，而且受一系列变量影响。辉瑞不得不求助食品化学家，因为他们知道如何通过发酵糖大规模生产柠檬酸。[55] 这好像是回到了手工业转向大规模生产的早期阶段。因此，当有机化学领域实现标准化和自动化时，微生物学的大部分工艺仍然依靠手工艺。

几十年之后，在微生物学提供的新发现开始减少之后，基因重组技术暗示着新知识领域的出现，也为愿意投资和利用这种技术的公司提供新的机遇。这就是瑞士的制药商领先其他模仿者的原因。创新者不仅掌握旧领域，还勇于进取，发现新领域。它们从一个科学领域跳跃到另一个领域，让后来者疲于追赶。

尽管如此，在科学和技术领域保持领先，仍然依赖于旧知识。微生物学领域的发现没有抵消传统的有机化学的重要性；科学家之所以能发现新领域，是因为他们已经掌握了旧知识。如果细菌学家不是用无数化学合成物试验细菌，他们可能不会发现防腐剂。为了让细胞核在显微镜下更加清晰，人们用染料给细胞核染色，如果没有染料，人们也不会发现染色体。新的微生物学和旧的有机化学紧密联系，因此，创新者才能够继续前进。

市场竞争就像是登山运动。相互竞争的公司都想首先到达山顶。在那些知识基础变化缓慢或者根本不变的行业里，后来者可以最终达到先行者的高度。但与之相比，在知识基础不断进化的行业，新发现就像是不断发生的泥石流。没人能够到达山顶，每个人总是不断被推下去。在这种竞争中，经验和先前的知识都很重要。野心也很重要，但幸运垂青有准备的人。

因此，如果一家公司身处于没有重大发现的行业里，它该怎么办呢？它会注定遭受纺织公司的残酷命运吗？一家日用品制造商生产的都是没有变化的产品，比如洗洁精和洗衣粉，这家公司能够一直繁荣下去吗？虽然这看似不太可能，但宝洁公司成功做到了这一点。一个多世纪以来，这家公司生产的都是日常使用的普通产品，但能够一直抵挡住竞争者的进攻。它是如何做到的？

"猪肉之城"辛辛那提的一家小企业

那一年是 1857 年。晚上 6 点的时候，疲惫的詹姆斯·甘布尔拖着脚步回到办公室后面的会客厅。他的办公室位于辛辛那提市中心第六街和主街东北角。甘布尔回来时，威廉·普罗克特刚弄完账目，将一天的开支和销售额整理好。

甘布尔在关掉煤油灯时，还不忘调侃一句"这灯光真亮"，因为他的商业合伙人普罗克特最近才不情不愿地安装了这盏煤油灯。[56] 普罗克特是一名制蜡工人，他从来都不喜欢这种稀奇古怪的煤油灯。他抱怨说"家居升级"剥夺了他最喜欢的晚间休闲活动，就是在蜡烛跟前为家人读书。

威廉·普罗克特和詹姆斯·甘布尔并不仅仅是商业伙伴，他们俩还是连襟。在很长一段时间里，普罗克特 & 甘布尔公司（即宝洁）都没有给他们制造的肥皂和蜡烛贴上品牌。因为根本没有这种必要。从肥皂、衣服、油漆一直到香水，所有这些家庭用品都在当地制造并出售。对百货商店和小商店，以至于流动商贩来说，商业活动只需要面对面交易即可完成。[57]宝洁公司给自己产品起的名字都简单直接，比如牛油蜡烛、松香和棕榈肥皂、珍珠淀粉或者猪油。[58]

甘布尔为了制作肥皂，每天要在凌晨4点半到工厂，给锅炉生火。他会派员工收集家庭的剩肉、剩油脂以及草木灰来生产碱水，碱水在肥皂制造过程中发挥媒介作用。随后，将沸腾的奶油色混合物倒进一个木桶里，冷却四五天，等待其凝结成块。[59]

包括甘布尔在内，所有人对其中发生的化学反应都所知无几，但说实话，懂不懂产品背后的科学知识其实没有什么区别。人们只需要获得原材料就可以生产。而且辛辛那提拥有庞大的肉类加工产业，每天有超过10万头猪、牛和羊被送进当地的屠宰场。因此，在这座"猪肉之城""帝国猪城"里，宝洁公司可以廉价获得多余的动物脂肪。[60]这两个勤俭节约的创始人没有纠结产品背后的科学知识，而是一门心思开发节省劳动力的设备，希望扩大他们工厂的产量。

比如，甘布尔为了加快肥皂块的切割速度，在打包线上放了一张桌子，在这张桌子上安装了等距离的琴弦，能够将巨大的肥皂切割成一个个长条。挪动长条的位置再次切割，正好可以将肥皂切割成一磅重的小块。随后小块肥皂被送到脚控压力机前面，打上公司的标志。使用这些设备，一次就能够将60块肥皂装盒、打包以及运送到仓库里。

这种工业化生产消费品的创新方法非同寻常。这两人都经过手工艺人培训,大部分工作也都是手工完成。在这个国家的乡村地区,到处都是工厂车间和小型的商业城镇,里面都是这种小规模的生产活动。亨利·福特的装配线,或者"流水线",还要等待数十年才会诞生。[61] 因此,一定是当地的肉品包装商让这两人产生了自动化的想法。由于当时没有冰箱,肉品包装工人必须加快工作速度,避免包装好的肉在运输前腐败。在工厂里,滑轮车和传送带运送肉制品,工人则站在固定的 6 个台子跟前完成一项具体的工作,即去掉猪脚,分离结缔组织,或者清理边角料。[62] 宝洁近距离观察这种"分解"猪肉的装配线,其得到的牛油和猪油就来自这里,这很可能促使宝洁向他们学习以提升自己的生产能力。

到 19 世纪 70 年代,宝洁已经拥有 16 家工厂,占地达到 67 000 平方英尺,雇用超过 300 名工人。更加精密的机械设备已经安装就位。高达 10 英尺的锅炉总共安装了 7 个,而且不需要人拿着长柄铜勺去舀出里面滚烫的油脂。宝洁设计了一套链型装置,安装在天花板上,下面靠一个脚踏开关控制。装有旋转叶片的垂直搅拌器能够搅拌滚烫的液体,将其搅拌到合适的黏稠度。随后这些液体被倒入一个椭圆形的容器里,凝结成肥皂。之后长条肥皂被送入蒸汽切割机进行分割,最终出来大小形状正好的小块肥皂。[63]

在这里我们又能看到图 2-2 的影子。在"从早期手工业转移到大规模生产和自动化"的过程中，应用大型生产设备的扩张战略是关键性一步。机械工程处于至高无上的地位。在宝洁，每天都有数百个工艺工程师检查各种设备，监控产品生产线。当时人们最关心的问题是产品质量和产量。

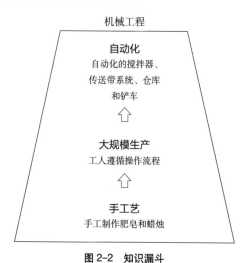

图 2-2　知识漏斗

卖出美好生活

当宝洁家族第二代成员哈利·托马斯·普罗克特和詹姆斯·诺里斯·甘布尔接手企业时，公司正在努力向大型企业转型。宝洁著名的星烛产品，一开始受到煤油灯的严重影响，现在托马斯·爱迪生又发明了更加明亮的电灯，几乎对公司造成致命打击。宝洁公司现在要加倍下注生产肥皂，以此弥补蜡烛造成的损失。多年以来，哈利·托马斯一直在劝说自己的亲属长辈，让他们相信优秀的广告对市场地位具有很大影响。詹姆斯·甘布尔重新改良配方，生产出一款优质的白色肥皂，但公司只是将其简单命名为"宝洁白肥皂"，哈利·托马斯对此大为恼火。他批评道："数十家公司都在推销'白肥皂'，商店里摆满了各种白肥皂产品，所以商人和消费者也不会太在乎买的是哪家的产品。"[64] 1882 年，躁动不安的哈利终于说服家族筹集到 1.1 万美元（相当于今天的20 万美元），用来开展他的第一次广告活动。[65] 哈利立即与纽约的一个独立咨询师展开合作，以用科学道理讲清楚肥皂纯度的问题。[66] 但当时人们对肥皂质量没有统一的定义，咨询师不得不翻阅手册，然后表示肥皂里应该都是脂肪酸和碱，除此之外，其他成分都是"奇异和多余的物质"。[67] 这名咨询师还表示，与其他三个著名品牌相比，[68] 宝洁的白肥皂杂质最少，只有区区 0.56%，其中有 0.11% 的游离碱，0.28% 的碳酸盐，以及 0.17% 的矿物质。[69] 哈利是一个很有营销天赋的人，他因此想出一个绝妙的标题——"99.44% 的纯度"。[70] 在 1882 年 12 月 21 日刊登的一则广告上，宝洁宣传说"象牙皂是一款洗衣皂，拥有高端香皂的所有优良品质，其纯度达到 99.44%"[71]。在宗教周刊《独立报》上，[72]宝洁的广告描绘了一名家庭主妇手里拿着一根结实的琴弦，面前放着一块有缺口的肥皂，这名主妇想要用琴弦切割肥皂，但最终没有切开。这则广告最后喊出一个吸引人的口号："它漂起来了！"

2004 年 6 月 18 日，星期五，辛辛那提，宝洁公司总部档案中心内的一个船运板条箱上，放着一块原版象牙皂和一块原版包装的象牙皂（右），旁边是一块同样可以漂浮的现代绿色包装的象牙皂。来源：美联社

而且哈利开始广告宣传的时机也恰到好处。在 19 世纪 40 年代到 50 年代，一种新型印刷技术——平版印刷开始快速流行。根据油和水不能融合的原理，借助于蜡染等以油为基础的媒介，艺术家可以将他们的设计直接画在石灰岩平面上。这种新型印刷技术打败了昂贵且费时费力的木版印刷和铜版印刷。最终的结果相当惊人，人们可以用相对合理的价钱购买引人注目的图画。[73]

当时电影、电视和广播还没有诞生，因此平版印刷很快就应用到图书插画、广告和其他商业活动中。这些图画征服了 19 世纪的美国公众。制造商慷慨地向零售商提供平版印刷海报、商业卡片以及其他广告材料，希望店主能够大量进货他们的产品。[74] 而消费者也开始狂热地收集这些广告卡片，当作纪念品，制作剪贴簿和画册。印刷公司收益最大，很快就成长为一个庞大的行业。1860 年美国有 60 家印刷公司，而到 1890 年已经增长到 700 家。[75]《纽约时报》将美国称为"彩色印刷文明"，在 1882 年的时候评论说："大众狂热追求好看的广告卡片，这是大众在艺术上的文艺复兴。这引发商家激烈竞争，想要生产设计漂亮和迷人新奇的东西。广告卡片行业飞速发展，并且雇用这个国家最聪明的人设计它们……卡片越好看和有艺术美感……人们保留和讨论它的时间就越长"[76]。

报纸行业同样开始发生改变。报纸不再像之前那样，单纯依靠读者收益生存，现在它们开始降低价格，增加销量，因为广告主会为销量更高的报纸出更多的钱。在哈利的推动下，1884—1886 年，当彩色平版印刷进入杂志广告领域时，宝洁的广告预算增加了 2 倍，从 45 000 美元增长到 146 000 美元，[77] 宝洁成为美国最大的广告主之一[78]。[79] 宝洁曾在《美国医学会杂志》上刊登过一则广告，明确建议年轻母亲："婴儿关节褶皱里的皮肤之所以会擦伤，大多数是因为使用了含有太多碱的肥皂。象牙香皂里没有过量的碱，因此可以用到婴儿身上，而且会呈现令你满意的效果。"《周六晚间邮报》周刊是美国最有影响力、阅读人群最广泛的杂志之一。[80]1919 年 10 月，当数百万美国人阅读这份杂志时，他们看到一张全幅彩色广告，描述了中上阶层的一个精致的家庭场景，一个女佣在女主人的监督下清理房间。下面配的文字写道："你可以使用象牙香皂清洗珍贵的物品，如果使用粗糙的香皂会毁了这些物品……象牙香皂可以用来清洗羊毛地毯、油画、优质红木家具、珐琅、镀金框架、雕像、丝绸门帘以及其他宝贵的古董物品。"[81] 宝洁甚至还举办了一场竞赛来宣传自己的产品。哈利悬赏 1 000 美元，征集"使用象牙香皂的新方法、奇异方法以及改良用法"。公众的反应非常热烈，宝洁甚至还专门将其编纂起来。征集到的这些方法从缓解肌肉疼痛到清洗珠宝等，不一而足。[82]

　　对现代人来说，这些广告活动可能显得杂乱不堪，因为它们针对的目标人群太过广泛，而且没有统一的形象，每个月传递出来的信息都不一样。[83] 但最终，这一系列各不相同的广告都在一个群体里发挥了作用，那就是美国乡村地区的白人，尤其是新教徒。这种新的广告聚焦美化了维多利亚时代的美国，拥抱传统家庭背景下的女人和婴幼儿，强调纯洁、女性特质以及家庭生活等核心价值观，在一个快速工业化的时代传递出信任感。这些信息为宝洁创造出一个忠实的用户群体，公司可以坚定地依靠这个群体。然而，这项深思熟虑的举动不只是哈利一个人的决定，也不是哪个睿智的高管突发奇想的决定。这项举动来自无数以方法论工作的数据分析师的努力，是他们无数次提炼和修正相关结果的产物。他们的努力将人们一时的独创性，转变成某些可以复制并可靠的东西。

最早的数据奇才

哈利在 45 岁的时候，决定退休以享受生活，他旅居法国巴黎、英国伦敦及埃及。[84] 辛辛那提本地人黑斯廷斯·弗伦奇[85] 接替了哈利的位置，开始掌管这个销售组织。弗伦奇跟广告部门主管哈里·布朗[86] 一起，研究海量的数据，希望能够从中发现可以察觉的市场动机，产生正面的结果。比如，弗伦奇和布朗曾研究宝洁 1896 年在布法罗分发样品的促销活动。这次活动的预算是 3 700 美元，但这次活动没有带来任何明显的需求提升。[87] 约翰·沃纳梅克是 20 世纪百货公司的老板，他曾说过一句著名的话："我在广告上花的钱有一半都没用，但问题是我不知道哪一半没用。"[88] 很快宝洁公司的文件柜里就堆满了各种枯燥的数据文件。两位高管相信，如果市场营销可以被转变成一项严格而可靠的活动，那么也应该有一种可靠和可复制的方式来衡量广告效果。个人远见必须被提炼并改造成可以复制的程序。在数据驱动的决策中，数据搜集、分析、洞见和行动是四个基本的步骤，很快这就成为宝洁公司的准则。正是这种科学的广告方法——产生和搜集数据、寻找模式、寻找因果关系——让弗伦奇和布朗在新兴的消费者心理领域占得先机。

在《大西洋月刊》1904 年 1 月版杂志里，美国杰出的应用心理学家沃尔特·斯科特发表了《广告的心理》一文，他认为："要想聪明地打广告，商人必须明白消费者的心理互动，还要知道如何有效地影响他们的心理——他必须知道如何将心理学应用到广告上。"[89]《福勒宣传百科全书》提出建议，让经理人拿着一本邮购目录"给几十个普通人看，试验其效果，看看他们能不能明白这本目录"——这可以说是现代市场调研方法论的早期版本。所有这些在当时都是激进的观点，领先于它们所在的时代。然而宝洁却一直热切地遵循这些观点。

有一点值得注意，就是如果宝洁愿意的话，它本来可以把市场营销工作都承包给外部机构。广告工作通常需要高度专业化的插画师，一个插画师尽量忠诚地画出产品的技术规格，另一个则负责创造一个理想化甚至是浪漫化使用产品的场景。在打广告的时候，一个著名插画师的名字通常能给广告增添更多威信，更能打动消费者。但早期的一些广告公司，比如智威汤逊、洛德 & 托马斯（后来的博达大桥）等，它们所提供的不仅仅是好的插画与和谐的色彩，它们还提供广告内容，给客户提供有创意的专业知识和媒体洞察力。[90]一些广告公司有信息研究部门，另一些则致力于以社会人口统计学的理论进行市场划分，还有一些在纽约和伦敦开设厨房演播室，在推广新产品的时候邀请家庭主妇参与其中。[91] 事实上，像新奇士橙子、阳光美少女葡萄干、固特异轮胎、万宝路香烟、好彩香烟以及大众的甲壳虫等品牌，都产生了许多脍炙人口的广告标语，包括"没有什么能分开我和我的卡尔文牛仔裤"，"我会走一英里去买包骆驼香烟"，"温斯顿香烟才是香烟该有的味道"以及"陷入陷阱（即 GAP）"等。如果没有外部广告公司的创意，这些广告标语可能根本无法诞生。[92]

但宝洁公司逆势而行，决心自己掌握消费者心理这一新的知识领域，而非将其外包出去。宝洁公司的内部调查研究发现，美国的家庭主妇在做家务的时候喜欢听广播。因此，想大干一场的宝洁公司开始尝试制作广播剧并在白天播放。1933 年，宝洁公司正式在辛辛那提本地电台推出节目，这是广播历史上第一次播放家庭喜剧。[93] 这一行动的效果立竿见影。在 20 世纪 30 年代的大萧条期间，宝洁的竞争对手都在削减广告预算，但宝洁增加了在广播上的开支。最后宝洁不仅大幅领先其他肥皂制造商，其收入也在 1933—1934 年从 250 万美元增长到 400 万美元。广播将宝洁的产品信息以史无前例的规模带入千家万户，经理人也掌握了这一新兴媒体，同时也创造了一个全新的广播娱乐节目——肥皂剧。[94]

如果宝洁没有足够重视消费者心理，把它当成公司第二个基本立足领域的话，那么这一切都不会实现。这种新的重点虽然缓慢和微妙，却是 CEO 专业知识和背景特征最突出的地方。《广告时代》在 1957 年写道："当宝洁挑选新任总裁时，他们总是从之前挑选总裁的广告部门中选择。"[95] 宝洁没有从工厂或者销售部门挑选总裁。正是这一立足于消费者心理的新领域，让宝洁能够以跟其他消费者包装品牌不一样的方式创新。在接下来数十年里，从广播到彩色电视再到社交媒体营销，宝洁一直都大胆尝试新媒体。

与此同时，制造技术也突飞猛进。象牙谷在 1886 年取代宝洁公司原来的生产基地时，反对者认为其太过铺张浪费。象牙谷由芝加哥建筑师索伦·斯宾塞·贝曼设计，位于辛辛那提市中心以北 7 英里的地方，在占地 55 英亩的土地上有 20 座建筑。[96] 对辛辛那提人来说，这座工厂轰动一时，里面有宽阔的草坪隔开道路，还移植了树木，修建了花坛、水池和喷泉。装饰有山墙的石灰岩红砖厂房都是一层高，只有锅炉房是两层。巨大的烟囱高达 200 英尺，将工厂的废气排到空中。

在工厂里面，蒸汽动力传送带将空盒子和肥皂块运送到工人那里包装，其效率让游客感到惊奇。宝洁还在工厂大门口安放了一个红色的火车头，在锅炉上印着公司的月亮和星星商标。象牙谷自 1886 年正式运营后，帮助宝洁成为一家价值数百万美元的公司。[97]

但宝洁光是拥有大规模制造技术还无法抵御新竞争者。我们还记得当年美国南方的工厂取代了北方的工厂，但它们随后也被日本及远东其他国家的工厂取代。如果宝洁一直坚持自己最初的领域，也就是机械工程领域，那么不管其规模扩大到什么程度，都不会维持太久。如果它只有产能扩张这一条道路，那么它最后势必陷入价格竞争的旋涡。

当哈利将宝洁的白肥皂命名为"象牙皂"，用黑白相间的包装纸包装，并且宣称"它漂起来了！"时，他实际上已经跳跃到了新兴的消费者心理领域。如图2-3所示，他早期的努力都是零星的，大多数都依赖于自己的猜想和主观判断。但哈利非常聪明，他后来让职业经理人接手并开始系统化管理。在20世纪到来之前，宝洁这个曾经的小手工作坊，已经从机械工程领域跳跃到了消费者心理领域。

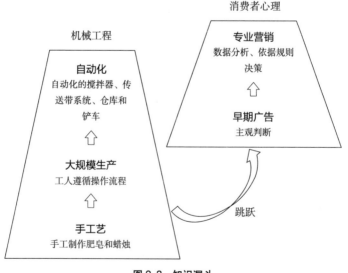

图2-3 知识漏斗

详尽探索现象事件

　　到目前为止，我们已经看到两种主要的跳跃：宝洁从机械工程跳跃到消费者心理，以及巴塞尔的制药公司从有机化学跳跃到微生物学。在商学界，有一种严重青睐量化数据包的偏见，研究人员首先会搜集大量的数据样本，然后分析该如何实现更高水平的公司绩效。一个完美的例子来自吉姆·柯林斯在2001年出版的畅销书《从优秀到卓越》。柯林斯的研究团队搜集了超过1 400家公司的数据，从中挑选出11家业绩从普通到卓越的公司。他们随后又挑出同行业的公司组成对照组，这些公司的业绩一直平平无奇。柯林斯将这两组公司进行对比之后，发现了一些优秀公司的特点。其中最主要的就是CEO这个角色：不喜欢闪光灯聚焦而且相对谦逊的CEO，通常会让公司变得优秀；而那些更以自我为中心的"超级明星"高管，通常会导致公司走向平庸。

　　许多伟大的公司虽然外表看起来强大，但自此都陷入衰退，财务状况不断恶化，或者最终被迫倒闭。在这11家星级公司里，2008年电路城提交破产；房利美最终寻求政府资助；富国银行陷入财务丑闻困境；百货连锁克罗格则疲于应对电子商务的压力。

　　在商业世界里，经理人面对的是复杂动态的环境。几十年前有效的东西不太可能一直有效，这就是为什么过于依赖关联性这种研究方法论会产生误导。关联性通常都是不完整的；量化样本有时候无法将所有因素都包含其中，比如 CEO 根据某份报告做出的具体决定。学者没有深入了解企业就进行研究，很可能得出错误的结论。一个谦逊的 CEO 能让企业绩效更好吗？还是一个高绩效、没有财务压力的企业，能够让 CEO 的行动不那么激进？我们不知道答案。

这并不是说深入了解历史记录总是更好，而是指大样本量的研究通常无法整理出内在的因果关系，以让我们知道某些管理决策在不同环境下是如何导致不同结果，以及其背后原因。当研究者整理好对比案例的长期历史时，他们就能够自信地得出明确的结论，知道在他们所面临的环境下什么样的行为能够产生预期结果，什么样的行为不能产生预期结果。

我们在继续下去之前，先反思一下我们能从诺华和宝洁的历史研究中学到什么。我们已经注意到公司很难持续保持优势。商业机密或者专利知识最终会落到后来者手中。最明显的一点就是，发展中国家在标准技术方面追上发达国家的平均时间，已经从 100 多年（比如纺锤，最初发明于 1779 年）降低到 13 年（比如手机）。[98] 同理，1922 年美国轮胎工业有 274 家企业，但到 1936 年的时候，企业数量下降了约 80%，只剩下 49 家。[99] 如今，美国轮胎行业只剩下两家企业仍活跃在全球舞台。

创新者在从一个领域转移到另一个领域时，只有像制药行业一样掌握好知识基础，才能够利用机会获得其先行者的优势。从这种角度来看，我们可以问一个问题：你的公司过去从一个行业跳跃到另一个行业了吗？如果是的话，结果怎么样？如果没有的话，障碍是什么？总的来说，如果跳跃到新领域对企业长期繁荣发展来说至关重要的话，为什么我们不经常看到这种跳跃？[100]

要回答这个问题，我们就必须探究资源在大型企业里分配的过程。下一章会探究瑞士制药企业和宝洁的最后一次跳跃，正是这次跳跃让它们在 21 世纪仍然繁荣发展。探究这些百年名企最后的一次跳跃有两个目的：第一，近现代的历史能让我们以内行的角度，审视大量改变和困难取舍是如何决定的；第二，通过大量搜集这些企业在漫长历史中的数据，我们能够更加确信得出的结论没有偏颇。

当然，战略从来都不是要实现完美，它是为了减少不利因素。接下来我们会看到，在大型企业里，高管是如何抓住机会尽量实现企业繁荣发展的。

第三章

创新者的第二个优势：如何掌握知识

当你知道自己的价值观是什么的时候，做决定就不难了。

——罗伊·迪士尼（1930—2009），迪士尼公司前高管

挑战不可能的事情非常有趣。

——沃尔特·迪士尼（1901—1966），美国创业家

新技能

截至20世纪80年代，制药公司一直都用自然产生的微生物制造不同的药品，如青霉素是从青霉菌中提取的，麦角胺是从麦角菌中提取的。这就是为什么辉瑞和山德士会花大力气，在全球范围内筛选土壤。而对胰岛素和其他生长激素来说，人们只能从动物身上提取，甚至有时候不得不从尸体中提取。20世纪以来，

药物研究快速成为最昂贵的科学研究。如果用一个词来形容药物研究的整个过程，那么这个词就是耗损。生物医学研究在动物身上可能获得令人惊喜的进展，但无法应用到人身上。[1] 大约95%的潜在药物或者候选药物，在进入临床试验阶段都失败了，要么因为药效不够强劲，要么会对人体造成太多副作用。[2] 这些不利的统计数据使得财务成本大大增加。对总部位于巴塞尔的制药公司来说，汇集和共享资源是跟上最新发展的唯一途径。

1996年3月7日，汽巴精化-嘉基和山德士宣布合并，这是当时现代企业历史上最大的合并。这三家公司经过数十年兼并和联合之后，终于融为一体。随后，重组的企业被命名为诺华，这个词来自拉丁语，意思是"新艺术"或者"新技能"。[3] 诺华寻求的新技能正是基因重组技术，这项技术在20年前引领了生物技术革命。

1973年，来自加利福尼亚州的两名研究人员斯坦利·科恩和赫伯特·博耶，向人们展示了一种可能性，即人们可以绕过自然进化的规律，直接将某些特定的基因变种插入人体常见的大肠杆菌细胞。在此之前，来自斯坦福大学的科恩一直在研究细菌对抗生素的耐药性，而来自加利福尼亚大学旧金山分校的博耶在研究限制性内切酶，这种分子工具能够用来切割特定位点的DNA（脱氧核糖核酸）。两人一起合作进行实验，培养出了一种同时具有两种抗药基因的细菌。这并非通过自然选择的进化过程实现的，而是使用基因重组技术实现的，证明了 DNA 可以被人工重组——这是现代生物科技的黄金钥匙。科学家使用基因重组技术，可以"命令"细菌生长和大规模生产自然界没有的复杂的蛋白质分子，以此生产对人体有用的重要药物。因此，科学家可以掌控细菌的生物分子机制，以此制造在传统化学领域研发投入巨大，或者合成过程太过复杂的药物。博耶紧接着创建了世界上第一家生物科技公司——基因泰克公司（Genentech）。Genentech 是 Genetic Engineering Technology（基因工程技术）的缩写。生物技术的时代已经到来。

诺华创立于 1996 年，它不仅是欧洲第二大企业，还是世界第二大制药企业，在全球 140 个国家拥有 360 家附属机构。[4] 山德士前 CEO 丹尼尔·魏思乐被任命为这个新公司的 CEO。他的当务之急就是审查新公司的所有研究方向，以此寻找下一个爆款药物。

魏思乐博士是一名训练有素的医师，他出生于瑞士德语区和法语区交汇处的弗里堡市。魏思乐的父亲是一名历史学教授，魏思乐在童年时期，不认识任何一个研究药品的人。[5] 但他早年一直被疾病折磨，这导致他终生痴迷于研究药物。魏思乐 8 岁的时候患上了结核病和脑膜炎。他被迫离开自己的家，在一个疗养院里隔离了一年。[6] 据说，他的父母在那一年里都没有去探望他。他的两个姐姐也只探望过他一次。魏思乐一直饱受着孤独和思乡之情的折磨，他仍然记得腰椎穿刺的恐怖。这种方法是为了抽出脊髓液。为了不让他在穿刺时乱动，护士"像对待动物一样"摁着他。[7]

有一天，来了一名新医生，他花时间耐心地向魏思乐解释每个步骤，并且允许魏思乐抓着护士的手，而不是把他摁住。魏思乐回忆说："神奇的是，这一次穿刺时我感觉不痛苦。抽完脊髓液后，医生问我：'这次感觉怎么样？'我站起来给了他一个拥抱。医生这种人性化的举动让我印象深刻，也让我想成为这种人。"[8]

两年之后，魏思乐在10岁的时候又经历了另一场悲剧。他的姐姐厄休拉被确诊淋巴瘤，这种癌症也被称为霍奇金病。[9]他还记得姐姐在接受激进的放射治疗后，身上留下了烧伤痕迹。在身上的癌细胞开始扩散到肝脏之后，厄休拉变得非常虚弱，甚至都没有办法从床上坐起来。即使这样，厄休拉也没有放弃上学，她在完成自己高中学业的那个夏天撒手人寰。厄休拉临终时对魏思乐说的话，让他永生难忘，厄休拉恳求说："丹尼尔，好好上学。"

在人的一生中，命运与偶然，或者更心酸地说，与不幸之间只有一线之隔。魏思乐不懂将他姐姐带走的疾病。当他在瑞士伯尔尼大学的医学院学习时，他才开始真正了解癌症。他在大学附属医院内科当了四年的住院总医师，之后加入山德士公

司，被派往美国工作了三年，其间还在哈佛商学院短暂学习了
三个月。[10]

魏思乐在审查完诺华的研究现状之后，与亚历克斯·马特尔
见面，他后来将马特尔称为"一个真正的知识推土机"[11]。马特
尔身材高大、沉默寡言、为人尖刻，他在汽巴精化-嘉基工作超
过十年，一直研究癌症问题，当时这个研究领域被视为"医学研
究的落后地带"[12]。

在大部分医生看来，治疗癌症的标准方法是先通过外科手术
切除肿瘤，然后使用化学疗法或者放射疗法治疗，其实也就是把
有毒的化学物质或者放射性物质注入人体。如果医生杀死癌细胞
的速度比杀死正常细胞的速度快，那么病人就有可能活下来。虽
然癌症药物能够有效抑制癌细胞扩散，但与此同时它也会不加区
别地杀死正常细胞，导致病人越来越虚弱。任何经历过这些折磨
的人都能证明，从肿瘤切除到化学疗法，整个过程非常恐怖，就
像在抗生素发明之前遭受感染的人被迫截肢一样。[13]

但亚历克斯·马特尔无法容忍对癌症病人的残忍折磨。他觉
得当时的药物研发，就像是"把一堆化合物注射进小白鼠体内，
然后希望得到好结果——也许肿瘤自己就会变小。就是这么回
事"[14]。当时，人们对癌生物学基本一无所知，因此，唯一能够
检验肿瘤的方法就是切下来，然后看看发生了什么。

寻找灵丹妙药

在每一家公司里，要想实现公司的目标，都需要两种竞争战略。一种是深思熟虑的战略，而另一种是新兴的战略。深思熟虑的战略倾向于高度条理性和分析。高管会严格分析他们能找到的所有资料，然后从中找出与他们业务相关的答案，比如市场增长率、市场份额、消费者需求、竞争对手的优势和劣势以及技术路径。深思熟虑的战略通常以严格分析财务可行性结束。较高的净现值或内部收益率，能够让他们更加相信选中的战略值得实施。

但这种自上而下的方法无法充分捕捉到所有机会。英特尔前董事长安迪·格鲁夫曾说过："在我看来，自上而下的战略计划最终总会陷入失败，很少能够真正深入推动企业实际业务。另外，战略行动总是会产生真正的影响。"[15] 格鲁夫所说的"战略行动"，其实就是指新兴的战略。新兴的战略是指中层管理人员、工程师、销售人员、财务人员等日常做出的各种投资决策，它们可能对公司长期的发展轨迹产生巨大影响。虽然这些决策都是战略性的，但它们通常都游离在公司正式审查的范围之外，它们合起来就代表着下一件大事的萌生阶段。在英特尔，决定放弃存储芯片、转向微处理器芯片的这个重大历史性决定，就是在部门和工厂层面做出的一系列分散决策的结果，最终公司最高管理层认同了这一决定，并将其当成公司战略。英特尔根据每条晶圆生产线的毛利率，重新分配了自己的核心资源，也就是晶圆制造能力。以前，英特尔工厂的生产调度员每个月都会开会，用多余的生产能力生产其他产品——从存储芯片到微处理器芯片等。20世纪80年代初期，当日本制造商对美国市场发起猛烈攻击时，存储芯片的价格陡然下降。正是英特尔的这种资源分配方式，使这家公司从一家存储芯片公司转变成一家微处理器芯片公司。然而，这种战略转变只出现在中层管理人员每天分配资源时要做出的日常决策中，而不是由公司的高管自上而下发布既定战略。等到这种新的商业机会变得更加明朗，英特尔的管理层也开始全力支持这种新的、深思熟虑的战略。[16]

在这种战略决策中，公司原来的战略让位于新兴的战略。如果公司僵化导致这种新兴的战略被扼杀，那么将会给公司带来灾难。生存环境相对稳定的公司，可以更详细地制定自己的战略。但对那些身处变化莫测环境的公司来说，它们只能制定一些战略原则和指导方针，其他的事情只有等到情况逐渐显现才能决定。换句话说，在商业环境变得越发不稳定之后，相对于深思熟虑的战略，新兴的战略会变得更加重要。博耶一开始的免疫控制实验，主要是受他自己的激情驱使，正是这种新兴的战略将山德士推向新道路。几十年之后，亚历克斯·马特尔追寻着博耶的脚步，受自己的信念驱使，最终让诺华迎来一次重大的企业革新。

* * *

20 世纪 60 年代，医学界逐渐揭开慢性粒细胞白血病的遗传原理。慢性粒细胞白血病是一种罕见的白血病，能够影响骨髓里的造血干细胞。从研究角度来看，精准确定慢性粒细胞白血病的遗传原理是一项重大突破。科学家第一次准确发现，在细胞核的染色体里，一系列错位的 DNA 如何刺激产生一种叫作 BCR-ABL 酪氨酸激酶的酶。[17] 激酶能够调节细胞内的大部分活动。骨髓干细胞能够制造红细胞和白细胞，正是这种错误的酶导致骨髓干细胞失控繁殖，细胞数量快速增长，好像免疫系统的生产开关突然开到最高档一样。事实上，所有癌症的根源都是细胞不受控制地增长。就慢性粒细胞白血病而言，随着白细胞数量的增加，病人会经历疲惫、发烧、怕冷、偶尔出血、骨头疼等症状，最终死亡。[18]

随着慢性粒细胞白血病的基本生物特性为人熟知，至少在理论上，人们可以对癌细胞内的特定分子进行攻击。马特尔觉得细胞内就像是一个无限广阔的宇宙，其中的分子像是紧密交织的锁，只有特定的钥匙才能够解开其中的秘密。他想要开发一种化合物，通过化学捆绑的方法抑制 BCR-ABL 蛋白质，以此打破细胞疯狂繁殖的链条。由于分子具有这种选择搭配的特性，因此某种化合物可以只阻止某种特定的化学链式反应，而不会干涉其他分子的化学反应，就好像是将一把备用钥匙插到一把锁中。马特尔回忆说："我组建了一小支研究团队，根据这种原理，看看能不能发现什么。"[19]

在很多与马特尔同时代的人看来，开发一种能够穿过细胞膜到达激酶蛋白质所在的细胞核内的化合物，听起来就像是无法实现的科学幻想。在当时，人们对化合物在分子层面的作用仍然所知甚少。然而，马特尔拥有坚定的信念，最终他吸引了一些人跟他一起做这件看似不可能的事情。

于尔格·齐默尔曼当时 32 岁，是一名雄心勃勃的化学家，他说，当项目正式开始的时候，他们的事业几乎"早已过时"，而且"有些尴尬"。他回忆说："我们不知道这种酶的分子结构，因此，当我要在纸上画出来的时候，我要按照自己想象的样子创造一个形象。然后，我要再画一次，努力在纸上呈现它的样子。"[20]齐默尔曼就像是一个努力想锻造一把正确钥匙的锁匠，他创造出数千种化合物，然后将其交给团队里的分子生物学家伊丽莎白·布奇德格，由她检验这些结果。齐默尔曼慢慢了解到，分子结构的任何微小变化，都可能会影响其化学特性、效用、毒性和可溶性。他表示："在这期间，学术杂志都认为不可能开发出一种只捆绑 BCR-ABL 激酶的选择性化合物……可能对我们来说最好的事情就是，我们都认为自己最终会获得成功，所以我们拒绝放弃。"[21]齐默尔曼和团队成员每天都在尝试，距离解开这个化学谜团越来越近。

在将近 9 年之后的 1994 年 2 月，团队终于确认他们合成了一种化合物——在试管实验阶段，能够抑制 90% 的白血病细胞。这种化合物能够捆绑 BCR-ABL 蛋白质，有效抵挡癌细胞，但不会伤害正常细胞。这是人们在理解癌症的生物原理之后，开发出的第一款癌症治疗药物；这是一个轰动性的新闻，不仅因为这种药物被发明出来，也因为这种药物的开发方式。这种靶向化合物被命名为 STI571，它成为新的候选药物，即将被用来展开动物实验和临床患者试验。[22]

在医药领域，在科学家成功打开一个箱子之后，他们经常会发现里面还有一个更小的锁着的箱子。一个人要想利用生物学领域的发现，他必须同时擅长有机化学。一个人要想利用人类基因分子致癌知识，他首先要掌握微生物学等知识。瑞士的制药公司在这些知识领域里不断跳跃，这才是它们能够抵御新竞争者的根本原因。图 3-1 总结了巴塞尔制药公司的多次跳跃。

然而，即使对一个拥有丰富知识的人来说，这些转变也充满挑战性。没有一家公司每次都能走对路。那些最后成功的公司，需要坚持、无畏、远见和一点儿运气。但正是因为这种转变如此艰难，所以最有经验的公司才更有可能仍然保持领先。创新和发现需要前人的努力，来之不易的进步通常建立在经验和先前的知识基础之上。

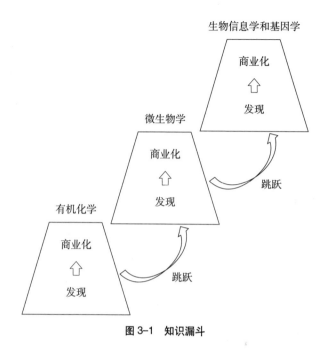

图3-1　知识漏斗

　　然而，正如我之前所说，只有很少的化合物能够通过一开始的候选药物筛查。大部分候选药物都在临床试验阶段失败了。马特尔团队开发的STI571同样如此。但除了临床上的不确定因素，治疗慢性粒细胞白血病的市场规模看起来也有限。这是一种相对罕见的癌症，在美国每年只有约8 200名确诊患者，相比之下，前列腺癌患者约16.5万人，乳腺癌患者约25万人。现在的情形就像是博耶30年前在山德士面临的情况，诺华的管理层担忧STI571的回报有限。光是动物实验和临床试验的开支就高达1亿~2亿美元。[23]魏思乐写道："制药团队和我要做出痛苦的决定。"[24]

尽管如此,在 STI571 一开始的试验获得有利结果后,魏思乐决定继续下去。他说:"最终,我们是一家企业,商业决策通常基于一些统计分析和盈利预期。但是,作为管理团队,当市场上有一款产品很有可能改变医学实践时,我们有责任把这种产品制造出来推向市场……我告诉全球技术部门的主管:'钱不重要,只管去做吧。'"

但在制药行业,钱非常重要。由于慢性粒细胞白血病患者群体联系密切,他们互通有无,诺华最终展开了历史上最大规模的临床试验。这些患者纷纷要求诺华尽快扩大试验群体,将那些晚期患者也包括进来,STI571 已经成为他们最后的希望。这种靶向分子跟传统的化学疗法不一样,只会攻击癌细胞,而不会杀死正常细胞,因此也就避免了许多副作用,比如患者不会掉头发,皮肤和肠道内膜不会脱落,血管不会堵塞,也不会出现恶心和呕吐症状。这种药物的副作用非常小,导致许多患者以为这只是一种安慰剂,但他们的身体在真实地享受着这种药物带来的好处,而且他们的生命自确诊之后也大幅延长。美国食品药品监督管理局面对公众的压力,大幅度加快了这种新药——格列卫的审批速度,仅用两个半月就完成了审查。在 2001 年 5 月 10 日召开的一次新闻发布会上,美国卫生与人类服务部部长汤米·汤普森强调说:"我们相信这种靶向药物是未来的潮流。"[25]2009

年，格列卫的三名发明者获得拉斯克奖，这是医学领域的最高荣誉之一。[26]

追求新知识领域的史诗之旅

慢性粒细胞白血病曾是一种急性癌症，患者发病后的中位生存期只有 3~6 年，但格列卫通过化学方法捆绑因一组基因易位产生的 BCR-ABL 蛋白质，让这种病成为慢性病。患者只需要每天口服药物，他们确诊后平均还能活 30 年。[27] 具有讽刺意味的是，虽然慢性粒细胞白血病仍然是一种罕见疾病，但格列卫的销量开始飞涨。据估计，到 2030 年，美国将有 25 万名慢性粒细胞白血病存活患者，他们每天都需要服药。[28] 截至 2012 年，慢性粒细胞白血病治疗已经成为一门价值 47 亿美元的生意，格列卫也成为诺华最畅销的药物。[29]

然而，格列卫最深远的影响是重塑了整个行业的研究重心。目前有超过 100 种癌症，每种都有独特的基因和分子结构，展现出不同的发展轨迹和特性，因此也就需要截然不同的治疗方案。癌症跟细菌感染不一样，没有一致的病理学原因和机制，因此也就无法使用统一的方法进行治疗。诺华在推出格列卫不久之后，就成立了诺华生物医学研究所，采用生物化学和计算机方法探索药物开发。诺华在瑞士的主要竞争对手罗氏制药也不甘落后，

2009 年，它以 468 亿美元收购了基因泰克——我先前提到过的第一家生物科技公司，[30] 这次收购让罗氏制药成为世界上最大的生物科技公司。[31]

如果跳跃到新的知识领域对企业长期繁荣发展这么重要的话，那么为什么很少有公司跳跃呢？我相信主要的原因在于，大型公司在分配内部资源时的复杂过程。当未来难以预料，人们也不清楚正确的战略是什么时，新兴势力就会占据主导。这就是为什么当马特尔接手诺华的癌症研究事务时，他必须拥有很大程度的自由，不受官僚体系的束缚。马特尔对员工工作和预算拥有全部权力，近似于创业，至少在短期内拥有独立权限。

然而，没有方向性的无限试验无法让企业获得市场领导地位。这也无法单纯通过实验室的努力或者直接从硅谷拉来企业风险投资实现。这一切的背后是有原因的，大型公司已经变得非常教条和僵化，因此唯一的创新办法就是，将一些聪明的人放进暗室里，给他们一些资金，希望有奇迹发生。[32] 这种随心所欲的办法对风险投资家非常有用，因为他们就是为了退出而投资，或者在首次公开募股时退出，或者把企业卖给大公司。但大型企业是为了恢复自己的业务，在市场竞争中保持领先而进行投资和创新。将新旧两种力量结合起来，是在所难免的。出于这个原因，公司高管早晚都要做出决断，将新兴研究变成深思熟虑的执行。一旦领先的战略变得清晰起来，公司就要积极执行。不这么做的话就等于失败的领导力。

实际上，除了诺华的例子，宝洁近些年的历史也证明，高管可以也应该亲自干预并指导企业跳跃到新的知识领域。如果没有他们的直接干预，而是由普通成员进行各项活动，不管这些人多么具有创新能力，事情最后都会失败。至于为什么很少有公司能够成功跳跃，这一点也容易理解，因为相对于虚无缥缈的长期繁荣，高管通常要保证有稳定的短期利益。没人能够确定一项大胆的举动到底是深思熟虑的远见还是鲁莽冲动的愚蠢想法。最困难的一点在于，当公司需要跳跃的时候，无法将投资决策变成积极的财务预测。只有身处公司最顶层的人才有资格说："钱不重要，只管去做吧。"

现在，制药公司为了在行业竞争中保持领先，需要昂贵的实验室、巨额预算以及庞大的研究团队。诺华 2013 年的研究开发费用就达到惊人的 100 亿美元。但只有资本开支永远无法阻止后来者颠覆先行者。当美国南方的工厂作坊取代英国工厂，美国成为最大的纺织品出口国时，资金根本不是问题。当行业基本的知识领域没有发生变化的时候，后来者拥有不断跳跃的优势，因此能够开发更先进的制造能力。第一章和第二章里有很多这种灾难性结果的例子，它会影响所有部门，包括致力于制造个人电脑、手机、汽车、太阳能发电和纺织品等部门。例如，在钢琴制造领域，雅马哈先后通过降低工资和自动化打败了施坦威。在这些"成熟产业"里，基本的知识领域虽然渐进提高，但从来没有跳跃到一个完全不同的领域。

* * *

虽然格列卫具有变革性的影响，但还有 20%~30% 的慢性粒细胞白血病患者使用这种药没有效果，[33] 这意味着这种非常特殊的恶性肿瘤，对这种复杂的干预产生了耐药性。[34] 魏思乐写道："与癌症的斗争仍在继续……每次我们发明一种有效的新药，都只是一次小胜利，因为还有一场更加漫长的战役在等着我们。我们对人体的了解越深入，就越意识到我们知道的有多么少。"因此，大型制药公司纷纷抢购各种有关基因治疗的生物科技公司，想要在行业竞争中占据先机，也就不足为奇了。一家独立的生物科技创新企业，可能拥有一些令人感兴趣的候选药物。但如果没有一家有经验的制药公司，在法律法规和临床试验层面提供帮助的话，候选药物的商业化仍然前途渺茫。在这种环境下，比如来自中国的后来者，几乎不可能突然颠覆瑞士经验丰富的创新者。

总之，20 世纪 70 年代末的生物科技革命，已经引领我们进入生物信息学和基因技术的新时代，彻底改变了科学家研究疾病的方法。这反过来又为人们打开了一扇新的窗户，即在分子层面进行化学干预。从靶向癌症药物到艾滋病治疗，10 年之前还无法想象的变革性疗法，已经将难以控制的恶性疾病变成可以控制的状态。看到这里有读者可能会问，但宝洁生产的都是平平无奇的日用品，除了消费者心理它又能往哪跳跃呢？

到 2012 年，1955 年在《财富》世界 500 强榜单上的企业只剩下 71 家。[35] 一家《财富》世界 500 强企业的生命周期大概是 30 年。然而，直到 2016 年，宝洁仍然排在榜单的第 34 名，市值超过 2 000 亿美元。[36] 这家辛辛那提的百年名企到底有什么独特的管理心得呢？

搅动下一个潮流

到 20 世纪 30 年代，宝洁已经完善了行业龙头该有的制造工艺。借助高速旋转、搅拌和冷却设备，肥皂制造的时间从几天缩短到几小时。[37] 然而，此时宝洁仍然是一家传统的肥皂生产商，采用的配方和方法仍然跟 19 世纪一样，即在高温环境下，将动物或植物油脂与水和碱混合在一起。这种"天然的"肥皂中含有长链脂肪酸。但如果遇到矿物质——如钙、镁——含量很高的硬水，这种肥皂就无法清洗干净。最终，水中会有许多看起来像是浮渣或者凝乳的残留物。这对消费者来说是个麻烦，也让宝洁公司的工程师头痛不已。

1931 年 4 月，宝洁的工艺工程师罗伯特·邓肯在欧洲出差，想要寻找到"任何能对工艺或产品有用的东西"[38]。他在德国的时候得知，有家实验室制造出了一种合成肥皂，[39]据说是"很好的湿润剂和洗涤剂，不受硬水的影响，而且能够抵抗酸"。

从化学角度来说，湿润剂或者表面活性剂都是肥皂的有效成分。但由于它无法从天然油脂中获得，因此它没有能够捆绑硬水的长链脂肪酸。邓肯在这趟旅途中，还发现了另一家公司——德国海德瑞尔威客，这家公司准备推出一款竞争产品，专门面向纺织制造企业。邓肯当场订购了 100 块样品，运回辛辛那提进行分析，他还表示德国人"没有意识到，这种产品在家用领域有多大的价值"[40]。宝洁的工程师对这些样品进行研究后，成功合成了一种类似的链式分子，分子的一端会连接油脂，另一端则与水连接。这样它就能够分解油脂的分子结构，然后用水将其冲走。没有了长链脂肪酸之后，硬水里也就不会出现令人讨厌的浮渣了。

1933 年，宝洁发布了以烷基硫酸盐为主要成分的合成去污剂 Dreft。一年之后，第一款以合成表面活性剂为主要成分的洗发水 Drene 发布。然而在宝洁内部，突然涌现出一股反对的声音。有人担心这些新产品会冲击他们的招牌产品象牙皂。当时的董事长是威廉·库珀·普罗克特，他也是宝洁最后一任由家族成员担任的董事长，他坚定支持合成活性剂这一研究方向。在一份记录他给员工讲话的备忘录里，他表示："这种合成活性剂可能会摧毁肥皂生意，但如果肥皂生意注定要被毁掉，那最好还是让宝洁来做吧。"[41] 管理层加大了投资力度，象牙谷的技术中心实际上成为消费品领域首批分析实验室之一。[42]

在外人看来，宝洁在漫长的历史上，最显著的管理特点之一就是愿意自我冲击。抵制这种反直觉的战略是自然而然的。经理人经常担心，新产品和服务利润率较低，可能会直接冲击现有产品的销售额。公司应该把钱投在那些最有利可图而且不会降低总收益的领域。但引用史蒂夫·乔布斯的一句经典名言来说："如果你不自我冲击的话，那么别人就会冲击你。"

最终事实证明 Dreft 和 Drene 这两款产品并没有摧毁肥皂生意。宝洁的科学家还没有找到一种优化配方，使其拥有足够的去污能力，能够清洗非常脏的衣物。由于化学成分的限制，Dreft 只能清洗轻薄的精致衣物或者婴儿的衣服。这款产品在美国中西部到落基山脉之间的区域比较流行，因为这里水的矿物质含量普遍较高，洗衣服的时候总会造成麻烦。[43] 但无论怎么说，Dreft 只是一款小众产品。一直要等到 10 年之后，宝洁公司才会出现另一项重大突破。

无法阻挡的潮流

在接下来的 10 年里，象牙谷技术中心都想开发出一种"催化剂"，这种化合物能够将油脂乳化成飞沫，[44] 在与普通去污剂

宝洁的研究人员戴维·拜尔利，他领导了包括汰渍在内的许多合成活性剂的开发工作。来源：宝洁

一起使用时能够增强其洗涤效果。一开始人们认为磷酸钠盐就是这种化合物。但磷酸钠盐有一个严重的缺陷，就是会沉淀出一些颗粒，让衣服看起来就像是砂纸一样僵硬粗糙。

在 10 年的时间里，科研人员花了 20 多万个小时进行无聊透顶的测验工作，[45] 而且研究团队的核心成员也被调到其他项目上，整个团队几乎解散。经理们也不想接手这个失败的项目。只有一个特立独行且意志坚定的人，拒绝放弃这个后来被称为 X 项目的研发工作。

当宝洁管理层表示将逐渐淘汰这个项目时，戴维·拜尔利仍然继续推进自己的研究，他最终成功申请了汰渍的专利。他的上级托马斯·哈尔贝施塔特注意到这个年轻人的坚韧。他后来回忆说："我很喜欢拜尔利，但你只有了解他这个人，才能了解他做的事情……在某些方面，拜尔利是一个极其顽固的家伙，会一条道走到黑。"[46]

因此，也就可以理解，当 1939 年两人初次见面时，拜尔利让哈尔贝施塔特感到疑惑。有一天，拜尔利来到他上司的办公室，向他透露自己最大的秘密："现在你在这里，我想知道，你能允许我继续做自己认为应该做的事情吗？"[47]拜尔利随后带着困惑不已的哈尔贝施塔特来到实验室，并且哈尔贝施塔特在接下来的两天查看了拜尔利过去 5 年的工作记录。看到这些东西的哈尔贝施塔特目瞪口呆，他随后向化学部门的副主任赫布·科思进行请示。接下来的决定具有典型的宝洁风格，最终拜尔利得以继续进行他的研究，但他必须严格保密，绝不能大规模声张这件事。拜尔利被禁止询问"试验工厂制造样品"的进展，[48]以免引起公司不必要的注意。

后来第二次世界大战爆发，许多原材料和补给都严重短缺。当一位公司高管得知 X 项目后，他大加批判："工厂里有这么多问题没办法解决，你们这些家伙怎么能瞒着公司，挥霍资源弄这些东西。"在战时，为了适应物资短缺，宝洁减少了配方中原料的含量，所有生产设备也都重组以适应这种变化。工程师和科学家每天都要到处救急。科思要求哈尔贝施塔特立即关停 X 项目。但当拜尔利陷入绝望并威胁要辞职时，哈尔贝施塔特让步了："我们做了许多事情都没有汇报，我们知道自己不能汇报，就是这样子。"[49]

这场赌博最终获得了回报。1945 年，拜尔利发现三聚磷酸钠是一种理想的催化剂，这是一项重大的发现。为了达到最佳的洗涤效果，传统的方法是增加活性剂的比例，只添加少量的催化剂。但拜尔利打破了这种传统观念，他用三聚磷酸钠这种催化剂代替烷基硫酸盐这种活性剂。[50] 新配方的效果非常好。[51]

到目前为止，即使是科思也压不住流传的谣言，高管要求他上交研究成果。在不知情的情况下，宝洁即将跳跃到第三个知识领域：一开始宝洁依靠机械工程提升制造能力，随后宝洁在洞悉消费者心理的情况下进行广告宣传，这一次宝洁将进入有机化学的研究和开发领域。

随后，公司开始进行产品展示，参会者包括公司总裁理查德·德普雷、广告副总裁拉尔夫·罗根和制造与技术研究副总裁布罗迪。[52] 这三个人没有对 X 项目的市场潜力表示怀疑。唯一的问题就是商业发布的时间安排。虽然下面的内容都是后人再现，但基本上都是逐字引用原话，并且有许多其他历史记录，因此能够让我们知道当时现场会议的情况。

罗根是一个典型的市场专家，他认为传统的产品发布至少需要两年时间：用几个月的时间准备样品，再花 6 个月在选定的城市里进行盲测，随后根据调研的结果对配方进行调整。而且，还需要更多的时间制定宣传策略，进行消费者调查，以及准备全国上市等。[53]德普雷总裁听了罗根的分析之后，转头问布罗迪："你们能跟上这种安排吗？"布罗迪回答说："我们可以。但是在我们进行盲测后不久，联合利华和高露洁很快就会拿到我们的样品。然后，他们很快就会制造出类似的产品……当然他们的产品不会像我们的一样好，但是他们可以用同样的广告策略占领市场……我们就不是独家了。"布罗迪反驳说，如果宝洁绕过盲测、运输和广告测试，"这能够让我们领先对手两年"。

当时罗根立即拒绝了这个提议："布罗迪，你知道我们从来都不会这么做！"他提醒自己的同事，如果按照这样去做的话，宝洁需要花 1 500 万 ~2 500 万美元，而且不能保证这笔投资会得到回报。在 1945 年，这是一大笔钱，当时宝洁一年的销售额不到 5 亿美元。但布罗迪不为所动："但这款产品有很多优点，比我们之前发布的所有产品都要高级。当然这样做确实有风险，但潜力也非常大，我认为我们应该承担这种风险。"

德普雷总裁先看看布罗迪，然后看看罗根，最后转向年轻的广告经理尼尔·麦克尔罗伊——他最终将接替德普雷担任公司总裁。德普雷问："麦克尔罗伊，你怎么看？"麦克尔罗伊回答说：

"这确实是个棘手的问题，但就我听到和看到的来说，我认为这是宝洁最好的机会。如果让我来做的话，我会抓住这次机会，按照布罗迪先生说的去做。如果这个产品最终真的成为赢家的话，两年的领先机会简直是天赐良机。"

德普雷点点头，随后宣布："布罗迪，加快速度进行吧，要全力以赴！"[54]

第一盒汰渍在1946年开始销售，这是第一款合成活性剂产品，能够深度清洁衣物，包括去除泥污、杂草和芥末污渍，而且"不会破坏衣服原来的颜色，或者导致褪色"[55]。汰渍"能够让白色衣服变得更白"这一优势非常明显，打败了市场上所有的品牌，成为1949年最畅销的洗衣粉。宝洁自己的Oxydol、Duz、Dreft等系列产品都要靠边站。

此时麦克尔罗伊已经成为公司新总裁，面对其他产品销量暴跌的问题，他只是说："如果我们不使用这项技术，别人就会使用这项技术。"[56]市场团队受命宣传"现代洗衣奇迹"，将汰渍包装成一款能够为数百万美国家庭减轻"洗衣苦差事负担"的产品。该产品一上市就供不应求，只不过受到公司内部产能的限制，公司无法生产足够的产品。到1955年，美国一年要消耗25亿磅合成去污剂。市场上80%的洗衣产品都是人工合成的。[57]漂浮的象牙皂被涌起的浪潮冲走了。[58]

宝洁的困境

诺华和宝洁截然不同。诺华要花费大量资金来开发和测试医疗药物，面对的监管要求也非常严格。而宝洁只是生产用于日常清洁的家居用品。一个拯救生命，而另一个帮助人们看起来更好。然而，两家公司都繁荣发展了一个多世纪，两者都重新改写了它们各自领域的规则，并且不止一次转变自身的发展方向。最重要的是，在这两个案例里，当新知识出现的时候，现有知识并不是多余的，而是与新知识互补。

就诺华而言，外部发展趋势会推动公司的研究方向发生变化，这主要反映在重点大学和科学界的研究重点和发现上。与之相比，宝洁要想保持领先，主要依赖从其他行业中产生的优势，并且尽职尽责地吸收这些知识。换句话说，这种方向转变主要由内部决定和驱动。正如我们之前所见，成为先行者通常并不会获得什么实质性的优势，从而能够确保最终成功。如果宝洁只依赖一个知识领域，比如机械工程领域，并且一直坚持生产原来的象牙皂产品，那么宝洁最多会成为一个低端商品供应商，要绝望地抵御后来者的价格竞争，也就无法成为我们今天熟知的全球日用品巨头。

哈尔贝施塔特在评估汰渍的影响时指出，宝洁将"不再是一家肥皂公司"，而是"会成为一家将未来建立在技术上的产业公司"。[59] 当时，宝洁雇用了超过 1 500 名从技校毕业的学生，技术人员的数量是 1945 年汰渍发明之前的三倍。[60] 宝洁曾经是一家家族企业，创始人要手动搅拌大锅，但现在宝洁已经成为建立在三个知识领域之上的大企业，这三个领域分别是机械工程、消费者心理以及有机化学。如图 3-2 所示，正是这三个领域的结合，宝洁才创造出一股无法阻挡的浪潮。

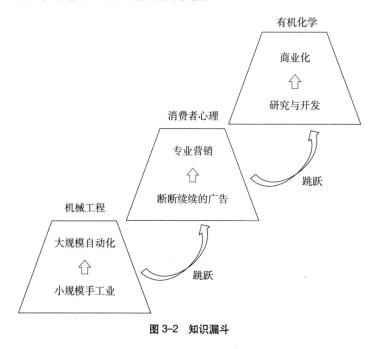

图 3-2　知识漏斗

当然，自从汰渍出现后不久，我们的世界就发生了巨大变化。即使宝洁想要在接下来的 10 年里保持繁荣发展，也需要新的知识。但宝洁和诺华的历史提醒我们，接受自我冲击有多么重要。当一家公司主动选择用一种前景不明朗的产品或者工艺，代替现有产品或工艺时，自我冲击就会发生。这一点尤其重要，因为创新者拥有的任何结构性优势，包括制造规模、产品认知或者商业机密等都是暂时的。跳跃到新知识领域会冲击旧领域，而且新的产品或服务经常会对旧产品或服务产生取代性压力。这就是为什么大公司要跳跃很难。然而，正如威廉·普罗克特所说："这种合成活性剂可能会摧毁肥皂生意，但如果肥皂生意注定要被毁掉，那最好还是让宝洁来做吧。"宝洁公司愿意在产品衰落之前，就发布新产品进行自我冲击，这跟在史蒂夫·乔布斯领导下的苹果公司差不多。2005 年，当时 iPod mini 的需求仍然旺盛，但苹果公司发布了 iPod nano，严重冲击了现有产品的销售收入。当 iPod 的销量仍然飞涨的时候，乔布斯又发布了 iPhone 手机，将 iPod、手机和上网功能融为一体。在 iPhone 发布三年之后，苹果公司又发布了 iPad（苹果平板电脑），尽管其有可能冲击到 Mac 电脑的销售。[61]

我们的目的不是鼓励鲁莽行为。但是，如果 CEO 在制定战略决策中唯一的作用，就是当企业的机会已经完全浮出水面时，才正式宣布企业的前进方向，那么这个 CEO 增加的价值其实很低。有远见的竞争者必须意识到要不断进入新的领域，必须不断投资领先于现有业务的领域，而不是将机会留给后来者，让他们最终变得具有威胁性。

现在我们已经理解了为什么对企业来说跳跃至关重要，也知道了一些最为成功的公司是如何跳跃的，在接下来的三章里，我们将审视企业在未来应该跳跃的方向。哪些新潮流或者新知识领域对企业未来的成功至关重要？下一个前沿在哪里？在这个高度互联的世界里，人才、知识和资本不间断地跨越国界流动，未来似乎总是比我们预料的更快到来。正因为发展的速度加快了，所以我们才需要确认基本的驱动力。最强有力的杠杆点到底在哪里？我们该向哪里跳跃？

对第一部分的反思

我们在看第二部分之前，先来反思一下第一部分学到的东西。

竞争优势是短暂的

当行业知识成熟时，后来者就会赶上来。由于后来者通常会继承低成本结构，没有历史包袱，它们可以对行业领先者形成竞争压力。这就是为什么施坦威能造出世界上最好的钢琴，但无法抵御雅马哈的竞争。[62]

你有可能保持住自己的竞争优势

要想转变这种发展轨迹，高管要重新评估企业的根基或核心知识及其成熟度。企业首先要意识到自己身处的位置，因此经理人要问自己，公司最重要的知识领域是什么？自己业务的核心知识是什么？它是否成熟或者可以轻易获得？

你可以在商学院看到这些，包括在瑞士洛桑国际管理学院。过去学校提供令人信服的教育，吸引企业客户派他们有前途的经理人来参加高管培训项目。课堂上教授的专业知识都在教授的脑子里。但是，这种明星教师拥有的专业知识，很快就被在线教育取代，因为通过互联网提供教育内容的成本接近于零。这就是为什么在线学习让学术界感到不安，因为它会降低教授的竞争力。你的核心竞争力会被降低吗？多长时间后你会遇到这种问题？

如果跳跃如此重要，那么什么时候是最佳的跳跃时机

不管是假设的还是真实存在的绩效危机，都能让高管有理由推动突然的转变。在打破现存的组织约束之后，高管可以同时宣布新的战略，并且集中资源在新领域进行重大投资，或者砍掉没有希望的项目。但这种大规模的突然转变，很可能会带来巨大风险，因为这没有给我们留下多少犯错的余地。因此，最好还是在

时机仍然有利的时候，进行小范围试验。事实上，你并不需要成为超级预测家，才能知道下一步该往哪跳跃。必然的趋势通常非常明显。公司只需要在时机仍然有利的时候进行跳跃。[63]

史蒂夫·乔布斯就知道这一点。他曾说："事情发生得非常缓慢，在这些科技浪潮发生之前，你就能够看到它们，你只需要明智地决定要选择哪股浪潮。如果你的选择不明智，那么你就会浪费大量精力；但如果你的选择明智，这股浪潮的发展也会非常缓慢，需要数年时间。"[64]乔布斯自己就等了两年，等到宽带提速之后，他才带着 iPod 抓住这个机会窗口。有许多厂家都比苹果公司更早推出 MP3 播放器，但遭遇惨败。在 2000 年之前，在奈普斯特上分享音乐几乎都是非法的，而且下载一张专辑要花几个小时。由于网速非常慢，即使是最好的硬件下载速度也会极其缓慢。乔布斯一直在等待宽带提速后再进入市场。

这是重要的一课。成功的高管通常对行动有偏见，但更重要的是，要在嘈杂的市场环境中准确寻找到信号。仔细倾听正确的信号需要耐心和自制力。抓住机会窗口并不一定意味着成为第一个人，而是第一个做出正确选择的人，这需要勇气和决心。成功跳跃要同时掌握这看似矛盾的两种能力，要在耐心等待与下定决心之间保持平衡，而这最终将会给予你丰厚的回报。本书接下来的主题，就是如何在个人和组织层面培养这两种矛盾的能力。现在就让我们开启下一章，发现那些必然会发生的事情。

第二部分

将发生什么

第四章
利用无处不在的连接性：
从孤独的天才到众人的智慧

自从蒸汽机发明以来，西方文明就认为社会必须适应新技术，并且一直以这种理念发展下去。这就是我们在谈论工业革命的时候所提到的核心含义，我们思考的是社会正在转变，而不仅仅是引入一项新技术。

——阿米塔伊·艾奇奥尼和理查德·伦普，《社会变迁的技术捷径》，1973 年

上百位作者创作的图书

从伽利略到爱因斯坦，从牛顿到霍金，从诺华的亚历克斯·马特尔到宝洁的戴维·博耶，他们让我们开始相信，人类的独创性只存在于少数人的大脑里。这些人是最主要的推动者，塑

造了我们现在所知的这个世界。对此，弗里德里希·尼采可能会说："一位巨人隔着时间的荒漠呼唤另一个巨人，对他们脚下匍匐而行且叽叽喳喳的矮人充耳不闻。"但随着世界的联系变得越来越紧密，情况开始变得不同。事实上，叽叽喳喳的矮人，也可以战胜知识的巨人。

亚历山大·奥斯特瓦德就为此着迷。他创建了一家初创企业，从事非营利工作，并且一直思考一个问题，那就是创业者是如何改变现有产品和服务交付的？他对这个问题十分痴迷，所以他决定在瑞士洛桑大学的商业与经济学院攻读博士学位，想要弄清楚这个问题。他最后写了一篇论文，名为《商业模型存在论：设计科学方法的主张》。[1]在随后几年里，亚历山大坚持写博客，与一小部分商业经理人互动，并且与专家和学者分享自己感兴趣的东西。他把自己写的论文上传到网络，供志趣相投的人下载。他还在优兔上传自己的演讲视频。只要有公司对他感兴趣，他就会免费为其提供讲座服务。他的追随者数量一直稳步增长。

几年之后，亚历山大与他的博士论文导师伊夫·皮尼厄见面，他在论文中增加了新的案例和见解。他希望能够将其出版，他是如此渴望，甚至都忘记了他成为畅销书作者的机会有多么渺茫。亚历山大回忆说："每年出版的英文读物有100万种，其中1.1万种是商业读物，而现有的商业读物已有25万种。在这片书海里很难脱颖而出……没人会等待另一本书，没人在等待我们的图书。但当时，我只是想要以自己无知的决心进行下去。"[2] 亚历山大只知道，他需要推广自己的图书，就像是现场指南一样要有形象的图案和补充性的线上内容，所有这些内容都要以有别于传统的方式呈现，以此在竞争中脱颖而出。问题在于他缺少资金，而且没有大型出版社会指望他能够成为一流的畅销书作者。他曾来到我所在的瑞士洛桑国际管理发展学院，跟我的一位同事谈起这件事，我的同事忍不住脱口而出："别浪费时间在这上面了！"

值得庆幸的是，亚历山大没有听从这个明智的建议。毫不气馁的亚历山大在网络论坛上寻求帮助。或者更准确地说，他邀请他们付费，成为这本"'还没有写完的'国际畅销书"的合著者。追随者只要付 25 美元，就能够收到这本书的草稿，然后他们可以反馈自己的意见。

最终事实证明，许多人都愿意付费，而且付费金额不止 25 美元。亚历山大每过两周，就会把价格上调 50%。等到他最终定稿的时候，合著者已经达到 470 人，他们来自全球 45 个国家，包括预付款在内他已经筹集了 25 万美元。他用这些钱寻找封面设计师、编辑和印刷工。最让人惊讶的地方在于，这一切发生的时间是 2008 年。亚历山大曾说："虽然当时还没有众筹网站，但这就是一个众筹项目。"

随着越来越多的人一起审读和评论书中的内容，这本书变得越来越受欢迎。[3] 这本名为《商业模型新生代》的书自费出版后，《快公司》杂志将其评为 2010 年最适合企业主阅读的图书，说"这是迄今为止最有创意的图书，教会你如何整合一门生意"。随后这本书一路走红。威利出版社是一家中型出版社，专注于出版学术著作。不久，这家出版社就拿到这本书的全球版权，通过巴诺书店及亚马逊等大型图书零售商销售这本书。470 位合著者开始承担起出版行业里最齐心协力也是最持久的一次图书推广活动。他们坚持不懈地在脸书、领英以及推特等社交平台上推广这本书。

最终这本书的销量达到 100 万册，而且被翻译成超过 40 种语言出版。[4] 这一数据远超大型出版社的销量，因为不论什么商业话题的图书，其平均销量只有两万册。据独立的图书出版协会统计，所有出版物中有 92% 的销量不会超过 70 册。"思想者 50 人"是《金融时报》发起的一项榜单，被称为"管理思想界的奥斯卡"，2015 年亚历山大和伊夫位列该榜单第 15 名。[5]

目前，亚历山大定期在斯坦福大学和加利福尼亚大学伯克利分校讲课，还会去全球著名公司发表主题演讲。借助于众人的智慧，一个默默无闻的新作者，突然之间就成为国际上的知名人物。或者就像 IDEO 设计公司合伙人、斯坦福大学教授汤姆·凯利所说："孤独的天才经过富有远见的试错之后获得成功。"讽刺的是，当亚历山大回到威利出版社，询问他们一开始会不会让他这么做的时候，出版人一点儿也不相信他会成功。后来功成名就的亚历山大回忆说："出版人说：'不可能，你已经打破了图书出版行业所有的规则。'虽然我们当时还没有意识到这一点，但这是我们创作出自己想要的图书的唯一办法。"[6]

真正重要的规则

虽然维基百科刚出现的那段日子，已经证明了众筹的可行性，但在 10 年前，像今天这种高度连接的社会是难以想象的。人与人之间联系方式的快速改进，已经深刻改变了我们在更加复杂的项目里的合作方式，这也影响了几乎所有的商业前景。曾经只能由个人完成的任务，现在可以被广泛分配和传送给其他人，让整个社区参与进来。这种无法阻挡的进步由一家公司首先观察到的一种融合支撑着。

1965 年，英特尔的合伙创始人戈登·摩尔对计算能力的指数增长做出了大胆预测。[7]从电子管到晶体管再到集成电路，计算机硬件的微型化进展神速。摩尔根据这一趋势进行推断，宣称蚀刻在微处理器上的晶体管每两年就会翻一番。由于晶体管密度与计算能力相关，因此电脑的计算能力也会每两年翻一番。英特尔此后证实了这一预言，并将其称为"摩尔定律"。

因此，虽然 IBM 650 是世界上第一台大规模量产的电脑，其处理信息的能力还比不上一个细菌，但最新的英特尔酷睿 i7 处理信息的能力已经接近实验室里的小白鼠。[8] 指数增长也解释了为什么一台 iPhone 的计算能力，要比 1969 年阿波罗登月时整个宇宙飞船的计算能力还强。[9] 如果将摩尔定律应用到汽车行业，那么现在的汽车一加仑油就能跑 50 万英里路，速度达到每小时 30 万英里，而且汽车会非常便宜，人们可以开完劳斯莱斯就扔掉，而不用费心找地方停车。[10]

此外，如果只有计算能力指数增长的话，那么我们今天享受的连接性并不能实现。网络速度也至关重要。铺设光纤和架设信号塔很简单，但问题在于宽带基础设施要建立在公共和私人财产之上或之下，需要与当地政府协商谁拥有"通行权"。[11] 换句话说，蜂窝电话、Wi-Fi 或者以太网等通信网络的速度，既取决于科技，也取决于政府法规。

值得注意的是，虽然市场的不确定性超出科技专家的掌握，但网络速度还是同计算能力一样飞快发展。[12]15 年前，无线网络的速度只有每秒 5~10 千比特。等到 2005 年左右的时候，通过蜂窝网络传输的网速已经达到每秒 100 千比特。目前，无线网络的速度已经达到每秒 5~10 兆比特。

行业专家将这种指数增长的连接性称为"埃德霍尔姆宽带定律"，这已经改变了我们消费内容以及传输信息的方式。以流媒体电影为例，21 世纪初的家用电脑根本做不到这一点。由于网速无法支撑实时看电影，大部分人要花上一夜时间下载电影。等到 21 世纪前 10 年的后期，许多人可以坐在咖啡馆里，用网络观看标准分辨率的电影。现在，我们在通勤的时候，可以在自己的智能手机上用 4G 网络观看高清电影。

连接开始变得无处不在、畅通且智能，使用互联网的方式也开始出现新变化；这些新变化反过来也促进了其他技术的发展，包括 GPS（全球定位系统）、陀螺仪、加速度计等，这些技术在我们的穿戴设备和智能手机中随处可见。20 世纪 90 年代，用来衡量角速度的陀螺仪是一个直径约 1 英寸、高约 3 英寸的金属圆柱，造价高达 1 万美元，而且只能监测一个方向的运动。现在这些传感器已经缩小成微型的芯片，每个价格平均只有三美元。无人机上通常都会安装二十几个这种传感器。[13] 正是这种技术融合，让无人驾驶汽车和协作机器人成为可能。

从人类的角度来看，这种融合改变了我们的工作方式。个人和组织可以按照完全不同的方式创新。公司就像亚历山大一样，不再需要靠自己发明所有东西。只要能够进行合适的连接，外部的新手也能跟内部的专家一样有竞争力，甚至更加厉害。因此，公司可以利用外部知识，帮助推广甚至是设计产品。互联网公司都坚持不懈地利用这一点，不仅包括硅谷的公司，也有跨太平洋的其他公司。

推特，谷歌，微信

在中国的广州，广州塔隔着珠江与这个城市的核心商务区对望。广州塔建于 2005 年，这座摩天大楼由两个椭圆形钢外壳彼此扭转而成，就像是 DNA 的双螺旋结构一样。这座标志性建筑点缀在天际线上，一度是中国最高的建筑，直到 2013 年上海的一座新建筑打破了它的纪录。

在广州塔附近的区域里，坐落着 TIT 创意园，这里有十几座刚翻新的工业建筑。挂在 84 号楼红砖外墙上的一块牌匾，让我们了解到这里在 20 世纪 50 年代曾是一家纺织厂，在 20 世纪六七十年代曾是一家军工厂，在 70 年代中期重新回归民用。之后，这里成为一家金属制造工厂，为当地的汽车工业供应零部件。

但从建筑内部，看不出这里曾经是一个工厂车间，没有刺眼的白炽灯光，没有刺耳的噪声，也没有能够加工金属制品的机器。曾经的多层结构已经被拆除，取而代之的是一个现代化的办公室，这里有着开阔的布局和白色家具。阳光能够直接透过中庭的玻璃幕墙照射进来。在休息区域，四处随意摆放着盆景、玩具、毛绒动物玩偶以及懒人沙发。年轻的男女穿着卫衣、时髦的运动鞋，戴着棱角分明的眼镜，在符合人体工程学的桌子前穿梭。这些桌子看起来跟赫尔曼·米勒的作品一样，只不过这些都是在中国制造的复制品。在公司的咖啡厅和餐馆里，人们通过手机来付款。信用卡和现金已经成为过去时。微信进入电子商务领域的直接结果，就是无现金、无卡交易的时代到来。84 号建筑以及周边的三栋建筑，就是中国最大的即时通信 App（应用程序）微信的总部所在地。

2014 年，脸书以 190 亿美元的价格收购 WhatsApp，当时法国里昂证券有限公司写道："如果 WhatsApp 值 190 亿美元，那么微信至少值 600 亿美元。"[14] 由于微信没有上市，因此严格来说，只能推测其价值。但这并不妨碍在 2017 年，微信的开发公司腾讯超过阿里巴巴，成为中国甚至亚洲最有价值的公司。腾讯的市值超过 3 000 亿美元，[15] 与美国最优秀的公司比肩，比如通用电气（市值为 2 600 亿美元）、IBM（市值为 1 650 亿美元）、英特尔（市值为 1 700 亿美元）。腾讯不仅早早投资了色拉布，还在 2017 年 4 月收购了硅谷电动汽车制造商特斯拉 5% 的股份。[16]

就像与中国有关的所有事物一样，微信最让人震惊的地方就是其崛起的速度。持怀疑态度的人认为微信只不过是中国版的 WhatsApp 或者 iMessage。中国以外的许多人可能根本没听说过微信这款 App。但是，微信有 9.38 亿的月活跃用户，这个数字比整个欧洲的人口还多，更别提美国了。[17] 因此，当微信的市场营销总监朱丽叶·朱提醒我，用户规模"并不能说明所有问题，你需要考虑参与度"的时候，我感到很吃惊。比如，WhatsApp 在全球有超过 12 亿用户。[18] 脸书自 2014 年收购 WhatsApp 后，在全球有 20 亿用户。[19] 但在朱丽叶看来，微信证明了自己更有吸引力，因为超过 1/3 的用户每天花在微信上的时间超过 4 个小时。[20] 相比之下，用户使用脸书的平均时间是 35 分钟，使用色拉布的平均时间是 25 分钟，照片墙是 15 分钟，推特是 1 分钟。[21]

微信是如何吸引这么多人，并且让人长时间使用这款 App 的呢？微信与亚历山大一样，它是通过让终端用户具备创造力来实现的。但跟亚历山大不一样的地方在于，微信完全是以中国式的方法做到这一点的。工程师不仅关注用户体验，也开发出让第三方能够独立开发新功能的新工具。

如果达尔文来调研互联网

托马斯·弗里德曼在 2007 年出版了《世界是平的》这本书，他在书中描述了互联网如何超越国界和狭隘的意识形态，让数十亿人能够上网。但在现实里，互联网并没有让世界变平。互联网世界仍然是一个个相互隔绝的孤岛。

在中国，大量本土 App 取代了谷歌、推特、优兔或脸书的位置。[22] 这些本土 App 一开始跟西方的 App 还有些相似之处，但后来进化出一条完全不同的道路。西方公司长久以来都习惯于投放移动广告。脸书、谷歌、推特和色拉布收集了大量用户数据，用来开发更强大的算法，并且帮助广告主更好地找到目标消费者。

但在中国，存储用户数据会产生很高的政治风险，因此当地公司会选择其他方式让消费者付款，如收取交易费用，或者在 App 内提供购买服务——如果消费者能够直接购买服务，为什么还要挖掘数据呢？由于全世界的消费者在使用类似的技术时，他们的使用习惯会有很大的不同，因此科技巨头就像是一群具有高度适应当地环境的功能特征的动物物种。公司必须在争夺和保护其市场份额的过程中进行专业化。

以移动支付为例。2013 年，微信首次发布其支付系统——微信支付，其中非常受欢迎的一个功能就是"发红包"。用户在农历新年的时候，可以使用手机将电子现金装在虚拟红包里，发送给家人和朋友。为了给传统节日习俗增添一些色彩，任何人都可以提前设置一笔金额，然后随机发送给特定的接收者。比如你将 3 000 元发给 30 位朋友，有的人抢到的红包金额会比其他人多，有的人抢到的会比其他人少，然后有人就会发咧嘴笑的表情，而有人会发尴尬的表情。这既有社交网络的元素，也有游戏的元素，还有随机抽奖的元素。在 2016 年 2 月 7—12 日这几天里，微信红包的收发数量达到 320 亿个，而上年同期只有 32 亿个红包。[23]

除了发红包，用户还能支付水电费并且购买理财基金。腾讯还投资数十亿美元入股滴滴出行和美团点评，让用户可以直接在微信 App 里打车或者进行团购。[24]近几年，微信支付快速扩张，家庭夫妻店早已接受微信支付，一系列传统零售商也开始接受微信支付，包括麦当劳、肯德基、7-11便利店、星巴克、优衣库以及其他著名品牌。《纽约时报》在描述中国这种社会和经济现象时写道："现金正在迅速变得过时。"[25]

今天，微信摇一摇已经成为微信用户之间交新朋友的方式。观众在电视机前摇一摇，就能识别当前的电视节目，并且可以与其进行互动。微信实际上集合了脸书、照片墙、推特、WhatsApp和Zynga的功能于一身。微信不再是一个孤零零的通讯App，而成为一个不可或缺的移动工具，其可以用来预约门诊、医院缴费、报警、订餐、办理银行业务、举行视频会议、玩游戏等。要想驱动这个怪兽级别的App实现增长，光是自力更生远远不够。微信比谷歌和脸书更加激进，它需要让用户发挥他们的聪明才智，开发出在微信社交平台上运行的新服务。

大规模生产决策

2012年年末，微信内部的17名员工以新的"公众号"这个概念展开试验，将目标瞄准企业。当时，微信已经有了坚实的终端用户群体，但是团队设想通过开放应用程序接口，将微信变成第三方产品和服务的沟通渠道。

用最简单的话来说，应用程序接口就是官方的一系列规则和指导方针，它用于实现两个软件之间的信息交换。软件的程序、协议和工具能够让第三方利用微信庞大的用户群体。曾鸣是微信开放平台的负责人，他向我解释说："微信之前已经成功将人们联系在一起，但我们不清楚公司该如何利用微信与他们的用户联系并沟通。我们需要一个载体实现这个目标，我们认为'公众号'正是一种理想的方式。"

在一开始的时候，团队成员中没有一个人知道该提供什么服务，这一点也可以理解。当工程师筛选有前景的想法时，中国招商银行敲响了大门。在曾鸣看来，与招商银行合作项目的目标很简单，就是满足用户的需求。

当时，我们对公众号的想法也很模糊。我们只有少量的试用程序。我们认为，传统的公司可能会向客户发送信息或者优惠券来进行促销。我们一开始的想法都围绕"广播"这个功能展开。但与招商银行的讨论改变了我们的思考方式。

银行的数据安全标准很高，它必须把这些数据保存在自己的服务器上。如果我们想推进项目，我们就要提供开放链接。从那时起，我们就将微信的角色定义成"连接者"或"管道"。我们让企业通过微信，把信息从他们的服务器上发送给终端用户。

在吸引其他企业参与时，这种开放性至关重要。不久，中国机队中规模最大的南方航空公司正式推出微信公众号。当用户输入"明天从北京到上海的航班"时，微信公众号就会展示出所有符合这一标准的航班信息。点击某一个航班后，用户就会进入南方航空公司的服务器，在那里用户可以预订航班并支付票款。虽然所有的数据交易都发生在航空公司的服务器上，但用户感觉他们所有的操作都是在微信上完成的。这极大地简化了手机用户的操作体验。用户不必再下载一个新的 App，或者在狭窄的手机屏幕上来回切换窗口。于是，出现了一种新的主张：在这个数亿中国用户已经熟悉的界面上，公司可以创造出无限的新功能，而且可以保留自己全部的数据。

当我第一次得知微信平均只存储用户 5 天的数据时，我对此感到怀疑，不相信有公司会选择清除用户的信息。我的研究合作者也是如此，他接着询问了公司计算机服务器室的规模。然而，服务器室有限的规模再次印证了公司一开始的主张，那就是除实时监控和功能用法分析之外，传统的数据挖掘难以展开，因为存储空间很小。但微信不会存储用户的数据正是其吸引西方品牌方的地方，因为这些西方品牌方不会与科技巨头产生过于紧密的联系。大品牌不喜欢交出信息控制权。

因此，微信的重大突破就是意识到一个产品的最好功能永远都不会来自内部创造。"杀手级"App 必须由用户创造。但我们对此也不应该感到吃惊。即使深谋远虑如史蒂夫·乔布斯，他也无法预见 iPhone 手机最重要的功能是叫出租车（优步）和拍摄"阅后即焚"的图片（色拉布）。没有单独哪一家公司能够开发出这些"杀手级"App。在大多数情况下，只有当拥有多变和独立的输入时，决策质量才能够得到提高。[26] 如果我们参考本书第一部分中提到的知识漏斗，我们就会看到亚历山大和微信都在做决策时进行了去中心化。如图 4-1 所示，就像雅马哈在制造业领域与施坦威竞争时，采用大规模生产技术制造钢琴，实际上亚历山大和微信也在将"大规模生产"决策当作输出。

图 4-1　难以形容的知识漏斗

但这里还有一个挑战，那就是图书写作和 App 开发的技术复杂程度似乎没有建造火箭或者飞机发动机等工程那么高。当我们的目标是开发一些技术复杂和组织明确的东西时，一些关键决策还能够大规模产出吗？我们能够大规模产出各种类型的决策吗？

这就是 DARPA（美国国防部高级研究计划局）面临的挑战。

当工程变得十分复杂时

有人说DARPA是五角大楼的大脑。该计划局是美国国防部的一个研究部门。艾森豪威尔总统在1958年创建了这一部门，用来进行高风险问题研究，希望能够找到解决实际问题的办法。1968年，DARPA发明了阿帕网，即互联网的前身。2012年，DARPA决定将下一代战车的研制任务外包出去，这种新型坦克要能够载着海军陆战队从岸边登陆，并且直接开进内陆。

水陆两栖步兵战车的概念并不新鲜，这只是浮水坦克的另一个时髦的名字。在需要进行滩头登陆的战争中，历史上一般是使用船只将部队运到岸边。为了保护部队登陆，海军会对敌方的陆地和空中目标进行炮火压制。但滩头登陆的风险非常大，自朝鲜战争以来，再也没有过成功的滩头登陆案例。[27]

开发一种水陆两栖的战车，也就是一种能够浮水的坦克，将步兵直接运到岸上，而不必让步兵先从运兵船上下来然后乘坐小船登陆，这种概念自20世纪80年代出现以来一直是军事专家的梦想。[28]军用车辆跟汽车工业一样，都是由专门的团队负责开发配件和子系统。考虑到现代装备的复杂性，这种劳动分工是自然且经济的选择。比如，在丰田，汽车零部件都是按照模块化生产，即黑箱，然后工人将这些黑箱组装成最终的产品。模块化生产能够更快、更精准地解决故障问题。第二次世界大战期间的一张著名照片就很能说明非模块化设计的缺陷，照片上的一位美国士兵身处偏远的丛林，他将一辆吉普车完全拆开以排除故障。在战场上时间非常有限，而且犯错会付出昂贵代价，操作人员在维修模块化设计装备时，可以直接抛弃故障零部件，换上黑箱模块。[29]

在现代制造业里，个人电脑可能是模块化设计程度最高的产品。通过硬盘传输到 CPU（中央处理器）的数据完全符合业界通用的协议。LCD（液晶显示器）屏幕、存储芯片和其他周边设备，比如键盘、鼠标、蓝牙、扬声器等，都遵循统一的设计规则。由于模块化设计，我们不必在意使用的硬盘品牌究竟是希捷还是东芝，因为不管我们使用哪个品牌的硬盘，它都可以与英特尔的 CPU 兼容。

当零部件的接口标准化时，这些零部件就都可以被替代。只要接口保持不变，零部件设计者可以在他们的黑箱内自由发挥自己的创意。当所有零部件都得到创新的时候，整个产品的性能就会极大提升。

但模块化设计也有局限性。由于所有零部件都遵循标准接口，因此当需要巨大创新的时候，就可能会出现严重的问题；DARPA 在开发水陆两栖战车时就遇到了这个问题。坦克要想增加新的功能，就必须添加新的零部件，现有接口要重新设计，系统结构也要重新定义。但是，由于整个体系的每一部分都相互联系并交织，因此一个小问题很快就会演化成难以处理的大问题。

这种难以处理的问题就是 DARPA 面临的核心问题。虽然模块化使人们对几个重点领域有了深度认识，但它也阻止了零部件和子系统突破现有的范式。最大的问题在于，专家一直以来都相互独立，专注于系统某个细分模块。[30]在每个模块的性能都持续提升之后，相关不确定性也开始提升，即使最优秀的工程师也无法掌握整个复杂的流程。内森·威登曼是 DARPA 的项目经理、陆军中校以及装甲兵军官，他曾对《连线》杂志表示："推进部门只研究推进系统，数据人员只负责数据管理等。但没有问题只涉及数据管理、动力或热力系统。在一个复杂的体系里，所有组成部分，比如机械、动力、数据、热力以及电磁等因素都会影响周围的其他零部件。"[31]要想开发一套新系统，就要不断地重复开发、建造、测试等过程，开发列表会越来越长，成本也会越来越高。[32]

在 2011 年债务上限危机最严重的时候，美国国防部前部长罗伯特·盖茨面对国会的压力，承诺会控制预算，在接下来的 5 年里削减 1 000 亿美元开支。为此他被迫砍掉水陆两栖战车项目，这个项目在过去 20 年里已经花掉了约 130 亿美元。[33]威登曼说："唯一能帮助设计这些重要系统的公司，就是那些有能力、有资源建造数百万美元模型的企业。这就让我们只能依靠几家公司以及几百名专家。"事实上，在 DARPA 的历史上，创新主要依靠洛克希德·马丁以及波音等防务承包商。威登曼表示："在一个有 3 亿人的国家里，我们其实能做得更好。"[34]

众筹到来

2012 年 10 月，DARPA 向所有发明家开放研究大门，征集一种新的水陆两栖步兵战车设计方案——快速可适应的下一代陆地军车。整个计划有三轮竞争，第一轮是设计车辆的传动系统，第二轮是设计外形，第三轮是设计整个移动系统。前两轮的奖励是 100 万美元现金，最后一轮的奖金翻番，达到 200 万美元。[35]

在范德比尔特大学的帮助下，DARPA 发布了一个在线门户网站，当作合作平台。这是一个对所有科技迷开放的免费平台，包含能想到的所有工程工具，比如定性推理、静力约束分析、计算流体力学、可制造性分析以及其他工具。[36] 连洛克希德·马丁公司也对 DARPA 发布的平台印象深刻。洛克希德·马丁高级技术研究中心位于加利福尼亚的帕洛阿尔托，马克·格什是该研究中心的一名项目经理，他曾说："这不只是联系人群，它还融合了项目团队使用的工具、模型和模拟，增强了分析能力。"[37] 用户可以在该平台上下载工具，探索部件模型库，以整合他们的设计，模拟数千个移动和传动子系统的全部性能。[38] 其目标就是设计一辆能够自动从运兵船上下水的战车，然后将 17 名士兵从距离岸边至少 12 英里远的地方运送至岸上。[39] 在互联网发明 40 年之后，DARPA 发现了使用这项发明的新方法。

2013 年 4 月，由三个人组成的团队摘得这一奖项，这三个人分别来自俄亥俄州、得克萨斯州和加利福尼亚州。[40] 这个团队自称为地面系统团队，包括埃里克·尼斯、他的父亲詹姆斯·尼斯以及他们的老朋友布莱恩·埃克利。三个人均拥有工程背景：埃里克为一家位于加利福尼亚的军事承包商工作，曾参与过传统地面战车的项目。他的父亲詹姆斯在空军当了 20 多年的研究工程师，后来在俄亥俄州的空军研究实验室担任项目经理。布莱恩住在得克萨斯州，他跟埃里克一起上过高中，后来从俄亥俄州立大学毕业，拥有电气和计算机工程学士学位。

詹姆斯回忆说："我们确实从资源库里挑选了许多零部件，但很多时候我们要仔细研究 DARPA 网站里的零部件，确保它们能够尽量跟其他零部件兼容。"虽然地面系统团队的设计几乎完全依赖于资源库里现有的零部件，但他们仍然要发挥作用，找出正确的那一个。团队领袖埃里克强调，他的自动化系统背景在整个项目里至关重要，他说："这就好像是玩乐高的积木，要把它们拼接在一起，有些零部件虽然看起来相似，但是不一样的。它们无法跟系统的其余部分兼容。[41] 这个项目里有一些术语，如果一个人不了解自动化系统的话就根本不懂这些术语。"[42] 布莱恩曾为两家大型银行工作，因此他的工作自然就是处理数据。他形容说，银行业"主要是数据分析"，"我擅长处理不同的组合，搜集数据，然后把结果反馈给我的队友，告诉他们哪些运行良好，哪些没用"。[43]

这种综合的专业知识正是 DARPA 渴望的。洛克希德·马丁公司可能有顶尖的工程师，但其投入以及现有的工艺流程，基本只向熟悉这一领域的内部专家开放。与多方集合的智慧相比，个人的洞见和某一个公司的技能总是相形见绌。这也就是为什么2009 年，美国宇航局在开发新的太阳耀斑预测算法时，也把这一项任务众筹发布。美国宇航局之前的算法准确率只有不到55%，因此它想要提升算法的准确预测率，以更好地保护宇航员和漂浮在太空里的天文设备。美国宇航局发布任务后，收到数百份回复，其中来自新罕布什尔州的一位退休无线电通信工程师在 3 个月内提交了一份算法。他的算法能够达到 85% 的准确率，而且不像美国宇航局那样还要用太空设备，他的新算法只需要使用地面设备。[44]正是这种颠覆传统的新思维和新视角，让他超越了美国宇航局能接触到的世界一流的天体物理学家。

就在新型步兵战车项目即将结束时，DARPA 已经吸引了200 个团队、上千名参与者。进入最后一轮的 15 个队伍，平均在这个项目上花费的时间是 1 200 小时。假设包括运营开支在内，他们的时薪是 200 美元，那么整个设计的开支就是 360 万美元，这也让 100 万美元的奖励看起来很划算。[45]威登曼说："我们真的希望向行业外公司开放，有些人有技术，但没有途径参与到军事车辆的开发工作中。我本身可以是某个商业公司的传输工程师，对自己的领域非常精通，只要我登录这个网站，我就能够以一种有意义的方式参与项目开发。"[46]

最终，由于整个项目的目标是极大加快设计和制造实践，因此地面系统团队的设计方案以机动性能换取制造时间。地面系统团队的设计方案制造所需时间比第二名少了一半，而且包括主发动机在内的零部件，都能快速从生产线上获取。[47]当埃里克被问到如何分配奖金时，他大笑并表示只有一种方法最公平，那就是三个人平分奖金。

解决正确的问题

为了有效利用众人的智慧，仅仅把技术问题描述出来，然后让人们开始工作是不够的。比如，著名的盖茨基金会曾多次想要通过应对"重大挑战"来提升当今的医疗水平。这些善意的努力针对的是之前无法解决的问题，比如在乡村地区消除疟疾等，并且盖茨基金会还鼓励科学家聚集到一起展开合作，并将不成熟的解决方案和部分进展向整个科学界开放。[48]

10年过去了，这个项目却没有得到多少回报。据《西雅图时报》报道，受资助的项目没有一个取得重大进展。比尔·盖茨本人也承认他低估了仍有数百万人缺少干净饮用水以及医疗服务等基本生活必需品的国家实施新技术所需的条件。换句话说，并非这个解决方案本身不够清晰，而是问题的背景导致方案无法执行。盖茨曾说："我太过天真了，我低估了这个项目持续的时间。"[49] 毕竟，外部团体的视角与内部人士的视角不同。

因此，公司如果想让员工或者顾客说出他们的想法，就要创造一套能够让他们参与的机制，或者公司要想得到答案，就必须首先说明这是一个值得解决的问题。如果没有限制性的资源，一个人也就无法要求得到颠覆性的想法，DARPA 向我们证明了我们还有许多其他事情需要做。

对 DARPA 的外包项目来说，至关重要的就是横跨整个设计过程的在线平台。参与者需要接触全部的零部件资源库和在线工具，以此模拟和验证他们具体的设计。[50] 竞争团队通过这套系统，能够接收实时反馈，然后将内容修改后再次提交。[51] 从概念上来说，DARPA 的在线平台已经去除了其中的军事问题，将其转变成一个通用的工程问题。[52] 一个人不必知道关于军事部署的所有知识——无论坦克是用来侦察、应对步兵和轻型装甲车，还是袭击掩体和防御工事。这些要求都已经嵌入在线模拟系统，在系统中属于客观标准，如压力、张力、温度、加速以及制动。所有竞争者只需要关注如何协调各个零部件的性能，最终实现最优化的零部件组合。DARPA 会根据系统整体的性能以及制造难易程度打分，决出胜者。

* * *

我们可以设想一个如图 4-2 所示的 2×2 矩阵图，其中横轴表示问题能在多大程度上被模块化，纵轴表示它能够在多大程度上去语境化。假设这个矩阵代表世界上所有能够被解决的问题，左下角代表那些简单的问题，这些问题既不需要分解成更小的模块，也不需要以新视角来思考。简单问题可能是一个直接的算法问题。简单问题不一定就容易解答。它们也可能很困难，但不需要从多学科的视角进行解读。

		否 模块化 是	
去语境化	是	去语境化问题 （如软件编程）	众筹无法解决的问题 （比如 DARPA 的挑战）
	否	简单问题 （如先进算法）	复杂问题 （如传统工程）

图 4-2　不同名称的问题

需要进行专业划分的工程问题，通常属于右下角区域。制造汽车、修建摩天大楼、开发新药物都是复杂的任务，这些任务必须分解成子任务或者模块，运用不同领域的知识加以解决。来自不同领域的员工必须了解组织环境以及精通行业专业技能。没有这种集体的理解，所有事情都会变得一团糟。[53]

左上角的区域更有意思，它展示了去语境化问题。一个去语境化问题即使很难，也不需要人们精通公司的背景知识。只要你对自己的领域精通，比如编写软件代码，你就可以解决这个问题。从定义上来说，这种问题本质上是宏观和抽象的。由于每个人都可以参与，因此去语境化问题最适合用来进行公开竞争，这能让最聪明和最杰出的人获胜。

谷歌 Code Jam 是一项国际编程挑战赛，参赛者要在一定时间内解决一系列算法问题。谷歌从 2003 年开始发起这项挑战赛，以此发现那些可能被传统招聘方式遗漏的工程天才。比如，2014年的冠军是一个来自白俄罗斯的 18 岁男孩，他首次参赛就打败了来自全世界的其他 26 名编程高手，而且此后 4 年蝉联冠军。[54]这种公开挑战赛的设计意图就是最大程度地囊括能够解决问题的人。所有人都不需要理解一个行业或者公司的背景。单纯的智力在这里占据最高地位。

但对想要利用外部专家资源的组织来说，最大的挑战在于把该组织所在领域的问题转化成一些足够普遍的问题，以此让外部的天才们发挥作用。著名发明家及通用汽车研发"创新之父"查尔斯·凯特林曾说："把问题阐述清楚就解决了一半的问题。"当企业想要寻求众筹帮助时，把问题阐述清楚并去掉这个问题所在的背景非常重要。先正达是瑞士一家全球性的农业巨头，生产农业化学药品以及种子，这家公司就很明白这一点。正如第一部分所说，制药研究已经从传统的微生物学和化学领域跳跃到基因重组和计算生物学领域。农业领域也不例外。生物科技种子公司利用基因控制，培育各种抗虫和抗杂草的作物。先正达是一家年营收达到130亿美元的公司，2000年从诺华分拆出来，它深知数据分析在提高种子培育效率和作物产量中的重要性。但该公司缺少一项关键资源。一位经理告诉我："我们公司有许多优秀的生物学家和化学家，他们在实验室里完成传统的研究工作，但数据科学家和软件编程师在全球都是稀缺人才。在招募一些天才的时候，我们没办法跟谷歌或者脸书竞争。"因此，先正达开始尝试众筹项目。

约瑟夫·拜拉姆负责领导先正达的研发中心，他还是公司战略营销高管，他曾写道："我们想要用硬数据和统计代替传统的实验室试错方法，但这样做要深入研究农业领域中从未出现过的数学问题。"[55]拜拉姆跟DARPA一样，他意识到要想利用众人的智慧，仅仅展开在线挑战是不够的。他说："如果经理以为他只用在线发布挑战后就走开，等几天或者几周，答案就能出现在他的邮箱里，那么他注定会失望。"[56]这是因为软件编程师不熟悉作物生物学以及农业问题。农学家熟悉的东西对统计学家来说可能是完全陌生的。如果没有语境转化，那么就无法实现众筹。拜拉姆表示："我们花了大量时间进行一对一讨论，帮助参赛者正确理解问题，但这个时间花得很值。"

2014年，先正达发起了一场在线挑战赛，邀请计算机科学家设计一个能够自动进行含量测定分析的机器算法。以前这是一个十分费力的工作，生物化学家要使用这些数据来衡量目标分子的数量、功能等指标。最终冠军打败了 154 名参赛者和 500 余份提交答案，冠军设计的算法能够达到 98% 的检测准确率，能让先正达每年至少节省 6 个工人的劳动力。而且，先正达对参赛者答案的质量差异之大感到吃惊。[57]

优秀的编程师很少。科技界普遍认为，一个伟大开发者的生产力至少是普通开发者的三倍，是较差开发者的十倍。[58] 不管这是否属实，至少先正达发现，在提交的算法里准确性差异极大。如果把结果按照降序排列，那么最后的曲线就像是悬崖般陡降，只有几个参赛者占据顶端。

其中好几个顶尖的编程师都是之前谷歌挑战赛的获胜者，他们坚定地拒绝加入谷歌，他们更喜欢自由职业的生活方式。这也与先正达不谋而合。虽然先正达最终将奖金付给最优秀的三位参赛者，但其得以接触到连谷歌也无法招募的天才。

从图 4-2 的矩阵图来分析，多功能步兵战车挑战变得格外有趣。从历史上来看，DARPA 已将建造坦克分解成拥有标准接口的部件模块。但是，在线模拟进一步将设计问题去语境化。内部专家熟知的系统限制现在被编入在线工具设定。因此，外部人员只需要专注于解决抽象的优化问题。如果 DARPA 没有将这个问题模块化以及去语境化，那么外部人员将无法理解这个复杂的问题。一名参赛者考虑将 DARPA 的方法应用到自己的业务里，他曾表示："这个任务就像其他所有多学科的设计一样，是一次非常棒的体验，也让我的团队开始重新思考日常工作中的工具设定。我认为这是一次非常棒的经历。"

在在线合作工具的帮助下，即使像埃里克这样一个非军事领域的工程师，也可以跟洛克希德·马丁公司的系统专家竞争。

做伟大的事情却没有得到报酬

我们都知道，从某种层面来说，人们并不只是受工资激励而工作。参加 DARPA 和先正达比赛的人都知道，他们最终赢得比赛的概率很小。亚历山大的许多合著者可能也从来没有想过，他们自费出版的作品有一天会成为全球畅销书。警察、消防员以及士兵也不是为了每周的工资而冒着生命危险工作，但他们还是义无反顾地坚持下去。[59]

在一项有趣的研究中，当时还是凯斯西储大学心理学研究生的马克·穆拉文设计了一个实验，来研究意志力是如何运行的。后来他跟查尔斯·杜希格展开合作，研究为什么当人们面对一项枯燥的任务时，有些人能够展现出意志力坚持下去，而有些人很快就分心并放弃。意志力是一种天生的能力，还是受环境强烈影响的东西？

穆拉文和查尔斯将 27 名本科生招募到实验室，并拿饼干诱惑他们（饼干和本科生总是心理学实验的主题）。这些人都被要求不吃午饭。当学生们饥肠辘辘地来到实验室时，他们面前有两碗食物。一个碗里是刚烤出来的热乎乎的饼干，摸起来软乎乎的，闻起来就很香甜。而另一个碗里堆满了冷冰且不新鲜的水果萝卜。一个身穿白大褂的研究人员走进来，他没有透露实验的真正目的，只是告诉其中一半的学生吃饼干，不要在乎萝卜。对这些吃饼干的学生来说，吃饼干这件事根本不算是一项任务，他们一直都享受其中。随后，另一半学生被告知要忽略饼干，专心吃他们的萝卜。

5 分钟过后，研究人员返回，让两组学生解决一个看似简单但无解的谜题。学生们要用笔一次画出某个几何图形，途中笔不能离开纸面或者重复。穆拉文想要弄清楚，意志力是像个人品格一样，还是像一个资源库一样，以及在多大程度上意志力会被其他因素影响。吃萝卜的学生已经用很大的意志力抵抗饼干的甜美诱惑，他们的意志力会不会被耗尽，以至于他们没有毅力再专注于解决这个无解的谜题？

吃饼干的学生看起来神情放松，他们有些人哼着小曲儿，一次又一次尝试解决这个谜题。他们在放弃之前平均花费的时间是 19 分钟。而吃萝卜的学生看起来烦躁不安，他们显露出明显可见的挫败感，在座位上不停地动来动去，抱怨这个实验的设定不合理。他们只尝试了 8 分钟就放弃了，比吃饼干的学生花费的时间少了约 60%。还有人指责研究人员。事实证明，意志力也像其他资源一样可以被耗尽。一旦意志力被耗尽，我们就再也无法专心解决困难问题。我们会失去耐心，屈服于各种类型的诱惑。在我们经过一天劳累的工作，合上账本，把复杂的开支报告提交上去之后，我们大多数人都会忍不住窝在电视机前的沙发上，一边看电视一边吃冰激凌。去健身房健身还是明天再说吧，今晚还是先放松一下。[60]

当穆拉文成为纽约州立大学奥尔巴尼分校的教授时，他给这个实验增添了新的色彩。他再次让一群不知情的学生不吃午饭就来到实验室，然后给第一组学生吃不新鲜的凉萝卜，让他们忽略热乎又香甜的饼干。然而这一次，有一个和善的研究人员走进来跟学生们讨论实验的目的，告诉他们研究团队想要弄清楚人类抵抗诱惑的能力。她亲切地要求学生遵守实验规则，并且感谢他们在推进现代心理学研究方面付出的时间和努力。她还表示他们有机会向研究团队说出自己对实验设定的意见。

在这些学生吃完凉萝卜之后，研究人员返回，并让学生们坐在电脑屏幕之前。每过 500 毫秒，就会有一个随机数字出现在屏幕上。研究人员要求，每当出现一个 6 再出现一个 4 的时候，学生们就要按下键盘上的空格键。这是一个经典而又单调的测试，它用来衡量人们的专注能力。这个电脑测试会持续 12 分钟。

出乎所有人的意料，研究人员以为学生们的意志力已经耗尽，但这次所有学生都能一直保持专注。

第二组学生的待遇相同，只有一个地方不同，那就是研究人员没有告诉他们这次实验的目的。研究人员看起来行色匆匆而且神色冷漠，不时翻动着手里的报告，而且以一种严厉的口吻指示学生："你们不准碰这些饼干。"当学生们坐在电脑屏幕前时，他们在测试中表现糟糕。虽然有明确的指示，但他们经常会错过按下空格键；他们还抱怨自己感到疲惫，而且数字闪得太快。总之他们感到筋疲力尽。

穆拉文后来解释说："如果人们感到这是一个选择，或者因为这能帮助他人而乐在其中，那么他们就不会感到疲惫。如果他们感觉自己没有自主性，只是在遵守他人的命令，那么他们的意志力很快就会耗尽。"[61]

选择和乐在其中还能解释维基百科现象。2008 年，计算机科学家马丁·瓦滕伯格曾估计，全球不同地方的人花在维基百科项目上的时间已经达到 1 亿个小时。在这些创作者中，有 3.1 万名"维基人"是活跃的编辑者，他们在一周内，平均每天花费在编辑上的时间是 1 个小时。其中排在前 20% 的人除了每天的工作，花在编辑上的时间是平均每天 3 个多小时。

直到最近，排名第一的"维基人"是来自美国印第安纳州的贾斯廷·纳普，他拥有哲学和政治学学位。在匿名编辑了几个月的词条之后，纳普最终在 2005 年加入维基百科，后来成为第一个编辑词条超过百万个的人。今天，他已经编辑了创纪录的 130万个词条。虽然纳普明显是一个门外汉，但他和其他活跃"维基人"的动机对我们来说并不陌生。毫无疑问，维基百科"把免费的教育内容带给全世界"的目的是有价值的。

当然，只有使命感肯定不足以激励每个人。对一些人来说，利他主义的行为以及他们正在贡献并编辑人类知识的感觉，足以驱使他们将无数时间投入维基百科。对另一些人来说，维基百科词条编辑者的身份能为他们提供社交炫耀的资本。我们都希望在他人面前表现良好，并且自我感觉也良好。没有什么能比向他人披露一些未知消息更有效果的了。这也就是为什么人们会在茶水间里八卦。不知道为什么，我们天生就喜欢散布内幕消息，以此换取其他人对自己模糊的钦佩感。我们之所以这样做，是为了获取社会认同和地位。

维基百科的绝妙之处在于，它将一项创作和编辑的枯燥工作转变成某个人告诉全世界某些东西的黄金机会。排名前列的创作者的努力可以得到人们的认同。他们能够看到他们的文章被浏览了多少次，以及他们编写的词条排名，所有这些都公开发表以供人们查阅。对忠实的"维基人"来说，这很重要。[62]

这也就是为什么在向一大群人提出一个问题之前，我通常会问以下三个非常有帮助的问题。

为什么这个问题重要？

公众需要知道为什么要关注并解决这个问题。维基百科之所以能打败《不列颠百科全书》，并不是因为它能为作者和编辑者提供更高的报酬，况且它并不支付任何报酬。与之相反，它给创作者提供了一种使命感，而且骄傲地展示在网站上：将免费的教育内容带给全世界。DARPA 项目的参赛者也类似，他们有种为国家做贡献的感觉，英雄主义情结在其中也很突出。人们在行动之前需要被感动。

一个好的想法应该是什么样子？

先定义客观标准，比如时间限制或者可行性。这能帮助公众提交和确认能够真正执行的想法。向他们展示你要寻求的解决方案类型，以及你用来评判的成功标准。用可以量化的方法呈现你的问题。DARPA、美国宇航局以及先正达之所以能成功，很大程度上是因为它们成功阐述清楚了自己的问题——它们是什么以及不是什么。

这个问题需要分解吗？

如果这个问题意义重大，那么分解成更小的模块会提供帮助。要确保公众知道所有的限制条件，或者更好的办法是把这些限制条件都融入合作工具。这些都能够降低外行进入的门槛。作为一个组织者，你不必花时间重新创造所有工具。通常你可以使用现有平台，比如 Spigit 或者 InnoCentive 以及其他平台，或者向那些愿意分享的人借材料。

微信如何改变我们对互联网的了解

2017 年 1 月，微信正式推出微信小程序，又一次引发轰动。小程序能让用户体验许多 App 的功能，但不必下载或安装任何东西。在不到 24 小时的时间里，互联网上就开始流传诸如《超级应用微信计划横扫外国应用商店》《微信给予谷歌重击》《腾讯挑战苹果的应用商店》等文章。[63]

使用智能手机的人都知道，虽然我们的手机里可能下载了几十款 App，但我们每天使用的通常只有几款。据 Localytics 平台统计，一般来说 1/4 的人在首次使用一款新 App 后就会放弃。[64]微信小程序的闪光之处就在于，这会减少消费者下载 App 的麻烦，也能够让 App 开发人员减少维护开支。微信营销主管朱丽叶解释说："如果你从头开发一款 App，那么你 70% 的精力可能都花在后台调试上，终端用户看不见也不会注意这一点。我们认为，开发者应该把他们大部分的精力，都花在思考他们为消费者提供的内容和服务上。目前，开发一款 iOS（苹果移动操作系统）或者安卓 App 的成本已经达到 10 万美元。现实一定存在更好的解决办法。"

就像许多其他发明一样，市场反馈也促进了小程序的开发。

在微信的商业用户里，最受欢迎的功能就是订阅号。商户可以通过订阅号将包括促销优惠和折扣券在内的媒体内容发送给终端消费者。可以让用户直接交易的服务账户开始凋零。陈浩是小程序开放平台的产品经理，他向我解释说："当我们之前开发公众号时，我们依据传统的 HTML5 开发整个系统。从本质上来说，我们只负责数据的导入和导出。然而，在中国，网络连接不稳定，延迟和等待经常发生。在线交易有时候会因为超时而失败。这给用户体验造成很大影响。"

十几名团队开发人员因此开始思考该如何重新设计公众号。不久，小程序的概念开始出现。小程序使用一种专门的语言，就像是苹果 iOS 的生态系统，[65] 它将通用的用户界面打包成标准模块，包括滑动、跳转下一级以及下拉菜单。模块化设定能大幅减少数据开发工作，比开发 iOS 或者安卓软件更加简单。总之，开发者可以专注于创建内容。

当然，也有些高级开发者对小程序的局限性予以批评。他们哀叹这种简单的标准限制了他们的创造力，惋惜这种新的移动 App 几乎都变得没有特色。但这正是小程序的重点：降低小企业的准入门槛，让他们能够快速启动数字化战略。陈浩回忆说："有一位来自广播电台的工程师，他决定开发一个小程序。他大概花了一个星期的时间学习如何编程，下周一他就开发出了新的应用程序。这就是我们努力实现的目标。我们希望粉碎创业者开发自己 App 的所有障碍。"

并非所有的小程序都会被批准上架。微信仍然要审查开发者提交的小程序。很明显，微信的标准甚至比苹果设定的黄金标准更加严格。游戏和广告内容一开始都被禁止。虽然开发者可以提供预订酒店等服务，然后向消费者收取费用，但他们不能销售虚拟商品，比如屏保、表情或者游戏。而且所有的小程序必须免费。正如朱丽叶所说：

> 小程序的开发初衷不是牟利。我们的想法是当客户有购买需求时，能够让服务提供者的服务更加便捷，以此更好地服务他们自己的客户。

> 这也就是为什么只有在你使用过这个小程序之后，它才会出现在你的微信界面上。你可以通过朋友之间的交流，或者是现实生活中扫二维码发现小程序。如果消费者没有使用过这个小程序，那么它就不会出现。用户界面应该一直保持简洁。我们不希望因过多的展示而让用户感到困惑。

虽然有这么多严格的限制，但等到微信发布小程序的时候，它已经聚集了超过 1 000 个小程序，这一数字还在继续增长。可以说，微信最伟大的成就在于，它一直持续向外界开放自己的商业模式。DARPA 和先正达利用众人的智慧，解决它们提前设定好的复杂技术问题，微信则授权它的商业用户开发此前没有的新功能。

到 2017 年 5 月，在微信平台上已经有超过 20 万个第三方开发者在不知疲倦地工作。[66] 无处不在的连接性成为微信商业增长的主要驱动点。腾讯最早只是 ICQ（一款即时通讯软件）的模仿者，但现在它已经进化成向第三方普及电子商务的社交媒体平台，在此过程中它自己也成长为世界上最大的超级 App。

但是，如果众筹是大规模生产解决方案以及解决复杂问题的途径，那么下一个问题就是如何让产生这些方案的过程实现自动化。公司如何做到不仅众筹这些重要决策，而且将这些决策自动化，这就是下一章的主题。

第五章

利用机器智能：从直觉到算法

计算可以计算的东西，衡量可以衡量的东西，至于那些无法衡量的东西，想办法让它们变得可衡量。

——伽利雷·伽利略（1564—1642），天文学家

不是所有有价值的事物都能够被衡量，也不是所有能够被衡量的事物都值得去衡量。

——威廉·布鲁斯·卡梅伦，《非正式社会学》，1963 年

计算机过载到来

对数据科学家和机器学习专家来说，2016 年 3 月是一个里程碑式的月份。这个月，谷歌开发的电脑程序阿尔法围棋（AlphaGo），在中国古代棋盘游戏——围棋比赛中以 4∶1 的比分击败了世界

冠军李世石。[1] 在西方国际象棋比赛中，参赛选手在 64 格的棋盘上能走大概 40 步棋。1997 年，IBM 开发的"深蓝"采用暴力解法打败了国际象棋大师加里·卡斯帕罗夫，当时"深蓝"计算出了所有可能的结局，每秒钟搜索数百万种场景，最终走出制胜的一步。

但阿尔法围棋并非采用这种暴力算法。在 19 × 19 的棋盘上，围棋选手最多能够走 200 步。[2] 但最终的结果组合能达到 10^{761} 种，这比整个可见宇宙总的原子数量还多。[3] 人们以前认为，机器要想在围棋领域打败人类，至少还需要 10 年时间。然而谷歌成功开发出了这种机器算法，拥有与人相似的特质，或者凭借直觉下棋。它不仅能够从技术上复制人类专家的直觉，还能够超越人类。最引人注目的是，阿尔法围棋每天都能够独立提高自己的水平，不需要人类编程专家监督。这股智能机器的潮流势不可当，已经在某种程度上影响了几乎所有公司。这一切是怎么做到的？

直到最近，计算机都需要程序员编写指令。计算机不会自主学习，它们只会遵守指令。最早的所谓机器学习，需要计算机专家或统计学家的深度帮助和持续监控。人们还需要对数据进行分类，并且设定明确的终极目标。在经历了这种早期的机器学习之后，人们开始进行大数据统计分析，这帮助人们发现了之前没有注意到的模型以及相应的补救方案。这种数据分析方法虽然属于劳动密集型工作，但在预测消费者行为方面拥有惊人的效果，比如我们会怎样点击链接、购买东西或者撒谎。机器学习给公司带来了极大帮助，改进了公司发邮件、打电话、提供优惠、推荐产品、展示广告、检查漏洞以及批准贷款的方式。信用卡公司可以实时监测哪项交易可能存在欺诈，保险公司也可以确认哪个客户可能提出索赔或者可能去世。但机器学习的不利一面在于，这些算法都只能在特定场景中使用。它们只是为了某一个目的而开发的。比如"深蓝"玩国际象棋很厉害，但在其他方面没有什么用处。

在亚马逊成立早期，一个由作者组成的编辑团队通过机智幽默的标语亲自销售产品，并且决定推销什么产品。多年之后，另一个竞争团队开始使用 Amabot 机器算法来生成推荐内容，依据就是顾客在网站内的搜索内容以及之前的购买记录。亚马逊 CEO 杰夫·贝佐斯的决定非常具有亚马逊特色，他让两个团队相互竞争，让手动推荐内容与标准化、自动化的推荐内容竞争。不久，结果就证明，人类在提升销量方面无法与机器算法竞争。Amabot 轻易赢得了一系列竞争，证明自己能够像人类编辑一样卖出许多产品，而且在提升产品销量的同时，不需要增加额外的开支。而人类团队要想满足日益增长的需求，就需要招募和培训新员工。[4]2002 年，一名亚马逊员工在西雅图当地报纸《陌生人》情人节版上，发表了一则匿名广告，共三行，他对算法说：[5]

亲爱的 Amabot：如果你有情感，你就能理解我们的憎恨……我们一点儿也不感谢你，你这个临时应急的废物。

美丽的血肉之躯最后将会胜利！[6]

但编辑团队不久就解散了。[7]

即使像 Amabot 这样强大的算法，它也无法应用到其他领域。而且算法也无法处理用人类语言表达的非结构化数据。数据在被输入机器之前，需要在关系数据库中被格式化——有序的数字和单词行——就像 Excel 电子表格一样。要想解除数据格式的限制，还需要 10 年的时间。

不只是一个更强大的搜索引擎

2011 年 2 月，IBM 的超级电脑"沃森"在热门综艺节目《危险边缘》里打败人类竞争者，再次让美国公众大吃一惊。当"沃森"打败上一届冠军肯·詹宁斯和布拉德·拉特时，有 1 500 万名观众在电视机前见证了这一幕。这让公众开始意识到，机器学习不仅仅可以被用来处理数据。《危险边缘》跟其他同类电视节目一样，主要考查参赛者对各类知识的了解程度。这个节目有一种独特的问答模式：线索会以答案的形式呈现，参赛者要用问题的形式来回答。比如在古典音乐问题中，一个线索可能是"莫扎特最后也可能是最有力量的一首交响曲的名字与这个星球有关"。正确的答案是"木星是什么？"。[8]参加《危险边缘》就像是玩填字游戏，你首先要翻字典查找这个单词，然后为这个单词寻找合适位置。

选手席上的"沃森"只是一台电脑，后台才是"沃森"电脑真正运行的地方，海量的微处理器计算 0 和 1，降温风扇嗡嗡作响。[9] 在竞赛期间，"沃森"每秒钟能够处理 6 500 万页的文字。[10] 这些纸张上的内容都是以人类语言表达的，其含义取决于前文说了什么、话题本身以及它是如何被讨论的。某个单词在日常英语中并没有彻底或者精准的定义。为了读懂一篇新闻文章，一个人必须能够区分"停在车道"和"在车道上开车"，或者理解"流鼻涕"和"脚有味道"的含义。参加《危险边缘》，选手需要理解微妙的含义、讽刺、谜语、俚语、隐喻、笑话以及双关语。IBM 的工程师团队为了让"沃森"不仅仅是一个强大的搜索引擎，赋予了它三项能力，即自然语言处理、假设生成、循证学习，让它能够瞬间得出正确答案。[11]IBM 研究中心工业解决方案以及新兴商业副总裁凯瑟琳·弗雷斯博士说："在《危险边缘》里，游戏的准则就是自信，除非你确信自己所说的东西，否则你不会回答。在现实世界里，也有许多类似的问题，比如你不希望看病的时候医生猜测你的病情，你希望他们在给你治疗之前就对他们的治疗方案感到自信。"[12]

最终，在为期两天的《危险边缘》竞赛里，"沃森"赢得了77 147 美元的奖金，这是人类参赛者奖金金额的三倍多。肯·詹宁斯之前已经连续赢了 50 轮，他位居第二，排名第三的是布拉德·拉特。詹宁斯表示："就像 20 世纪装配线机器人取代了工厂的工人那样，我和布拉德是第一批被新一代思考机器取代的知识工人。"[13]

要想知道为什么人类会被计算机打败，我们需要注意到 computers（计算者）过去指的是人。计算机在 21 世纪成为主宰我们生活的数据处理设备，但在此之前"计算者"这个词有别的含义，它是指一种工作。从 18 世纪中期开始，计算者开始出现在协会、工程公司、大学的工资名单里，这些人负责计算和分析数据，而且以女性居多。[14] 当时哈佛大学天文台就是最大的计算者招募机构之一。天文台台长爱德华·皮克林一直头疼于对天文数据进行分类的问题，最终他决定用威廉明娜·弗莱明代替自己的男性助手。威廉明娜是一位伟大的天文学家，她非常擅长计算和数据分类。因此，后来天文台开始大量招募女性科学家，导致有人戏谑地称这里为皮克林的"后宫"。[15]

但这与性别平等相去甚远。计算者作为一种工作，只不过是大量重复劳累的脑力劳动。直到 20 世纪 40 年代现代计算事业兴起，人们才开始考虑制造一种能思考的机器。先驱艾伦·图灵和约翰·冯·诺伊曼预测，以后将会出现能够模仿人类智能的机械计算机。如果机器最终在人类语言对话中，能够表现得跟人类没有区别，那么我们就可以说它会思考。[16]

健康保险公司维朋副总裁奥马尔·拉提夫博士曾注意到："如果你看了《危险边缘》，你就会发现在屏幕下面，'沃森'还提出了许多不同的答案。它并不只是提出一个答案，而是提出多个答案，而且每个答案都有一定的可信度，我意识到这跟医生的思考方式一样！当我接诊病人时，通常我心里不止有一个答案，而是可能有四五个答案。但我只告诉病人可信度最高的答案。"[17]

肯·詹宁斯那张如同唱诗班男孩的脸和尴尬的笑容为人类的失败增加了一种特别的辛酸，尤其他自己就曾是一名软件程序员，[18]所以他后来评论道："至于我，我欢迎新的计算机过载时代。""沃森"跟十多年前的 Amabot 不一样，它不再盲目遵循人类的指令。机器可以吸收以人类语言形式存在的非结构化数据，然后独立做出判断，这反过来也极大改变了企业对管理专业知识的价值评估。一位金融服务行业高管简洁地表示："你可以假设有这么一个人，他能够阅读并理解无限数量的金融报告，并且彻底掌握这些报告中的信息。现在你可以问这个人：'在接下来的三个月里，哪家公司最有可能被收购？'这就是'沃森'能够给予你的东西。"[19]

会（不会）犯错的人

在我们生活的这个知识经济的世界里，人们尊重各个领域的专家。比如在现代健康医疗领域，我们绝对依赖医生根据毕生经验做出的决定。医生主要的责任就是在了解病人的症状之后做出诊断。虽然医生获得的信息可能不充分或者有不确定性，但人们通常都希望医生能当场确定病人所患的疾病，并且给出相应的治疗方案。

对许多医生来说，诊断病人是一门需要没完没了培训的艺术。在迪帕克博士和桑吉夫·乔普拉博士合著的作品《兄弟》一书里，桑吉夫回忆了他与医学界传奇临床医生、波士顿退伍军人管理局医院肠胃科主任伊莱休·舒密尔见面时的情景。

当我打开 X 光片观片灯时，舒密尔博士几乎立即喊道："停下。"然后我停下。他盯着 X 光片看了大概 30 秒。

他说道："桑吉夫，这个病人长期抽烟和酗酒。他还有糖尿病。他童年时曾患过小儿麻痹症。他还需要把自己的胆囊摘除。"我震惊不已。

我开口说道："舒密尔……你是怎么从一张 X 光片里看出这么多东西的？"他解释说："他的横膈膜扁平，他的肺过度充气，这是吸烟患者肺气肿的症状。我还看到他的胰腺钙化，因此他应该是长期酗酒导致了胰腺炎。他的股骨头和脊柱后侧有无菌性坏死，这应该是他童年时小儿麻痹症导致的。"

当时我们有 6 个人在房间里听他分析，所有人都为此着迷且震惊。没有人说一个字，我相信我们当时都在思考一件事：我们正在观看一场大师级别的表演。[20]

这种大师级别的表演就是老手区别于新手的地方，他们瞬间得出的结论，同深思熟虑、小心谨慎得出的结论一样准确。[21] 著名临床医生很骄傲他们能够在眨眼之间，就做出困难的、有时是症状模糊的诊断。诺贝尔奖获得者丹尼尔·卡尼曼在《思考，快与慢》里也讲述过类似的故事，这次是一个有经验的消防员在危险场景下做出决断。当时消防队长带人进入了一个厨房着火的房屋。他拿着水管站在客厅，向着火的地方喷水灭火。但大火还在继续燃烧。消防队长突然脱口喊道："我们赶快离开这里！"连他自己也不知道自己为什么这么说。当他们安全撤离到街道上时，着火的房间坍塌了。事后他们得知大火是从地下室开始烧起来的。如果消防员当时仍然待在房间里，他们可能都会卷入火海。[22]

在卡尼曼看来，这一幕光荣地见证了人类的直觉。通常着火的地方很嘈杂，但这里平静得让人诧异，这是因为地板阻挡了下面大火发出的声音。卡尼曼写道："队长来到现场后发现异常地安静，而且他的耳朵很烫，这些事情引发了他所说的'危机第六感'。"这件事最奇妙的地方在于，队长能够在自己完全没有意识到的情况下，立即对现场情况做出评估。他无法说清楚哪里有状况，只是一股内在的不安感笼罩着他。然而，他的团队之所以能安全生还，完全依赖于他潜意识里的谨慎分析。

然而，问题在于，专家的直觉难以复制，而且获取的成本昂贵。在商业环境里，这通常是增长的终极限制。

以建造和运营一家商场为例。除了选择建造地点，租户组合也至关重要。同时，引入的品牌越多越好。因此，商场运营团队不能悠闲地坐在那里，等着商户自己找上门，而是要主动寻找理想的品牌，给潜在的租户留下足够的时间，让他们提前计划、融资和分配资源。当商场业主与建筑师一起工作时，他要确定商场的主题、便利设施、设备以及功能，还要符合当地的法律和安全要求，与此同时要保持合理的预算和现实的工程进度，最终确保项目盈利。由于一座标志性的商场通常都是一座小城的骄傲，因此在开幕当天，人们不希望看到商场没有全面运转，店铺也没有全部开业。

考虑到所有商业和工程活动的复杂性，商场开发商一般都是本地企业也就不奇怪了。本地企业拥有独特的管理技能，它们专注于自己擅长和熟悉的市场。这不像是家用电器或者电子消费领域的全球企业，可以有全球通用的产品标准。每天有太多决策需要做，而且要依据过去的经验做出决定。由于这个原因，与其他行业相比，房地产开发商的规模会相对小很多。比如西蒙地产是美国最大的商场开发商和运营商，它 2015 年的营收是 53 亿美元。[23] 2016 年，西蒙地产新开了三家购物中心，包括两家品牌折扣店、一家全价零售店。[24] 相比之下，美国最大的家用电器制造商惠而浦公司 2015 年的营收达到 200 亿美元。

在地球的另一端，中国开始城镇化，这也促使房地产公司制订独特的方案，解决曾困扰其美国同行的问题。万达集团是中国最大的商业地产公司，据说其 2015 年新开了 26 家商场，[25] 而且从 2016 年开始，公司计划每年新开至少 50 家商场。[26] 2015 年万达的营收达到 280 亿美元。[27] 万达 CEO 王健林是中国最富有的人之一，他的个人净资产已经达到将近 300 亿美元 [28]（美国历史上第一位亿万富豪总统唐纳德·特朗普，他的资产约为 35 亿美元）。[29] 万达要想实现快速增长，不可能仅仅依靠有经验的员工，因为公司不可能有那么多时间培养合格的项目经理。

当我最后一次与万达企业文化部总经理刘明胜谈话时，让我感到吃惊的是他很少谈论万达的文化，而是极其详细地介绍万达的信息系统。

大概在 10 年前，集团开始办公自动化，用信息方法驱动所有房地产项目。一般一个商场的开发时间是两年左右。我们的信息系统将从建造到开业整个流程，划分成 300 个节点，每个节点又细分成上百个小任务。

在系统里，如果绿灯亮起，表明计划得以顺利完成；如果黄灯亮起，就意味着计划没有按照预定设想完成。当黄灯亮起的时候，负责主管的副总经理必须想办法弥补延迟的进度。如果黄灯亮起的时间超过一个星期，那么就会转变成红灯，负责人会被处罚或者替换。

同样地，物业管理也依赖于中央控制系统。这一系统会监控消防、水暖、制冷、节能、安全信息等系统，所有情况都会显示在一块超大屏幕上。

那天下午我还参观了万达在北京的一个商业中心，设备经理向我展示了他的手机，他可以在上面实时查阅商场的所有关键数据，包括顾客流量热点图。经理解释说："通过顾客流量的三角形销量图，我们可以提前几个月知道哪些租户可能有财务问题。这能让我们更好地收取租金。"回到办公室后，经理在线审批一些维护申请，这些申请后面一般附有图片或视频。所有的信息或者批复都会直接传送给指定员工。通过电子邮件和 Excel 电子表格，可以做到巨细无遗。

刘明胜宣称："在过去，我们需要大量专家才能确保项目如期完工开业。但借助信息系统，我们可以立即替换任何一个项目经理。事实上，每个人明天就可以开始建造一个商场。你不需要成为一个什么都懂的专家。你要做的只是专注于你负责的具体计划。如果你遇到困难了，就向电脑寻求帮助。这就是我们迅速扩张的方式。"

万达说明的是，当一家企业依赖经验丰富的员工时，这种限制是根本性的。人类的大脑无法被精确地复制，培训也需要花时间。依赖专家判断的行业，永远只能局限于小规模运营。为了在知识经济时代壮大业务，企业需要将工作流程和经验丰富的员工的直觉自动化。

而且，企业如果能摆脱对经验丰富的员工的依赖，还有另外一个好处。当能够做出判断的机会很少，回馈也难以获得时，人类的直觉也可能会出错。在这些情况下，著名专家不再是大师，他们也只不过是一头雾水的人。

在我的高管项目里，我经常用认知心理学家丹尼尔·列维京的一个实验测试参与者。假设你去一个餐馆吃饭，第二天睡醒后发现自己的脸变蓝了。现在有两种食物中毒的疾病，一种会让你的脸变蓝，另一种会让你的脸变绿。有一种药丸能治愈这一疾病。如果你是健康的，吃这种药没有效果；但如果你得了这两种疾病中的一种，又吃错了药的话，你就会死去。在75%的情况下，你脸上的颜色跟疾病一致。绿色疾病发病率是蓝色疾病的5倍。你会选择吃哪种药？ [30] 学员们在经过10分钟讨论之后，大部分人都选择吃蓝色药丸。我问道："为什么？"他们回答说："脸是蓝色的，而且脸上的颜色大部分时间都跟疾病一致。"

这时候，我会拿出一张和列维京的例子一样的表格。别误解我的意思，我一开始思考这个问题的时候也犯了同样的错误。但如果我们假设有120个人，我们就可以在表格里输入人数，如图5-1所示。

图 5-1　脸部颜色谜题

　　我们先看左边一栏，从这一栏来看，病人即使脸变蓝了，他最好还是服用绿色药丸，因为从总人数来看，绿色疾病的发病率更高。换句话说，我们一直都在关注错误的信息。我们应该看的是疾病的基本发病率，而非某种药丸在治疗疾病时的疗效。这跟消防员不一样，他们每天都要进行大量训练，很少会被问到可能性的问题，也没有长期数据以供参考。在医学领域，医生经常要花费数十年的时间，才能够最终确定某种药物治疗慢性疾病的效果。现在做出的决策，与未来可见的结果之间没有多少联系，因此也就无法提供学习的机会。[31]

　　不管是在餐桌闲聊、工作面试还是董事会会议中，关注错误信息这个问题都很常见。在公司里，关于管理团队的讨论最后通常"由收入最高的决定"。[32] 如果在医学决策时，应用基本的统计数据至关重要，那么像"沃森"这种搜索引擎，就可以改变所有专家意见曾占据主导地位的行业。

正在形成的明智建议

医学期刊每天都会发布新的治疗方案和发现。平均来说，医学信息数量每五年就会翻番。考虑到大部分医院的工作压力都很大，所以医生很少有足够的时间阅读这些信息。初级护理医生每周要拿出数十小时的时间阅读这些文章，才能够跟得上最新进展。[33] 有 81% 的医生表示，他们每个月只能拿出不超过 5 个小时的时间阅读这些期刊。[34] 因此，临床医生使用的治疗方案只有 20% 基于循证医学也就不足为奇了。[35] 人类大脑的容量有限，无法容纳这么多的新知识，这让专家的直觉——曾经庞大的机制——变得无能为力。

戴维·科尔是 IBM 企业战略主管，他曾回忆纽约斯隆-凯特琳癌症研究中心首席信息官帕特里夏·斯卡拉里斯是如何决定寻求帮助的。科尔在一次采访中表示："她看到'沃森'击败《危险边缘》前两任冠军之后，表示癌症研究中心有十多年来关于癌症的数字资料，包括治疗方案和结果。她认为'沃森'能在这方面提供帮助。"[36]

斯隆-凯特琳癌症研究中心是世界上最大也是历史最悠久的癌症专科医院，有自己的数据库，在过去 20 多年的时间里，总共积累了 120 万份住院和出院病人的诊断报告和临床治疗方案。此外，数据库里还有所有肺癌病人的分子和基因分析资料。[37]但医院的医生跟实验室研究人员不一样，他们通常依据直觉做出生死攸关的决定。医生没有时间回到家，对病人的所有检查结果深思熟虑之后再做出决定。治疗方案需要当场决定。除非有一种智能系统能够预先挖掘出真相，然后瞬间提供给医生，否则大量的信息无法帮助医生做出正确的决定。

2012年3月，斯隆-凯特琳癌症研究中心与IBM"沃森"展开合作，希望开发出一款应用程序，肿瘤学家只需要用直白的语言说出病人的病情，这款应用程序就能够提供相应的推荐方案。[38]当肿瘤学家输入诸如"我的病人出现咳血症状"时，"沃森"只需不到半分钟的时间，就能够给出适合这个病人的药物治疗方案。IBM研究中心首席医疗专家马丁·科恩博士说："'沃森'是处理信息的工具，能够填补人类思想的空缺。它并非为你做决定，这是临床医生的权力……而是把你想要的信息呈现给你。"[39]

对癌症研究中心的帕特里夏来说，真正的目标是"打造一个智能搜索引擎，能够提供具体的诊断试验和治疗推荐方案"[40]。它不仅是一个搜索引擎，还能将经验丰富的医生的智慧传递给经验不足的医生。比如，位于中国或印度癌症中心的医生，可以立即接触到最好的肿瘤专家教给"沃森"的东西。[41]如果像斯隆-凯特琳癌症研究中心这种非营利性组织的最终使命，就是在全世界传播最先进的健康治疗方案的话，那么像IBM的"沃森"这种专业系统正是重要的载体。

2017 年年初，佛罗里达州丘辟特一家拥有 327 张床位的医院，与"沃森"健康签署合作协议，以利用超级计算机的强大能力，为癌症病人提供有效的治疗方案。[42] 由于机器在阅读、分析、总结的时候不会疲惫，因此医生可以利用其中的所有资料。据维朋公司宣称，根据测试得出的结论，"沃森"在肺癌方面的诊断正确率是 90%，而人类医生的诊断正确率只有 50%。[43]

如果再次回顾我们在第一部分中讲到的知识漏斗，那么我们对所有这一切的发展都不会感到吃惊。如图 5-2 所示，我们在实现终极自动化方面已经走了很远，这是自然而然的结果。不会说话的机器帮助雅马哈打败了施坦威；现在，智能机器正在取代斯隆-凯特琳癌症研究中心的工作人员。但对大部分高管来说，这些技术仍然相当陌生。现有商业，尤其是非信息技术领域的业务，该如何利用这种转变向知识自动化发展呢？

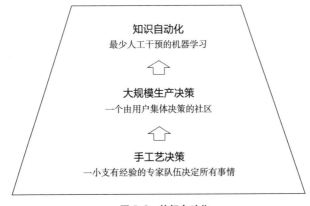

图 5-2　终极自动化

虽然这看起来不太可能，但我们可以从一家日本出版商那里找到范例。日本瑞可利集团成立于 20 世纪 60 年代早期，是一家出版求职广告杂志的公司。受 21 世纪初互联网革命驱使，公司开始向垂直化发展，业务涉及房地产、婚庆、旅行、美容沙龙以及餐馆等。到 2015 年，瑞可利集团的数字化平台大受欢迎。公司注意到各种类型的交易以及终端用户行为，会产生大量的在线数据，因此，其在硅谷建立了一个人工智能研究实验室，希望利用数据分析以及机器学习方面最新的技术。瑞可利集团的发展历史证明，其既对人工智能感兴趣，也有决心通过数据创新冲击现有业务，以此跳跃到新的未来。瑞可利集团之所以与其他同类型公司不一样，是因为其战略管理的过程不同。没有人能一夜之间实现跳跃，跳跃需要时间。瑞可利集团向我们展示了它的做法。

不再是你爷爷那辈的分类广告

1962 年，东京大学一个名叫江副浩正的学生创办了一份校报，希望把求职的大学生跟潜在的雇主联系起来。这份报纸大受欢迎，后来成为日本第一本招聘杂志。江副浩正将自己的公司命名为招聘中心。

大学毕业之后，这个雄心勃勃的创业者将花费毕生时间，把这个小小的广告代理机构，发展成一个拥有 27 家子公司以及

6 200名员工的大型企业。到1986年，瑞可利集团的营收达到
30亿美元，并且在东京银座的高档商务区拥有自己的写字楼，
此外公司的业务也非常多元化，涉及人力资源、房地产、通信、
餐馆、旅店以及信息出版等行业。[44]江副浩正在很长一段时间里
都信奉一句座右铭：在这个世界上，钱是第一位的。[45]

　　当时是日本经济发展的黄金时代。但即使如此，瑞可利集团
也不是所有业务都获得了成功。瑞可利集团擅长的仍然是分类广
告，就和报纸后面的广告一样。在超过30年的时间里，公司一
直向求职者提供两个版本的杂志：一个是《招聘手册》，这是一
本面向大学毕业生的就业信息杂志；另一个是《求学手册》，向
高中生提供各类学院和大学的信息。[46]

　　在20世纪90年代中期，当互联网开始崛起的时候，瑞可
利集团主动将信息转移到互联网上，捍卫自己的市场领先地位。
1996年，公司推出"求职浏览"网站，这是一个面向刚毕业大
学生的在线求职版块。就像其他图书出版社和报社一样，迁移到
互联网上对瑞可利集团几乎造成致命伤害。抛弃传统的杂志意味
着，瑞可利集团必须依靠在线广告获益，这导致公司收入大幅
下降。

　　瑞可利集团的一位高管牧口常三郎告诉我："在转变之前，
我们有三种类型的产品：第一种是厚厚的纸质杂志，就像电话簿
一样，我们通过书店销售这种产品；第二种是免费的纸质杂志；

还有一种是网络杂志。但在转变之后，我们把图书产品砍掉了，只保留了免费的纸质杂志和网络杂志。我们的销售额骤降到之前的 1/10。这是我们从纸质产品转移到互联网时的第一感受。"

对瑞可利集团来说，幸运的是，新千禧年到来后互联网使用量激增。日本的网民数量，从 1995 年的 200 万，激增到 2002 年的 6 940 万。整个出版市场也开始彻底转向青睐免费的互联网内容。但公司用了 4 年时间，历经磨难，才让总收益回归到之前的水平。然而，早期的这种经历至关重要。瑞可利集团明白了该如何在互联网经济时代获得成功，而当时许多商业咨询顾问以及学者对此都一头雾水。

在商学院学者看来，"网络效应"解释了优步、爱彼迎和阿里巴巴等公司的崛起。在每一个例子里，这些公司都承担着连接市场两端的角色，帮助卖家卖出东西，帮助买家购买需要的东西，以此促进产品与服务的流通。这种平台的价值，在很大程度上是由两端的用户规模决定的。也就是说，越多的人使用这个平台，这个平台就会变得越发吸引人，进而导致更多人使用这个平台。

我们可以想一下约会网站或应用程度（不管是 OKCupid、Tinder 还是 Match.com）。男士之所以会使用这个平台，是因为他们觉得这里有大量的女士，他们很有可能在这里找到一段良缘，反之亦然。由于这种网络连接效应，用户愿意付更多钱，接触到更广泛的网络，因此随着用户数量增长，公司的利润也会随之增长。[47] 这就是规模催生规模。但除此之外，产品差异化仍然难以捉摸。我们可以思考一下优步和来福车，或者 iMessage 和 WhatsApp 的区别。这些平台看起来都一样，因此其竞争模式为"快速增长或死亡"。这不仅是脸书一直痴迷于增长的原因，也是色拉布在 2017 年 3 月上市的时候，其每天活跃用户数量成为投资者最关注的指标的原因。[48] 有越多的用户在脸书或者色拉布上看新闻和玩游戏，就有越多的大品牌，比如可口可乐、宝洁以及耐克等愿意在上面打广告。只有当平台成长到一定规模时，其统治地位才会变得不可撼动。

瑞可利集团也遵循了同样的逻辑。它是第一个转向在线内容的公司，而且在价格战方面比同行更加激进，公司因此巩固了自己的在线市场份额。瑞可利集团实践了所有互联网业务的第一条黄金准则：只要有足够多的用户，即使公司的毛利润率比传统印刷业务低，它也能够繁荣发展。也就是说，大量的在线交易最终会转化成可观的利润。瑞可利集团在随后的迁移项目里，再也没有亏损过。而且为了赢得长期的胜利，不仅规模很重要，质量也很重要。这就是瑞可利集团遵循的第二条准则。

除扩大之外

在脸书诞生之前，Myspace（我的空间）是社交网络的霸主。

Myspace 创建于 2003 年，赢得了一批忠实用户，包括乐队、摄影师以及其他创意人士。直到 2008 年，它成为美国最大的社交网络平台。新闻集团的鲁伯特·默多克以 5.8 亿美元[49]的价格收购了这家公司，他认为这家公司值 60 亿美元，并且预测到 2007 年年中的时候，其用户会增长到两亿人。

Myspace 的衰落令人瞩目。到 2008 年 4 月，网站每个月失去将近 4 000 万名独立访客。有人指责网站的无政府主义设定让它看起来像是"一团糨糊的意大利面"[50]，还有人指出该网站之所以失败，是因为缺少技术创新。但真正的原因在于网站的名声。大量想要成名的新人[51]涌入网站，他们发布大量不雅图片，因此，公众开始把 Myspace 看成一个艳俗的数字地下室。[52]优质用户大批转移到下一个避险天堂——脸书。质量跟规模一样重要。

瑞可利集团非常明白这一点。以其旅游业务 Jalan 为例，开始的时候它只是一个旅店和温泉广告目录，后来 Jalan.com 正式上线，开始提供预订服务，就像 Kayak 或 TripAdvisor 一样，并与其他旅游代理机构竞争。由于现在网站充当着旅游景点与游客的中间人的角色，它不能再像杂志那样，只突出景点好看的一面。现在网站必须展示游客的差评，让用户觉得它是一个可以信赖的顾问。换句话说，质量是由用户群体定义的。随着产品转移到线上，其价值定位也发生了转变，质量的定义也要进化。

当回顾瑞可利集团的发展历程时，人们会对其管理团队锐意进取、决心在竞争到来之前自我突破的精神印象深刻。在接下来的 10 年里，其对试验的倾向越来越强烈。截至 2015 年，瑞可利集团已经雇用了超过 1 000 名软件工程师，以维护 200 个网站和 350 个移动 App，为餐馆、美容沙龙、婚礼场所、租房等提供服务。所有这些都由瑞可利一家公司提供。在其东京总部大楼之外，其实是公司最大的支持者，也就是数百万的创业者，他们一起推动瑞可利集团成为日本最大的数字媒体公司之一。这就是终极的一课：没有任何一种改变是一夜之间发生的。它们都是逐渐向外扩展，一点点将公司的界限往外延伸。但这些举动共同重新定义了瑞可利集团的核心使命，让公司朝更好的方向发展。

从杂志出版商到平台提供者

从历史上来看，在瑞可利集团杂志上投放广告的都是小企业主。这些创业者虽然非常独立，但也备受后台管理任务的折磨，他们对此知之甚深。美容沙龙在使用线上预订系统之后，可能会收到大量订单。但店主为了避免网络订单跟电话订单重复，可能要亲自将网络订单抄写到纸质表格上。

瑞可利科技公司总裁北村吉弘深表同情地说："如果你是一个美发师，你会希望把时间花在为顾客理发和设计发型上。或者如果你是一个咖啡店主，你就会希望将时间花在给顾客端上一杯可口的咖啡上。然而，现实里他们有许多其他事情要做，因此花在具体业务上的时间就非常有限。如果你计算一下他们花在运营上的时间，你就会发现，他们只把很少的时间用在业务发展上。"

北村吉弘是瑞可利集团的老员工，他长着一张稚嫩和孩子气的脸。他浓密的黑发和灵气的棕色眼睛，很容易掩盖他的雄心壮志。在他的领导下，瑞可利集团在2012年正式推出沙龙板（Salon Board），这是一个基于云计算的预订和顾客管理平台，能够同时处理电话订单和网络订单。这个平台推出之后立即在美容沙龙行业走红，其中最受欢迎的一个功能就是在线自动回复，能够极大减轻店主的管理负担。

一年之后，北村吉弘又宣布推出AirREGI系统，这是一套智能手机和平板电脑通用的销售终端收银机，融合了云端数据管理系统（这一次瞄准的用户是餐馆店主）。为了加速推广这套系统，瑞可利集团让上千名销售人员在全日本免费分发了4万台平板电脑。该集团随后又在2014年推出AirWAIT，这款App改善了排队体验，让用户可以使用智能手机虚拟排队。2015年，AirPAYMENT正式上线，帮助中小企业主解决了令人头疼的支付以及现金管理问题。

由于瑞可利集团的业务横跨多个平台，因此它可以投资单独一个企业无法投资的产能。这反过来也进一步提升了消费者的体验，让公司在竞争中进一步与其他公司区分开来。浅野是北村吉弘的老同事，他告诉我："'为什么是我们'一直是我们追问的主要问题。有什么独特的地方能让我们抢占先机吗？如果这不能让我们抢占先机，那么谷歌App或者脸书插件就能打败我们。因此，当我们评估商业机会的时候，我们必须问：'我们真的能做得比其他人都好吗？'"

这就是为什么公司不会开展所有看似有利可图的业务。浅野以一贯的警惕性表示："如果这个想法是赚快钱，那么我们就不得不拒绝它。我们必须知道什么是驱动未来业务增长的东西。这不仅有关短期收益，而且有关跨平台的潜在用户数量。"

这给工程师团队带来极大压力。即使是最内向的软件程序员，也不能只是做编程工作；他们必须拜访客户，熟悉客户的商业实践。在瑞可利集团，程序员会定期跟销售人员一起外出拜访客户，去的地方包括医院骨科门诊、美食餐厅等，目的可能是开发出一个通用的顾客预订系统。

这些外出拜访还有一个目的，就是快速确定产品原型，即尽快把产品开发出来并进行测试。在瑞可利集团，产品原型基本上能满足客户60%的需求。只有在核心功能满足用户需求之后，工程师才会考虑添加其他功能。比如，当设计AirREGI的时候，许多由瑞可利集团前员工开设的餐馆被挑选出来当作测试地点。后来又添加了一个被称为AirRESERVE的辅助功能，它能够在屏幕上展示餐馆的桌椅摆放情况。这种定制化的展示能帮助餐馆老板加快桌椅摆放，尤其是在就餐高峰期。有人可能说这只是一个小功能，但在产品正式发布之后，正是这种小功能逐渐提高了用户的忠诚度。

在所有这些变化中，瑞可利集团的一大转变就是改变销售的角色。过去，客户投放广告是为了吸引顾客来到店里。但今天，所有数字平台都是一种新的渠道，用来提升商业效率。销售人员不再需要盲目地走街串巷，游说店主刊登广告，而是通过整理客户的建议，成为技术需求的捍卫者，实际上也就是作为通用问题解决者进行多任务处理。

自己制造还是购买

每当公司发现要做一些新的事情的时候，高管都必须决定，公司能够在多大程度上将这些业务外包出去。我们看到的机器学习的快速发展也不例外：我们应该在公司内部设立这个部门，还是把这些外包给其他技术创新者？这就是通用电气前 CEO 杰夫·伊梅尔特所说的"制造还是购买"困境。伊梅尔特曾回忆通用电气首次在加利福尼亚州组建数字团队时的情况，他表示："作为一家公司，我们不可能晚上睡觉的时候突然说：'我们不能只是一家工业公司，我们要向甲骨文公司或者微软的方向进发。'未来的发展要以进化为基础，这依赖我们所在的行业以及我们所拥有的技术。我们是想要合作，还是想要自己做？我们有很多优秀的软件合作伙伴，但是基本上我们会说：'我们需要自己做，先让我们试试那样做能不能达到效果。'"[53] 虽然通用电气决定在内部自建软件团队，但在大多数情况下，"制造"结束与"购买"开始之间并没有那么明显的界限。即使公司决定雇用一些数据科学家，努力研究机器学习，这也不意味着公司不会购买第三方软件。但在内部构建必要的知识基础，确实有一个优势。

20世纪六七十年代，集成电路彻底改变了许多家用电器的触摸体验感。以前的家用电器的运作都基于机械或者电气工程原理操作，但在松下、索尼、东芝和日立的引领下，日本制造商开始将电子功能嵌入家用电器。洗衣机突然间拥有了电子显示屏、计算机控制开关以及合成音效提示，远胜以往的机械转盘和模拟转换开关。

先是日本后是韩国，两国的许多制造商都在内部成立了电子研究部门，然而欧洲和美国的制造商仍然"坚持它们的核心"，将电子电路的设计和制造工作外包给第三方。结果就是那些内部拥有电子电路研发部门的公司，能够在竞争中保持领先，给产品添加新的电子功能，而其他公司只能跟随市场潮流，将市场上已经常见的功能添加到产品里。北村吉弘和浅野很快也要面临类似问题：瑞可利集团在多大程度上，可以在内部投资机器学习？

从科技巨头的阴影里走出来

对瑞可利集团的北村吉弘来说，公司正好位于线上活动与线下活动的交汇点。公司在连续发布多款数字平台后，获得大量宝贵的用户数据，因此从中提取有效信息的能力变得更加明显。北村吉弘说："假设一个顾客来到餐馆，这种线下的动作会激发线上的信息——将顾客的资料调取出来，了解他的口味偏好，或者整理厨房的食材清单，让服务员能够立即为他做出推荐。"在浅野看来，未来要把线上和线下的数据融合起来，最终消除数字鸿沟。他表示："如果我们能够抓住这第二波数字化，抢在谷歌、脸书或者 IBM 之前消灭线上和线下的最终界限，那么我们就能在日本所有的中小企业中占据主导地位，这将是我们的制胜王牌。"

然而，瑞可利集团缺少内部数据科学家，这阻碍了其前进的步伐。正如我们在上一章所说，当时先正达也曾面临这一挑战。因此，瑞可利集团成为日本第一家与 Kaggle 合作的企业，双方合作举办了一场为期两个半月的数据预测竞赛。Kaggle 是世界上最大的数据社区，拥有大约 30 万名数据专家。2015 年，瑞可利集团投资了数据机器人公司——一家通用机器学习领域的平台提供商。这些平台使用大规模并行处理来训练和分析数千个模型，所使用的计算机语言都是开源语言，包括 Python、Spark 和 H2O。董事会投入数据科学研究的决心在 11 月底达到顶峰，然后宣布公司将在硅谷组建人工智能研究实验室。实验室由阿隆·哈勒维领导，他是公司从谷歌精挑细选的人工智能研究专家，在业内具有很大的影响力。哈勒维跟他的许多同行一样，支持软件开源以加速创新。在他的领导下，所有人工智能开发都使用开源组件。他还借鉴了瑞可利集团已有的模式。数据科学家不只是写代码，还要亲自与顾客和销售人员沟通，这种做法在硅谷可能有些奇怪，但在瑞可利集团的日本总部是一项由来已久的商业传统。

哈勒维告诉我："我们搜集了大量有趣的数据集，但我们没有合适的工具分析这些数据。瑞可利集团擅长提供服务，但它没有集中精力去关注技术。它以前和现在都是想着'让我们把服务做得更好'，但是现在，我们必须发自内心地利用数据做出真正不同的东西。"浅野对此也非常认同，他表示："我们想让瑞可利集团获得高质量的数据，然后发挥其价值。我们的独特之处在于我们可以全面地了解顾客。"瑞可利集团将完全以消费者和小企业主为中心，对此北村吉弘兴奋地提高声音，表示："现在我们已经看到，在我们选择的这个竞争领域，我们有创造新服务的商业机会。"

第二个机器时代

在我的高管培训班里，经理人经常表示，他们对人工智能的快速发展感到担忧。由于人工智能发展得太快，他们甚至不敢委托供应商供货，害怕明天就会出现更好的解决方案。但正因为我们生活在一个快速变化的世界里，至少就机器智能而言，我们必须跟上最新发展。这就是为什么瑞可利集团决心在内部自建人工智能研究实验室。瑞可利集团在规模上永远无法与谷歌竞争，而且说实话它也没有必要与谷歌竞争。但管理团队意识到，如果其他人创造出新技术，那么瑞可利集团必须至少拥有重新包装这种新技术的能力。

近年来，机器学习的能力得到快速提升。当"沃森"被培训为一名仿生肿瘤专家时，它需要吸收 42 种医学期刊的内容和临床试验的数据，包括 60 万份医疗报告和 200 万页纸质内容，[54] 还包括 2.5 万种测试案例场景以及 1 500 个真实病例，[55] 只有这样"沃森"才具备提炼和理解医生写的病历、实验室结果以及临床研究的能力。[56] 即使机器十分聪明，使用这么多案例来培训它也是一项十分劳累和耗费时间的工作。在斯隆-凯特琳癌症研究中心，有一支专门的团队花费了一年多的时间，为"沃森"开发培训材料。[57] 大部分所谓的培训，其实就是每天重复劳累的工作：数据整理、程序微调以及结果验证。这项任务通常十分辛苦，而且无聊，再加上重复单调的工作，看起来一点儿也不让人振奋。斯隆-凯特琳癌症研究中心的计算病理学家托马斯·富克斯解释说："如果你是在调校自动驾驶汽车，任何人都可以标记一棵树或者一个标识，这样系统就可以学会识别它。但在医学这一专业领域，只有经过数十年培训的专家，才能够准确分类你即将'喂'给电脑的信息。"[58] 如果机器能够自己教自己，会不会更好呢？机器学习能够实现无须人工监督吗？谷歌的阿尔法围棋向我们展示了无须人工监督的自主学习是如何实现的。

在棋盘游戏围棋中，在阿尔法围棋与人类对决之前，谷歌的工程师先让它玩了一些电子游戏，比如《太空入侵者》《突围》《乓》等游戏。[59] 这种通用的算法无须任何特定编程，只需要通过不断试错就能掌握每款游戏的玩法：首先随机按游戏里的按钮，然后逐渐调整实现最大收益。阿尔法围棋玩了很多款游戏，在每款游戏里它都能够找到适当的策略，然后将其准确无误地应用到游戏里。因此，阿尔法围棋不仅代表了能思考的机器，就像是"沃森"一样，它还代表了自己能够学习和制定战略的机器，而在这一过程中不需要任何人类的监督。

这种通用的程序之所以能够成为现实，主要得益于深度神经网络的发展。深度神经网络是一种软硬件结合的网络，能够模拟人类大脑中的神经网络。[60] 人类之所以能够实现强化学习，主要是因为正面反馈能够刺激大脑分泌多巴胺这种神经传递介质。作为给予大脑的奖励，多巴胺会让人感觉满足和快乐。计算机也可以通过编程达到同样的效果。当算法实现预定结果的时候，它就会将得分作为正面奖励。在这种通用框架之下，阿尔法围棋可以通过一次又一次试错，自己随机编写指令，用得分高的策略代替得分低的策略。这就是算法自己学会玩游戏的方法，而不只局限于围棋。

这种设计概念并不新鲜，计算机科学家讨论强化学习已经有二十几年了。但只有在计算能力快速发展并且足够强大之后，"深度学习"才能够成为现实。[61] 在放弃用直接的规则和指令进行软件编程之后，强化学习让自主机器成为现实。在阿尔法围棋身上最突出的地方就是，在玩了上百万场游戏之后，它能够不断提升并改进自己。[62] 人类创造者无须也无法告诉算法，它要想实现预定目标应该怎么选择。我们只看到数据输入进去，然后它就开始运行，但我们无法理解中间发生了什么。简单来说，人类程序员无法通过阅读软件代码来解释机器的行为，就像神经科学家无法通过磁共振扫描你的大脑来解释你对热狗的渴望一样。我们创造出来的是一个黑箱，虽然无所不知，但无法穿透。

在第二轮围棋比赛中，当时阿尔法围棋位于棋盘的右手边，它在第 37 回合突然下了令人震惊的一步棋，甚至连对手李世石都感到困惑不解。樊麾在欧洲围棋比赛中获得过三次冠军，他在观看现场直播的时候惊呼："我从来没有看到过有任何人下这步棋。太美了！"[63] 阿尔法围棋在击败李世石之后，第二年又挑战了中国围棋大师柯洁。阿尔法围棋拥有独特且卓越的棋风，[64] 有时候看起来甚至有些鲁莽，但事后总能证明这是制胜的关键一步。[65]

柯洁在一场新闻发布会上曾对此评论说："阿尔法围棋进步太快了。去年，它下起棋来还像人类一样。但今年，它看起来就像是围棋之神。"[66]

毫无疑问，人工智能的这种飞速发展惹恼了许多人。特斯拉创始人埃隆·马斯克曾发表过此类评论，他说人工智能的"潜在威胁比核武器还大"[67]，并将发展人工智能比作"召唤魔鬼"[68]。此外，马斯克向一个伦理智库 OpenAI[69] 捐款数百万美元，他还力劝其他科技富豪，包括脸书的马克·扎克伯格以及谷歌的拉里·佩奇等人，在进行无数的机器学习试验时要小心谨慎。[70] 苹果公司联合创始人史蒂夫·沃兹尼亚克也表达过同样的忧虑。他声称："未来令人感到害怕，而且对人类很不利。我们将成为神吗？我们将成为家养的宠物吗？还是我们将成为被践踏的蚂蚁？"霍金是剑桥大学伟大的理论物理学家，他对此的评论可能最为悲观，他曾对 BBC 的记者说："人工智能的完全发展将会终结人类。"[71]

虽然这种令人沮丧的预测可能有些夸张，但没人能够否认，在我们向机器自动化前进的道路上，自主学习的算法在组织我们的经济活动中将扮演更加重要的角色。传感器和移动设备让联系无处不在，当这些联系与诸如阿尔法围棋或"沃森"等人工智能相遇时，会发生什么事情呢？一群通用的自主学习算法，能够掌控世界上的经济交易吗？英伟达生产的图形处理器能够帮助处理深度学习所需的复杂计算，其CEO及联合创始人黄仁勋表示："我认为令人难以置信的是，人工智能下一件要做的事情就是自己编写人工智能。"正是这种加速发展的数据处理能力，让计算机能够看到、听到、理解和学习。黄仁勋宣称："未来，企业将使用人工智能监管正在发生的所有交易和商业流程。最终，人工智能软件将会编写另一个人工智能软件，让商业流程变得自动化。因为我们无法处理这一切，它们太过复杂。"[72]

那个未来并不是很遥远。这些年来，通用电气通过分析其在现场收集到的连续数据流，提升喷气发动机、风力发电机以及牵引机车生产效率。[73]思科野心勃勃地想要将所有类型的数据都转移到云端，公司将其称为"万物互联"。[74]包括微软、谷歌、IBM以及亚马逊在内的科技巨头正在内部研发机器学习技术，并且通过在第四章中提到的应用程序接口，免费向客户公司提供服务。这些机器智能之前可能要花费几百万美元甚至几千万美元去研发，现在第三方花费可忽略不计的成本就能重复使用这些技术，这将促使行业公司大规模采用这些技术。由于无人监管的算法能够瞬间做出调整、自主实现最优化以及持续改进更加复杂的系统，因此组织之间的交易成本也会大幅下降，甚至完全消失。出于这个原因，多余的生产设备将会被削减，之前在全球供应链中存在的大量浪费行为也会消失。一旦组织内外的商业交易协调开始加速，从销售到工程，从物流到商业运营，从财务到客户服务，公司之间的摩擦将会减少，因此将实现更广阔的市场合作。在一个经济体系中，当交易成本接近零时，诸如"一站式购物"或"供应链最优化"等传统主张将不再有区别。这些主张将会变得普通，即使各行各业中最小的企业主或者新进入者也能够实现这一点。

比如网飞、爱彼迎以及 Yelp 等企业，都依赖便宜又强大的云计算。直到最近，所有互联网商业都需要拥有并自建造价高昂的服务器中心和资源密集型数据中心。但有了亚马逊云服务或者微软云服务后，初创企业可以把所有的在线基础设施存储到云端，它还可以租用云端的功能和工具，其实就是将其所有计算工作外包给别人。企业没有必要预测需求或者是计划产能，如果有需求，只要购买额外服务即可。创业公司的工程师团队，可以集中精力解决其核心业务问题。[75] 同样，当组织合作所需要的资源减少时，公司的规模越大，事情发展的速度就越慢。大型公司以前拥有垂直整合（公司拥有和控制它们的供应链）的能力，但现在大型公司的这种传统优势不复存在。与之相反，大型公司在与小公司竞争时会面临更大的压力，因为当订单到来时，小公司能够专注于提供最好的服务以及实时提供定制化的解决方案。换句话说，大公司在第二个机器时代，需要像小公司一样行动，我们会在第七章深入讨论这个问题。

那人类怎么办

2000 年，当有人问沃伦·巴菲特为什么不购买科技股票时，这位"奥马哈先知"只是重复他的老生常谈："我们永远不会购买自己不懂的东西。"[76] 时间快速推进到 2017 年，在伯克希尔·哈撒韦公司的年会上，巴菲特表示人工智能将会"在某些行业导致大量人失业"[77]。各行各业的职业经理人都会面对未来失业的挑战。

中世纪的时候，僧侣会花费数年时间抄写宗教圣典，但突然之间他们就要面对印刷机的挑战。21 世纪的白领又该如何分配认知工作，努力向前呢？人类传统的优势快速消失，目前依赖决策的那些人，比如需要通过"感受"鉴定赝品的艺术家，对诊断进行"临床一瞥"的医学专家，都将很快被淘汰。

瑞可利集团的故事正好触及这个充满争议的领域，也就是管理工作的本质。我们已经看到，瑞可利集团的销售人员是如何成为常见问题的解决者的。但更大的问题在于：在机器人和大数据时代，人类有永远不会被取代的专业技能吗？在下一章中我们就会讨论这个迫在眉睫的问题。

第六章

利用管理创新：从大数据到人情味

没有大胆的猜想就没有伟大的发现。

——艾萨克·牛顿爵士（1643—1727），数学家

在奥秘和难题之间

每天都有两种类型的问题困扰着高管。一种是难题，另一种是奥秘。你的竞争对手将会发布难题，你如果有正确的数据的话，就能够解决这一问题。同样的问题还有俄罗斯是否干涉美国 2016 年总统大选，以获得对特朗普有利的结果。如果你没有更多信息的话，你就很难解决这种问题。因此，解决难题的关键，就在于更多的信息和更敏锐的计算。但是，爱因斯坦曾说，"我们不能用创造问题的思维来解决它"，他不是在抱怨我们没有能

力查验至关重要的信息，也就是后来"沃森"能够表现神奇的原因。与之相反，爱因斯坦指的是一种需要转换思维方式的新问题，一种在人们想象出潜在的解决方案之前，就需要的看待这个世界的新方式。爱因斯坦所指的就是第二种类型的问题：奥秘。

商业世界里到处都是奥秘。比如，你的顾客真正需要什么，通常就是一个奥秘。在大多数情况下，企业高管有一系列工具来发现消费者的需求、愿望和渴望，包括深度焦点小组、大样本调查以及社交媒体大数据等。但当消费者不知道他们想要什么，或者无法清楚表述出他们没有被满足的需求时，或者当行业现状变得十分保守，没有人能够做出创新时，问题就出现了。有句老话说，铁路公司之所以陷入困境，是因为它们让其他公司，包括汽车、卡车、飞机甚至是电话，抢走它们的顾客，因为它们以为"自己是在铁路行业，而不是运输行业"[1]。

奥秘的答案跟难题不一样，因为它根本不存在，需要被发明创造出来。虽然电脑在准确性、严谨性和持续性方面非常突出，但它们不是为了理解而设计，无法融合跨领域的社交互动，也无法贯通线上和线下数据，更无法提出合理的假设来解释人类的行为，并回答"为什么"的问题。

1995 年，还年轻的史蒂夫·乔布斯曾描述过苹果是如何开发 Mac 电脑的，他说："问题在于，市场研究可以告诉你消费者以为你会向他们展示什么，或者它可以告诉你在逐渐改进现有技术的前提下消费者想要什么，但消费者无法预测一些连他们也不知道自己想要的东西……因此，有一些非渐进性的重大跳跃，当我们一开始思考它应该是什么样子的时候，市场研究没办法提供太多帮助。"[2]20年之后，当一位编辑问他，在开发iPad的时候做过多少市场调研时，乔布斯回答说"没有"。[3]

当然，拥有一个像乔布斯这样的员工会让工作更容易点，至少在开发出下一个杀手级App方面如此。但是对于我们这些普通人，当天才既稀少又遥远的时候，我们在真正顿悟之前，要忍受多少折磨呢？洛赞·哈格蒂在努力解决纽约时代广场的难题——流浪者时，就面临着这种折磨。矛盾的是，在努力挣扎着理解人类处境过程中的讨人喜欢的能力正是我们在智能机器时代最大的优势。

哥谭镇的地下城

纽约市的富人和穷人住得非常近，这是纽约最具讽刺的地方之一。时代广场是纽约的地标建筑，也是游客都喜欢去的地方，历史上这里一直是美国流浪人口密度最大的地区之一。在20世纪80年代末期，这里以偷窥秀和妓女著称。庞大而破旧的时代广场宾馆就位于这里。这座宾馆是一座15层高的棕色砖制建筑，里面都是临时睡觉的小隔间。这些房间4英尺×6英尺大小，里面有一个没有灯罩的白炽灯，仅能放下一张单人床和一个柜子。墙面高约 8 英尺，长久的烟熏导致墙面泛黄。天棚是用铁丝网做的，看起来摇摇欲坠。垃圾、霉菌和碎瓶子随处可见。

时代广场宾馆已经破产多年。一群由法院指定的管理人员，三心二意地管理着宾馆。这座建筑本身违犯了 1 700 项建筑法规，处于报废和被拆除的边缘。在这座建筑里住着大约 200 个人，大部分都是老年人，一些人患有精神疾病，其他人都是越战老兵。讽刺的是，虽然这座房子看起来摇摇欲坠，但拆除它势必会导致周围瞬间充斥着大量流浪人员。洛赞回忆说："这是纽约市最大的单人房间宾馆，它非常庞大和显眼，我开始思考能用它来做什么。"[4]

洛赞·哈格蒂拥有鲜明的面部特征和齐肩的棕色头发，说起话来就像位高权重的企业高管一样，礼貌、节制却坚定，说话的时候字斟句酌，而不是人们通常以为的那种有亲和力的社会活动家。她在康涅狄格州哈特福德市的郊外长大。17 岁的时候她父亲去世，她承担起照顾 7 个弟弟妹妹的责任。她在《华尔街日报杂志》上披露了这段往事。她在阿默斯特市上大学，主修美国历史研究，她的毕业论文是研究特拉比斯特派修士和社会批评家托马斯·默顿。洛赞毕业后，自愿进入"圣约"之家工作，这个慈善组织位于时代广场第四十三街，专门救助无家可归的青少年。她很快就加入了一个名为天主教慈善会的组织，还学会了如何申请低收入住房退税。

低收入住房退税是根据 1986 年的《税收改革法》推出的税收减免政策，主要用来鼓励私营部门为低收入美国人开发保障性住房。洛赞说："申请税收减免很耗时间，而且这个项目相对较新，许多人不知道怎么申请。"[5] 她开始说服大型非营利组织和大型企业，兜售翻新时代广场宾馆的想法。她的热情感染了很多人，但没有人伸出援助之手。因此，她在 1990 年建立自己的协会——共同点组织，后来这一组织改名为突破点，低收入住房退税就是她的资金来源，她还向联邦政府、州政府和市政府申请补助。她还聚集了一批重要的投资者来收购和翻新时代广场宾馆，包括摩根大通集团以及本杰里冰激凌公司等。

这座建筑在 1993 年重新开放，652 个房间都拥有最先进的辅助设施，向低收入的单身成年人开放。洛赞曾说："以前这些脏乱差的房间管理起来真是令人头疼。"[6] 她认为，要想成功运营一个住房项目，就要拥有"良好的设计以及忠诚的管理"，让住户能够获得各种帮助。就时代广场宾馆而言，它有楼顶花园、计算机房、装配有枝形吊灯的翻新大厅、严密的安保系统、医疗设施、餐厅、图书馆以及艺术工作室。此外，这里还有心理学家和治疗师，提供健康咨询服务和职业培训，帮助住户重新开始生活。[7] 洛赞强调说："多年以来，这些获奖的设施已经成为做与众不同的事情的陈列馆。我们想让人们更容易获得成功。"1994 年 4 月

15 日，本杰里冰激凌公司的两个创始人在底层开了一家冰激凌店，开业当天分发了将近 3 000 个甜筒。这个甜筒店由住在楼上的人经营，一直开了 15 年。这个店铺生意非常红火，后来还开到了洛克菲勒中心周边。[8]

但对洛赞来说，时代广场周边的流浪人员仍然是一个奥秘。虽然共同点受到广泛的赞誉和专业的认可，虽然洛赞采用创新的方法开发时代广场宾馆，但她注意到睡在宾馆外面的流浪人员数量并没有明显减少。在 1998 年 5 月的一个早晨，她接到当地医院急救中心打来的电话，对方说："你是共同点主席哈格蒂女士吗？我们这有一个病人说你是她的亲属，我们觉得她是流浪人员，至少是在时代广场一带流浪。"洛赞回答了一句"是"，然后没有再问其他问题，她拿起工作服赶往医院。

洛赞回忆说："赶到现场后我看到一位非常虚弱的老妇人，我以前每天都看到她推着纸箱从第三十四街走向时代广场。我们看见她很多年了，但从来都不知道她的名字。我们很快将她从医院转移到宾馆里。当我询问她以前为什么不申请我们的服务时，她开心地笑了笑说：'你们也从来没问过呀。'"有些地方出现了问题。洛赞成立的组织，没有帮助那些她一开始最想帮助的人。令人感到难以理解的是，这套体系没有回应那些最需要帮助的人。如果这个运行良好、拥有各种辅助设施的房屋，没有真正减少流浪人群的数量，那么它有什么用呢？

统计那些重要的人

大部分社会工作者都相信传送带模型。根据这个模型，流浪人员将按照顺序从街头传送到临时救助站，之后再送到永久住所里：如果有人告诉流浪人员哪里有救助站，他们自然而然会被吸引前往那里；而那些住在救助站里的人，之后也会依次前往永久住所。只要明确规则并给他们提供选项，这个模型就会有序运转。很少有人质疑这一假设。然而，富有经验的社会工作者也要承认，有一群所谓的服务抵制型人，即使身处东北部严寒的冬季，这些无家可归人员也拒绝去救助站。2001 年，共同点开始尝试一个外展项目，在寒冬午夜的时候外出，统计这部分人的数量。

想要确认服务抵制型人口，这种说法听起来好像有些矛盾。在纽约这座城市里，有数十家组织开设项目，以各种方法帮助流浪人员。医院也提供急救以及戒断服务。在距离时代广场十五个街区的地方，就有一个大型施食站。宗教组织也会定期组织来自周边地区的善良的志愿者，在午夜的时候到曼哈顿街头为饥饿者发放食物。然而即使如此，在 1 月一个严寒的晚上，洛赞的团队发现时代广场周边有 400 多个露宿街头的流浪人员。

不管从人道主义角度还是财务角度来看，解救流浪人员都很重要。街头流浪人员通常会耗费大量的公共资源。莫瑞·巴尔就是一个典型的例子。他几乎已经成为雷诺市的固定设施，在超过

10 年的时间里，为了给他进行戒断治疗、紧急抢救以及其他服务，内华达州的纳税人为此支出超过 100 万美元。而该州在住房上都没有花费这么多钱。雷诺警察局的奥布莱恩警官表示："我们花了 100 万美元，却什么都没干。"[9] 来自旧金山的一份研究也表明，为流浪人员提供稳定住所，能够让紧急抢救的概率下降56%。加利福尼亚大学的研究人员曾得知，在 18 个月的时间内，15 个流浪人员在医院以及法律执行方面的耗费达到 150 万美元。在整个美国，几乎 2/3 的高成本医疗救助人员，都是无家可归者或者是没有稳定住所的人。

共同点在进行午夜盘点之后再接再厉，对这些人进行了深度访谈。采访团队吃惊地发现，许多无家可归的人厌恶救助站。他们恨救助站。在流浪者看来，救助站房间阴暗潮湿，里面充斥着刺鼻的尿味、酒精味、毒品以及各类陌生人，无法为他们提供远离街头危险的庇护。然而在街上，流浪者知道去哪里找吃的，每周去哪里能洗澡，怎么在街头谋生。街头可能有许多问题，但流浪者也同样重视他们的自由并且努力捍卫自己的独立。他们觉得社会工作者定的规矩通常专横而且非常不尊重人。许多人之所以陷入无家可归的状态，就是因为现存的制度太过官僚。比如，要想有资格获得住房补贴，一个人必须提交自己的出生证明、收入证明、银行信贷文件以及连续 6 个月不酗酒的证明，对在街头生活多年的人来说，这几乎是不可能实现的东西。洛赞说："在他们看来，救助站就是专门打破承诺，并且为住房设置一系列障碍的地方，它的准入门槛好像就是为了排除那些最需要帮助的人。"[10]

因此，共同点利用自己的发现推进下一步计划。它面向那些服务抵制型人群，推出了"街头到家园"的倡议。这个计划的目的是先确认这些人，然后决定采取什么方式让他们去临时住所："我打破常规思维，雇用了一些不同背景的人来做这件事。"[11] 洛赞雇用的人就是西点军校毕业生贝肯·坎尼斯，他曾在军队里担任特别行动指挥官，是一名军事情报军官。"我突然想到，我们需要一个对这个问题没有先入为主的想法的人。"[12] 洛赞要求贝肯在三年时间内，将时代广场周边的流浪者减少 2/3。[13] 贝肯很快就与第三方外展工作人员组织起一支强大的志愿者队伍，首先询问流浪者他们是否需要帮助，包括食物、医疗、经济支持、工作、救助站、咨询或者住房等。团队成员专注于在现有体系内寻找新方法，他们在官僚制度的迷宫里不断尝试任何方法，包括医疗筛选，精神病评估，申请福利或者伤残补贴，获得收入来源证明。不管什么时候，只要有需要，贝肯的团队都会改进申请程序。在此过程中，他们不断与许多规定和法规做斗争，因为这些规矩会歧视那些一开始就需要帮助的人。

与此同时，共同点推出了自己翻新的第三座建筑——安德鲁宾馆。过去，这里跟曼哈顿下城的鲍厄里街一样臭名昭著。安德鲁宾馆跟提供长期住所的时代广场宾馆不一样，它只提供短期的临时住所，主要服务于那些刚离开街头的人。因此，安德鲁宾馆的接收程序更简便，它不需要确定流浪者的保持清醒时间，没有宵禁，不会强迫人们参加康复活动或其他辅助服务。宾馆为流浪者提供现场咨询服务，但如果他们不想接受这些服务，他们完全可以不参加。在"街头到家园"项目运营的第一年，贝肯的团队总共将 43 个流浪者劝进宾馆居住，这些人之前都抵制救助站。看起来这个倡议最终奏效了。但洛赞和贝肯很快就会发现，他们还有很多东西要学。事实上，要想把附近的流浪者都劝到宾馆里，是一件极其艰难的工作。

前进一步，后退两步

上一章我们已经看到，人工智能自动化将取代主流的行业，包括会计、放射医学、法律、新闻以及股票交易。与之相反，这一章我们将会看到有些领域仍然需要判断、创造力、同理心，在这些领域人类的大脑能够战胜计算机。牛津大学的卡尔·本尼迪克特·弗雷和迈克尔·奥斯本主持的一项研究显示，休闲治疗师、体能培训师以及牧师等职业，相对来说仍然不受机器自动化的影响，之所以会如此，是因为这些职业仍然需要很多人类的互动，他们的本质就是相互联系。[14] 但那些具有交易性和常规性的工作，比如房地产中介、审计员以及电话销售等，将会有很大的风险被机器人取代。[15] 洛赞即将收到的反馈也证明了，人类仍然可以在一些棘手的领域获得胜利。

就在"街头到家园"项目执行一年之后，共同点开始对时代广场进行第二次午夜盘点，但他们发现街头的流浪人员不仅没有减少，反而增长了17%。洛赞对这种结果感到十分不解，并将整个项目暂停。一定是哪里出现了问题，要么是"街头到家园"这个基本的概念有缺陷，要么就是执行过程中有偶然因素。詹姆斯·麦克罗斯基是当时"街头到家园"项目的主管，他觉得这个项目的目标人群可能有误，所以他做出了一个大胆的举动。他在连续4个星期的时间里，每天早晨5点带着团队在街头游荡，对时代广场附近20个街区的流浪人员拍照并建立个人档案库。团队总共发现55个流浪人员。麦克罗斯基发现其中只有18个人长期住在时代广场，其他人只是偶尔住在这里，也不是一直无家可归。换句话说，这18个人是真正的长期无家可归人员，也是最需要帮助的人，但不知怎么他们也是离"街头到家园"项目最远的人。

麦克罗斯基的发现非常重要。当时，公众的词典里还没有长期无家可归这个词。大部分社工都采用同样的方法对待每个流浪人员。洛赞评论说："这就好像医生在急救室里说：'每个人都生同样的病。'但事情并没有这么简单。"事实证明，就是因为人们在统计的时候，错误地将暂时与长期的流浪人员混为一谈，才导致每年同比数字没有下降。团队最终发现一个事实，就是有一群顽强的社会底层人员，所有人都没有注意到他们。共同点仅仅做到让人们更便利地得到住宅，这远远不够。只要缺少定向的干预，这些长期流浪者就会一直游离于现存系统。

"街头到家园"项目团队为了专心解决这部分人群的问题，决定停止接收第三方组织送来的流浪人员。这些第三方组织之前一直都很友好，但现在它们开始变得有敌意。洛赞告诉我："一直以来我们都接收这些合作伙伴送来的人。但突然之间，我们说自己不再进行这种合作，而是专注于最困难的问题。他们感到愤怒并且抗议。他们抱怨我们变得苛刻和冷漠。但是我们说：'我们只会处理最困难的问题。你们以前处理的简单问题，以后也应该自己应对。'""街头到家园"项目团队接下来只负责解决这18个流浪人员的问题。这些人流浪街头的平均时间长达14年。时代广场的店主、警察和社会服务机构的人几乎都认识他们。他们都有吸毒、酗酒和疾病问题，之前至少有一家社工组织联系过他们。但没有一个人想处理或者成功处理这一人群的问题。

洛赞推测，让这些"标志性"流浪人员有地方可住，能够证明这一难以解决的问题，实际上也是可以解决的，而且还会产生连锁反应，促使周边地区发生改变。她表示："当你不认识哈莱姆的一个流浪者时，你可以随意地从他身边走过。但是，如果你知道了他叫埃德，是一名越战老兵，患有癌症，你就再也无法随意地从他身边走过。"[16] 一年之后，令人振奋的结果开始出现。根据之前的猜测，聚焦于这些标志性的流浪者，并且向他们提供住宅而非送到临时的救助站，能够让那些在街头流浪时间更短的人也寻求帮助。这种"住房优先"的策略开始生效。2006 年，"街头到家园"项目团队在一年之内，让时代广场的流浪者减少了75%，第二年流浪者减少了 50%，合起来，时代广场的流浪者总共减少了 87%，而且周边 20 个街区的流浪人数下降了 43%。这个结果还让纽约市的其他社工组织开始反省。纽约市市长迈克尔·布隆伯格宣布从 2007 年开始，5 个区都采用共同点的办法。这也让社会组织的工作重心从提供服务，转向可以量化的服务结果。值得注意的是，直到最近为止，"街头到家园"项目仍然是一个小型试验组织，只有 8 名员工和 35 万美元预算。

毫无疑问，无家可归受多重因素影响。健康问题、药物依赖、家庭暴力、不变的工资以及飞涨的房租等问题，困扰着工薪阶层。2000—2014 年，纽约的房租中位数增长了 19%，家庭收入却下降了 6.3%。[17] 在此期间，纽约有成千上万套房租稳定而且合理的住宅消失。[18] 这些宏观趋势让工薪阶层变得更加脆弱。失业或者生一场病就可能导致被房东赶出去或者房屋被拍卖。但这种宏观趋势无法掩盖一个深层、无法否认的事实，那就是长期流浪者在许多方面，都是流浪者的意见领袖。洛赞证明了她一直都在宣传的这种连锁反应。为了真正做到减少周边的流浪者，一个人必须首先将有限的资源，用来帮助那些最困难的也最为顽固的流浪者，而不是因为他们难以应付就避开他们。从许多方面来说，这正好与许多社工的做法相反。

共同点的方法之所以不同于其他传统的社工组织，就在于它坚持不懈地调查一群被称为服务抵制型的人的生存状况。共同点的团队没有猜想制定什么政策能提供帮助，或者坐在屋子里空想人们可能需要什么帮助，而是进行实地探访，团队成员进入长期流浪者所在的陌生世界。团队推迟做出判断和分析，而是依据近距离的观察和仔细的倾听得出结论。只有走到这一步，共同点才会拿出一个影响深远的解决方案。纽约市人力资源管理局／社工部专员斯蒂文·班克斯评价说："传统的社会保障体系总会遗漏一些人，但稳定的住房加上辅助服务是神奇的组合，能够让这些人再次恢复稳定的生活并继续向前。"[19]

通过同理心理解奥秘

已故的纽约市库珀·休伊特国家设计博物馆前馆长比尔·莫格里奇曾说："工程师从技术着手，寻找应用方法；商人从商业定位着手，然后寻找技术和人员。而设计师从人着手，从人的角度得出解决方案。"[20] 世界上最大的设计公司 IDEO 的 CEO 蒂姆·布朗更进一步。他认为设计思维"远超风格的问题"，而是深入终端用户的内心，像人类学家一样使用同理心来引导创新。斯坦福大学的哈索·普拉特纳设计研究所，会教授学生两个基本的设计思维元素：一是同理心，设计师必须理解人类的感情、目标和需求；二是快速成型，快速开发出成本低的解决方案并及时更新，以此迅速响应用户的行为和建议。

设计思维对洛赞来说可能是与生俱来的东西，但好消息是其他人也能够学会这一点。一旦你学会这一点，你就拥有了发现人类行为细节的能力，这一点不仅对共同点有用，在工业工程师设计医疗设备的时候也会发挥巨大作用。

当道格·迪兹拜访当地一家医院的时候，他对儿童病房内的生活几乎一无所知。[21] 这家医院最近刚安装了一台磁共振成像机器。道格是一个说话轻声细语的中西部人，总是带着一张讨人喜欢的笑脸。他是通用电气的老员工，工作了 24 年。他在通用电气健康部门担任工业设计师，负责设计整机的外壳、控制装置、显示器以及病人转运系统。

道格回忆说："我看到一对年轻的夫妇带着孩子从走廊走过来，当他们走近的时候我发现小女孩在哭泣。当他们走到我身旁的时候，我注意到父亲蹲下来对女儿说：'记住我们之前说过的，你是一个勇敢的孩子。'"[22] 当磁共振成像机器发出恐怖的噪声时，小女孩开始尖叫。道格后来得知，年幼的孩子害怕长时间躺着不动，所以医院不得不给年幼的病人打镇静剂。高达 80% 的年幼病人要接受全身麻醉。[23]

这本来是治病救人的机器，但让孩子感到焦虑和恐惧，道格见到这一幕之后，决定重新设计整个过程。道格在通用电气工作时的上级之前在宝洁工作，曾拜访过斯坦福大学的设计学院，所以他建议道格飞往加利福尼亚州，参加为期一周的研讨会。道格知道，他不可能从零开始发起一项研究和设计项目，重新设计磁共振设备。但在设计学院里，他学会一种以人为本的方法来重新设计用户体验。在接下来的五年里，道格跟新团队成员一起努力，征集当地儿童博物馆、医院员工、儿童及其父母的意见，并且设计出许多样机，让人们能看到、摸到和体验他的想法。[24] 随后团队邀请年幼患者来测试和评估这些设计，并且与患儿父母对话，最后决定哪些设计有用、哪些没用。这让道格产生一连串的想法。

最终的成果就是冒险系列产品，当患儿接受扫描的时候，他们就进入一个幻想世界，其中扫描过程也是冒险的一部分。医院病房里有"海盗岛""丛林冒险""舒适营地"以及"珊瑚城"。[25] 在其中一个冒险环节里，患儿会爬到设计成独木舟形状的扫描传送单元上，然后躺好。扫描仪发出来的恐怖声响，现在也成为冒险的一部分，被描述成独木舟航行发出的声音。道格说道："医生告诉孩子要躺好，不然他们的独木舟就会翻掉，而且如果你躺好的话，鱼就会从你面前跳过。"[26] 孩子们都非常喜欢这种体验，甚至恳求他们的父母让他们再来一次。镇静剂的使用率下降了80%，而父母满意率达到惊人的90%。[27]一个母亲说她六岁的女儿在做完"海盗船"磁共振之后，走过来拉着她的衣服说："妈咪，我们明天能再玩一次吗？"[28]

正是这种类型的小数据，[29]在一个孩子身上发现的关于人类行为的微小线索，最终导致重大的设计突破。道格开始明白人类的处境，这让他将一次恐怖的折磨转化成一次有趣的活动，进而提升了通用电气的业绩。这个例子再加上洛赞的例子已经证明，当这种细心得到恰当应用之后，它能够改变一个行业对它的客户、终端用户、产品以及服务的看法。但在这两个例子中，最重要的可能是人类大脑表现出的创意。人类的大脑经过数百万年进化，擅长应对模糊和复杂的场景，当理解的对象从现实世界转向社会领域时更是如此。天体物理学家尼尔·德格拉斯·泰森曾说："在科学领域，当把人类行为加入方程式之后，事情就会变得非线性发展。这就是为什么物理学简单，而社会学难。"[30]面对智能机器时也是如此，职业经理人要保持创造力，以利用好人类的基本优势。大型企业也必须寻找新方法，刺激人类创新，让整个公司都能够做出像道格这样具有创意性的跳跃。企业要想保持竞争优势，仅仅依靠几个人的创意远远不够，每个人都需要释放自己的创意。这就是21世纪后半叶临近时，宝洁决心采取的方法——释放所有人的管理创意。

全体一起创新

2000 年 6 月，阿兰·雷富礼取代迪克·雅格，成为宝洁新
CEO。当时宝洁情况十分糟糕。[31] 宝洁在与新泽西的制药公司
华纳–兰伯特合并失败之后，其股价暴跌 20%。[32] 公司在第二年
3 月发布利润警告，预测当年的收益会略低于预期。[33] 等到 6 月，
宝洁没有实现自己修正过的预测收益，比既定目标低 15%。[34] 公
司的股价在四个月时间里，总共下跌超过一半，市值蒸发 750 亿
美元。[35] 这种损失太大了，没有人能够承担。当时的 CEO 雅格
就任不到 18 个月就宣布辞职。

面对暴跌的股价和失去信心的投资者，雷富礼别无选择，只
能采取残忍的转型方式，裁减员工，砍掉不盈利的品牌，并且开
发新产品。虽然这些紧急措施在短期内能够产生效果，但它几乎
没有触及任何根本性的问题。宝洁的多层审批系统，就像其他许
多大型保守的公司一样，"所有事情都需要测试，直到死亡"[36]，
最终导致产品渠道滞后，产品种类也不丰富，没有吸引新的消费
者。甚至帮宝适纸尿裤、汰渍和佳洁士等黄金品牌的销量，多年
以来也一直萎靡不振。简单的大规模裁员已经救不了宝洁，宝洁
需要的是一个新的知识领域，让公司重新开始增长。设计思维正
是宝洁人需要的助手。

不太有希望的候选人

雷富礼早年曾在日本工作。日本是一个拥有设计导向文化的国家。雷富礼在日本学会了相信近距离观察的力量。他一直都对"远距离研究"的方法感到不满，比如一群人在公司会议室开会讨论，或者是发起大规模样本调查。雷富礼曾说："相反，当你进入人们的家中时，你会发现一些调查研究无法呈现的有趣细节，比如女士为了避免弄坏指甲，要使用螺丝刀来拆开汰渍的包装。"[37] 很明显，宝洁不能只通过技术和营销竞争，设计将是提供优异体验的新方式。[38]

雷富礼提出"将设计融入公司 DNA"的口号，并且在 2001 年任命克劳迪亚·科奇卡担任设计总监。克劳迪亚是宝洁老员工，在宝洁工作了 22 年，在演讲的时候喜欢谈到"幻想"和"奇妙"等词语，她曾在现在已经不存在的亚瑟·安德森公司担任会计师。[39] 厌倦了精打细算的会计工作之后，她尝试过品牌管理、市场营销等工作，最后成为宝洁包装设计部门的总监。雷富礼之所以选中她，就是因为她既能够说出设计的语言，也能够说出商业语言。[40] 为了让宝洁更加理解设计，克劳迪亚将公司与其他更有设计敏感性的公司对标。美泰和耐克成为衡量标准。她随后又组建了一支设计专家团队，建立正式的评审委员会，成员包括世界级设计师，比如 IDEO 的 CEO 蒂姆·布朗，GAP 公司市场营销副总裁艾维·罗斯。克劳迪亚还向三位专家寻求帮助，这三个人分别是斯坦福大学设计学院的戴维·凯利院长、伊利诺伊理工大学设计学院的帕特里克·惠特尼院长和多伦多大学罗特曼管理学院的罗杰·马丁院长。克劳迪亚表示："外部专家很有用，因为他们在公司里没有个人顾虑，也没有利益要保护。"[41]

产生善意

为了减少人们的抵制心理，设计思维被认为是一种经过验证的方法，能够拯救陷入困境的企业。如果人们心怀抵制的话，没人能让他们在业务里怀有设计思维。这就是为什么克劳迪亚决定，从有兴趣的地方着手，而不是从需求最大的地方着手设计思维。看见和经历也是这个过程的一部分。2003 年，雷富礼带领公司在全球的 35 名高管到 IDEO 学习一天半。雷富礼说道："我们的工程师在研究的时候，只有当他们准备好展示的时候他们才会让别人看。"[42]克劳迪亚也认同这一点："我们做的所有事情就是展示、展示、展示。"[43]他们一开始努力的方向，就是利用消费者面对恼人的清洁工作时产生的沮丧心理。团队被要求专注于"极端用户"，这些人可能是一个专业的家庭清洁人员，他用自己的手指混合洗涤液；也可能是四个单身汉，他们觉得清洁浴室就是拿着一根长杆挪动肮脏的毛巾擦地板。如果宝洁能够让这些人开心，那么它就能大获全胜。很快团队就想出一个主意——生产一款拥有可移动长杆的清洁工具，这种工具能够得着浴室墙面或者是房间的所有角落和缝隙。

在接下来的 18 个月里，团队以创纪录的时间多次进行重复试验，最终开发出一款名为魔力延伸清洁先生的浴室清洁工具。里奇·哈珀是家用部门设计经理，他指着连接杆和清洁头的蓝色手柄强调，蓝色总是会让人联想起干净，正是这种细微的信号帮助消费者理解一个新产品。此外，清洁头安装正确时发出的咔嗒声也同样重要。哈珀表示："正是这些小细节让产品变得与众不同。"[44] 同时哈珀也承认，泡沫头上的圆孔其实没有什么实际功能，只是为了让消费者相信，这个清洁头足够软，能够清洗马桶里面。至于银色的杆子，这是为了突出清洁先生品牌的"魔法魅力"。

消费者很喜欢这些样品，甚至有人拒绝把样品还回来。有人听到一位妇女说她简直"爱死"这个产品了。魔力延伸清洁先生发布于 2005 年，虽然它没有成为爆款，但销量一直不错。而且通过鼓励管理层以不同的方式思考创新，并且尝试液体洗涤剂之外的其他产品，最终的结果就是大获成功的清洁先生魔术擦。[45]另一个例子是 Kandoo 牌湿巾，这款湿巾在盒子上专门针对儿童安装了一个按钮。克劳迪亚表示："看看那些正在学习自己上厕所的孩子，他们可能想说'我要自己独立做到这一点'，所以我们会说：'好吧，我们知道该怎么使用湿巾，但我们该怎么让孩子也学会使用它呢？'所以我们制作了这款弹出式湿巾盒，孩子一只手就能够拿到湿巾，而且可以自由发挥。"[46] 妈妈们也很喜欢这款产品，因为这样孩子在使用的时候，就不会浪费整包纸。这款产品在欧洲大获成功，随后在美国市场推出。不久，公司又推出一款洗手液盒，儿童一只手就能够使用。当孩子按盒子上面的时候，泡沫液会自动出来。这样做不会浪费，而且会帮助孩子养成好习惯。

正是这种设计思维激发了人们的创意，而克劳迪亚努力想让更多人拥有这种体验，她表示："我总是说，'别向我形容，展示给我看'"。[47]

改变背景

与此同时，雷富礼致力于改变组织常规。他身体力行实践设计思维，不管他到哪里出差，都会进行深入的家庭采访。有一次他去中国出差，坚持通过翻译与一位在河边洗衣服的中国农妇交流，想要了解她如何使用洗衣粉。他还改进了几项核心流程，包括如何审议商业战略。他回忆说："10 年、20 年或 30 年之前，你会看到一本一两英寸厚的小册子。"[48] 每个子公司的负责人都要绝对忠诚于这个原则，随时准备好回答高管团队突然抛给他们的每个问题。雷富礼思考说："我不确定这个方法跟其他行业或公司正在采取的方法有何不同。"

　　雷富礼意识到必须设计一套新的体系，反映出战略对话改变的本质，这种新型对话需要更具探究性和创意性，而非更具对抗性。现在举行任何战略会议之前，各个子公司的高管都要提前两周提交他们的幻灯片。雷富礼会提前阅读材料，然后提出几个他想在当天讨论的问题，并且强调他希望的是一场讨论，而不是幻灯片展示。子公司负责人在参加会议时，不管他额外的材料是图表、图形还是注释，他都只能额外携带三张纸。雷富礼认为，迫使子公司负责人跟总公司高管进行思想交流，能够鼓励他们更加自如地进行逻辑跳跃，只有这样才能产生突破性想法。雷富礼表示："我们努力想实现的是一场对话，针对关键问题的讨论……我们有一个好点子吗？我们有专有技术吗？我们有样品吗？我们是否与消费者进行过反复交流，证明自己的想法正确？"如果一个项目已经进入开发阶段，那么还有以下问题："关键的里程碑是什么？核心的问题是什么？有哪几个问题是最关键的核心问题，如果我们解决这几个问题就能获得成功？如果我们无法解决这几个问题，那么我们是否要把项目砍掉，把资源用到其他方面？"[49]

　　2000—2008 年，宝洁的营收增加了一倍多，从 400 亿美元增长到 830 亿美元，利润也大幅增长，从 25 亿美元增长到超过 120 亿美元。这种规模的增长之前只能在信息技术公司或者是新兴市场看到，而不可能在辛辛那提一家具有 200 多年历史的肥皂公司看到。[50] 至于克劳迪亚，她只是遵循一条重要的原则："当公司变大之后，他们专注于让 1 000 个人同时前进一步，而不是让一个人前进 1 000 步。"[51]

那人类该怎么办

我遇到的职业经理人通常都觉得，机器自动化——尤其是与我们上一章探讨过的人工智能有关的——将会导致大规模失业或者是"失业的未来"。[52] 然而，这种末日般的未来展望，却忽略了继续在算法时代存在的一种必不可少的资源，那就是人类大脑的创造力。共同点的洛赞依靠人类的大脑弄清楚长期流浪者的问题，以此解决了最为棘手的社会问题之一。通用电气的道格更是与患病儿童展开深入以及细致入微的互动。宝洁的克劳迪亚则将设计思维作为吸引消费者的手段。

麻省理工学院的经济学家戴维·奥托写道："记者和专家评论员夸大了机器取代人类劳动的程度，而且忽略了机器对人类的互补性，比如提高生产力、增加收入以及增加对有技能的劳动力的需求。[53] 计算机化无法取代一些工作，而是会与这些工作形成互补。"最后的结论是人工智能、机器学习以及认知计算，要么会产生互补效应，要么会带来取而代之的压力。但是这种结果并非预先决定好的。阿图·葛文德是著名外科医生、作家和公共健康研究者，他曾解释了为什么在人工智能时代，人类的互动仍然拥有至高无上的地位。他设想了当地医院门诊部的一个场景。病人抱怨说："我身体疼。"医生问道："哪里疼？"病人拿手指着自己某个部位说："啊，好像是这里。"医生则说："你指的是肋骨架、胸腔还是你的胃……？"在葛文德看来，这场亲密的对话既是病人在讲述他自己的事情，也是医生深入了解病人的过程。他表示："这更像是一场叙述，而不只是一连串数据。"医生需要"让你脱掉自己的衣服，然后获得你的允许切开你的身体，然后在你的体内做一些事情"[54]。信任、同理心以及对话，让诊治过程变得充满人性化。只有人类才能够真正理解激情、骄傲、尴尬、嫉妒、公正以及团结的含义。

正如人们所期望的，专家系统仍然围绕主要工作职能而建，而且只有专家才能使用它。IBM 的"沃森"为肺癌肿瘤学家开发了应用程序。其他一些人工智能系统也是为了帮助医生工作而开发的，比如帮助皮肤科医生诊断黑色素瘤，以区别其他良性皮肤病，如粉刺、皮疹以及痣等。还有一些系统能够帮助放射专家检查乳房 X 射线照片，以此诊断乳腺癌。这些系统都非常强大，但仍然需要有人整合这些数据，并且决定采用哪个系统。与此同时，病人身上也携带着 4 种类型的信息：他们的 DNA、他们的邮政编码（一个人住在哪里能透露他们的社会经济地位）、他们的个人行为模式以及其他能够表明他们可以接受什么样的治疗方案的数据。其中一些数据可以在网上搜集到，一些可以通过内置的传感器和手机获得，但有一些永远只能通过线下获得。事实上，要创建一个正常运转的系统听起来好像很简单，只要像阿尔法围棋一样输入数据，让系统自己建立联系即可，但实际上这是一项困难和微妙的工作，即使对拥有强大计算机科学背景的人来说，这项工作也让人头疼。[55]

由于这些原因，人工智能就像此前许多其他技术一样，实际上是一种增强技术。人工智能拥有一流的知识和专家的本能。人工智能能够增强专家的实力，为他们提供专业知识以及帮助。但机器本身无法解决奥秘。计算机科学家和自动驾驶汽车先驱塞巴斯蒂安·特龙解释说："当你使用电话的时候，你能够放大自己说话的声音。靠你自己的话，你无法使自己在纽约说的话被加利福尼亚州的人听到，但你手里这个长方形的设备，却能让人类的声音传递3 000英里。电话代替了人类的声音吗？没有，电话只是一种增强设备。"[56]

从这种角度来看，人工智能的本质就是去神秘化。其实在商界曾有很多类似的例子。以前，银行信贷员审批个人贷款时靠的是自己的经验，再加上公司的指导和政策。但在1956年，来自明尼阿波利斯的比尔·费尔和艾尔·艾萨克成立了费埃哲公司，他们开发出一套公式理论来计算贷款者的信用，以取代信贷员的主观判断，这就是 FICO 个人信贷得分。后来西尔斯信用卡开始采用 FICO 个人信贷得分，然后是 visa 和万事达信用卡，随后是车贷和房贷，现在几乎所有小商业贷款都采用这种方式进行评估。[57] 今天，5 万美元以下的贷款几乎不需要人工审核。[58] 这个行业摆脱了对一小部分人类专家的依赖，最终飞速发展。

最近人工智能取得的进展，毫无疑问让专家系统在加速知识转移方面更加强大。这些进步让计算机能够"发挥理智"，处理杂乱无章的数据，包括采用假设、近似值以及其他探索式方法。但是，这仍然需要人类决定在哪或者如何使用人工智能；还需要人类决定把哪些关键决策交给人工智能，哪些交由人类解决；此外，还需要人类具体想象通过融合现有机器能力以及人类参与，可以生产出什么样的产品或服务。这种问题只有人类才能解答。虽然自动化让数据转化成有用信息的过程大为加速，但仍然需要人类去理解，去赋予信息意义，去创造性地利用这些东西。世界上最大的防务承包商洛克希德·马丁公司前 CEO 诺曼·奥古斯丁在《华尔街日报》上写道："历史教育能够创造批判性思考者，他们能够消化、分析和合成信息，并且明确表述他们的发现。这些技能只有跨越广泛的主题和学科才能得到。"[59] 因此，为了保持竞争力，领导者必须主动将能够程序化的知识编码，与此同时让职业经理人开展有创意的工作，释放他们作为人类的潜力。

知识重组

提到知识自动化这件事，就不得不提到共同点在智能机器时代到来之前，就已经实现这一点了。洛赞和她的团队找到了一种在更广泛的社区传播专业判断知识的新方法，即将专业知识汇编成容易操作的手册。此举让共同点的影响力冲出纽约，开始影响全国。

贝肯·坎尼斯担任"街头到家园"项目首任主管两年后，转任共同点创新主管。她看到帮助流浪者的关键障碍不在于缺少资源，而在于知识、专业技能和行动力本身变得碎片化，因此她越来越焦躁不安。坎尼斯评论说："我们作为一个团体已经固化……联邦政府征收了那么多税，但他们没有给予这些人多少照顾。住房部门知道这一点，健康部门知道这一点，但这个问题分散而且零碎，在我们这个社区里，没有哪一方有足够的资源或者权力，真正负责减少流浪者的数量。"

"街头到家园"项目能够确认每个长期流浪者的名字和长相，坎尼斯在看到这种做法的好处之后决定扩大这个项目的范围，再加入每个流浪者的健康状况。她找到波士顿健康部门流浪者项目的创建者吉姆·奥康奈尔医生，一起开展这个项目。从1986年开始，奥康奈尔医生每周都会拿出两晚的时间，开着卡车到街头问诊，他说："每周一和每周三的晚上，我仍然会开着卡车出去问诊，时间从晚上 9 点到早晨 5 点。这件事很有趣，而且非常重要。"街头医生的经历，让他明白了许多流浪者过早死亡的原因。他说："我能够真实地看到街头发生了什么，以及这些人是从哪来的。"坎尼斯和奥康奈尔一起合作，开发出 8 个关键性的指标，能够确认那些有死亡风险的流浪者。他们把这个工具叫作脆弱指数。

1. 一年之内住院或者急救超过三次

2. 过去三个月内急救超过三次

3. 60 岁及以上

4. 肝硬化

5. 肾病晚期

6. 有冻疮、壕沟足或体温过低等疾病史

7. 艾滋病

8. 三重发病：一个人同时拥有以下三种疾病，包括精神疾病、药物滥用以及慢性病

突然之间，脆弱指数就颠覆了传统的先来先得的救助办法。现在花名册上每个流浪者的名字后面都会标注这 8 个指标，表示其需要医疗救助的程度。因此，脆弱指数就相当于给每个流浪者建立档案，给社区里所有流浪者都创建健康目录。这就相当于流浪者的 FICO 个人得分。

从某种程度上来说，坎尼斯以前通过大量午夜调查获得的经验和知识，现在可以汇编并转化成简单的调查工具。曾经需要富有经验的社工和具有坚韧精神的军队指挥官，才能够确认最需要帮助的长期流浪者，但现在不必如此了。简单易用的脆弱指数可以调动社区行动的积极性。在共同点的帮助下，洛杉矶县和洛杉矶市发布了"50项目"；华盛顿哥伦比亚特区也推出了自己的项目；凤凰城则发布了"H3项目"。这些新推出的项目合起来证明，把一个人从街头送到住所的平均时长是十天，也证明了在拥挤的纽约市行之有效的方法，在任何地方都行之有效。脆弱指数促使城市和住房部门快速行动，首先救助最脆弱的流浪者。

与此同时，坎尼斯和洛赞还听说了一个极为成功的项目，叫作"十万条生命行动"。在短短18个月的时间内，这个活动就成功阻止了十万次由于医疗事故导致的意外死亡。这迅速发展成一项全国性运动。这项运动倡导，医院要首先关注六件事，包括注意病人血压下降，及时使用抗生素，防止肺炎等。这些程序虽然看起来简单，但通常需要护士、临床医生和外科医生开展跨部门合作。如果没有合理安排优先等级的话，在忙乱的时候这些关键的步骤很容易被漏掉。

坎尼斯在回忆跟洛赞见面的场景的时候说："我们俩隔着屋子相互点头致意，好像在说：'我们能够跟流浪者做到这一切。'

我们请健康救助提升中心对我们进行大规模培训，并且调整相应的策略和技术。"2010 年，共同点发布了自己的十万家庭项目。这个项目计划到 2014 年 7 月，为全国十万个最脆弱的人提供住房。这个项目专注于在多个部门之间协调资源分配问题，包括住房管理部门、宗教信仰组织、公立医院、当地企业、非营利组织、房屋业主、房地产开发商、慈善家以及相关市民。新加入的社区几乎都在纽约州之外，社区负责人首先参加了由四部分组成的线上研讨会，之后是三天高强度的关于如何使用脆弱指数调查的培训课程。这些社区随后就可以独立展开"注册周"行动，确认街道上每个流浪者的身份，然后搜集相关信息，让他们有稳定的住房可以居住。

洛赞在 2011 年，推出了社区解决方案，作为项目的衍生组织，这一举措带有洛赞典型的坚决风格。社区解决方案专注于在纽约之外传播相应知识。从 1990 年开始，共同点已经为流浪者运营超过 3 000 间房屋，[60] 洛赞在回顾这一切的时候表示："让我感到忧虑的是，我们应对问题的方法本身就有局限性。这些方法确实不错，而且做出了真实的贡献，但每个倡议都要花费 4~5 年时间，而且要花费 4 000 万美元。我们就是靠这些出名的，但这种模式无法大规模复制。"但是通过社区解决方案，截至 2012 年 11 月，已经有 173 个社区注册加入十万家庭项目。这些社区进行了超过 3.5 万次调查，帮助超过 2.2 万名流浪者住进稳定的住房。一年之后这一数量增长到 7 万人，据估计 88% 的租户居住的时间能达到一年或以上。到 2014 年 6 月 11 日，这个项目已经让 101 628 人从街头住进房子里，提前实现预定目标。

这一年，建筑和社会住房基金会与联合国一起，提名社区解决方案竞选世界人居奖。这已经是洛赞第二次获得这一奖项，第一次还是 15 年前她在共同点工作的时候。洛赞解释说："通过传播行之有效的方法，并且与当地利益相关方合作，我们最终能以一种独特的视角看待美国的流浪者。如果你想了解这个国家某一种类型的流浪者，我们可能会给你答案。"

进行创意跳跃

牛顿曾说过："没有大胆的猜想就没有伟大的发现。"通常来说，创新者勇于探索，承受着失败的可能与危及自己安全和声誉的风险。他们拥有与常规格格不入的梦想。他们花费大量时间和金钱探索未知，不断面对失败的挫折。但一旦他们获得成功，他们个人的观点很快就会成为新常态。他们个人的故事就会被当成具有正统性的史诗故事。他们开始成为历史的一部分。但事实并非仅仅如此。一项新的实践要想获得大规模传播，需要众人齐心协力将专业理解汇编成明确的知识，转化成其他人易于操作的指令。曾经少数人独有的专业知识，被转化为大规模传播的知识。共同点的故事既是解决一个奥秘的故事，也是知识自动化的故事。刚开始的时候这只是时代广场的一次午夜盘点，但最后成为一项全国性运动，改变了 10 万人的命运。其中的核心就是脆弱指数，将晦涩难懂的专业知识具体化，让全国其他地区经验不那么丰富的人也可以使用。脆弱指数让我们回到本章开头提到的问题，也就是从定义上来说，开创新道路是一项独属于人类的事业。

机器学习以及大数据等关注的是相关性，而非因果关系。它们没有内在的世界模型，能够可靠地区分真相和谎言。在 IBM "沃森" 的外壳之下，算法能够建立许多具有统计学重要意义的关系，但它无法解释为什么会如此。在法律或哲学中可以察觉的事实，可能无法应用到心理学领域。要想在市场营销、消费者欲望、流行艺术甚至是 App 用户界面等领域取得重大突破，创新者仍然需要理解人类经历，报纸文章，以及人们如何反应、对话以及抱怨的故事。要提取社会领域隐藏的和模棱两可的意义，需要的不仅仅是大数据，因为大数据通常广泛、浅薄而且缺少感情内涵，我们还需要小数据——有关个人的内在深层信息，比如当一个患儿在医院等待做磁共振检查的时候，他表现得有多么害怕。[61]

我们评估计算机系统性能的方式，也会产生误导。机器智能这个概念就很奇怪，而且也没有明确的定义。科学家习惯于用人类难以处理的任务评估计算机，比如下国际象棋、围棋以及参加《危险边缘》等。这些任务对人来说是非自然和困难的，因为它们需要深思熟虑和规划，在人类的进化史里，我们最近才获得这种认知能力。这些任务并非人类智能进化的方向，人类的进化方向是在有限的计算能力下，使用感知到的有限数据做出快速决定。因此，计算机玩象棋玩得更好，但它无法识别对手的脸。这也就是为什么在网络验证时仍然使用验证码，因为我们识别波动、扭曲的字母的能力比计算机更强。验证码能让我们证明我们是人类，而非机器人，这正好是反过来的图灵测试。[62] 正因为在识别物体以及理解细微差别方面，人类比最先进的机器人都更加机智和灵活，所以不管是玩象棋还是解决真实存在的问题，人机结合都比单独一方工作的结果要好。[63] 你可以使用所有尖端科技开发出最新的机器，但它仍无法打败与人类一起合作的一般机器。未来就是把机器的性能与人类的意识融合到一起。

因此，我不支持那些怀旧，想回到没有人工智能时代的人。正如我们之前所见，洛赞在发现长期流浪者的核心问题之后，她和坎尼斯提出了脆弱指数，这是其新智慧的核心要素。将隐性知识汇编化之后，能够促使创新沿着新轨道进一步发展，让其他社区也能够模仿共同点的做法，最终的成果就是十万家庭项目。我们不需要沃森或者阿尔法围棋来汇编知识。社区解决方案通过脆弱指数，用自己的方式传播了一种新实践，将一个依靠直觉、习惯和过时实践的行业，转变成一门依靠客观衡量标准的应用科学。实际上，社区解决方案后来与硅谷一家计算机软件和服务公司帕兰提尔科技合作，开发了一个在线平台，能够自动将脆弱指数评估的结果与当地可获得的房屋进行匹配。它不仅能够确认最脆弱的人，还能够将曾经非常耗费时间的房屋匹配过程自动化。供应会自动满足需求。《经济学人》认为社区解决方案"就像是爱彼迎一样"。[64]至于洛赞，她已经决定去纽约布鲁克林区布朗斯维尔调查，这里的问题更加棘手。虽然布朗斯维尔拥有全国最大的公共住房项目之一，但历史上这里无家可归的家庭的比例非常高。社区解决方案创建了布朗斯维尔合作项目，帮助脆弱的人以家庭为单位获得稳定住房，改善他们在原来居住地区的生活。这个项目计划在家庭失去住所之前，就预先阻止这种事发生。

所有这些案例都驳斥了大数据和机器学习将会统治一切的言论，并且表明虽然自动化必将取代具体的专业技能，但更多通用目的的工作将会涌现。在20世纪早期，美国电话电报公司有成百上千个电话操作员，他们手动操作电话交换机。当电话交换机系统实现自动化之后，电话接线员的工作也不复存在。[65]取而代之的是办公室前台的职位，几乎所有公司都设立前台职位，负责回答人们的问询以及转接电话信息。与之相同的还有自动取款机，它能够完成银行出纳员的日常任务，让银行开设分支的成本降低。银行能够开设更多支行，因此雇用的出纳员实际上增加了。[66] 在拖拉机取代手扶犁之后，我们能够生产更多粮食。在纺织过程机械化之后，纺织制造业的人力出现饱和，但工人可以去制造汽车、飞机、火车以及摩天大楼。几个世纪以来，新发明一直在取代人力劳动，但科技不断地提高我们的生产力，人类的生活水平一直在提升。从长期来看，更高的生产力能够促进而非削弱就业。我们该如何促进这种转变是一个社会问题，已经超出本书讨论的范围。但在这样一个社会中，我们完全有理由满怀希望。

还有最后一项辅助性的证据。由波士顿大学经济学家詹姆斯·本森主持的一项研究发现，工作机会与自动化通常是齐头并进的，自动化创造了更多就业而不是摧毁就业。[67] 最近的其他研究结果也证实了这项发现。许多企业都建立了人工智能系统，它们发现不管是建造还是运行这些系统，人类都需要在其中扮演活跃角色。[68] 这恰恰是重点：机器自动化与人类之间是互补关系还是取代关系，这是一个选择题。对企业来说当务之急也很明显。高管必须给知识工作注入更多创新，与此同时还要使所有程式化的东西实现自动化。通用电气的道格证明了这一点的重要性。共同点的洛赞证明了这种可能性。而宝洁的克劳迪亚证明了这能够大规模实现，如图 6-1 所示。

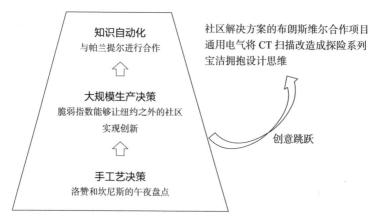

图6-1　自动化之后的创意跳跃

当有学生问到该如何在这个快速变化的世界实现成功时，雷富礼建议采用跨学科的方法，融合"艺术、科学、人文科学、社会科学以及语言学"。这位宝洁前CEO在赫芬顿邮报上撰文表示："锻炼大脑的灵活性能让一个人发现并接受新变化，在总是快速变化的环境里，这是成功的保障……学习广泛的人文课程，能让学生获得概念性、创造性以及批判性思考技能，而这是一个人大脑敏锐的基本元素。"[69]

因此，在智能机器时代，什么是高管必须做的呢？关键就是要尽量将常规的认知任务自动化。将你的员工从烦琐的任务里解放出来，以此利用他们基本的人类优势，创造性地解决下一个前沿问题。

对第二部分的反思

三个关键点正在改写竞争规则

为了制定一个综合性的战略，每位有领导力的领导者都必须问以下问题：我生活在一个什么样的世界？这个世界最大的趋势是什么？我该如何调整企业的活动，让企业能够最大程度利用这种趋势，避免最糟糕的结果？第一部分向我们展示了历史的威力，历史就像是一块棱镜，帮助我们理解过去并跳跃到新的知识领域。第二部分展望未来，指出两股相互交织的趋势正在推动所有公司进入 21 世纪：这就是智能机器势不可当的崛起以及无处不在的连接性。当新技术产生之后，我们的社会也会转变，我们未来的工作方式也会转变。我们已经看到连接性有利于去中心化模式的创新；智能机器会将专业知识自动化，因此管理活动仍将是人类的领域，但这需要更高程度的创意、社会理解以及同理心。

机器智能正在进化

人工智能现在的发展历程，跟早年电力在制造领域取代蒸汽机差不多。在 19 世纪末 20 世纪初，大部分纺织厂仍然使用流动的水和水轮作为动力。使用蒸汽机的工厂必须装配滑轮、皮带、传动杆以及一系列复杂的齿轮系统。工厂基本上围绕一个拥有严格限制的蒸汽机而建，严重影响工作的流程和效率。有趣的是，当工厂主开始采用电力的时候，工程师无法想象今天这样的流水线。与之相反，他们将电动机集中安置，没能利用电动机在优化流程方面的去中心化力量。直到 20 多年之后，工厂主才能够充分利用电力的优势。

如今，大型企业仍然将人工智能当成一项减少成本的措施，能够在文件处理方面取代人类劳动力。虽然这一点也很重要，但其最大的潜力很可能影响更加深远，自主学习的算法在协调经济交易方面可能发挥更大作用，包括能源管理、医疗保健、金融、法律、交通乃至于我们生活中的所有事物。

公司必须押大注

一个决策在被证明错误之前，看起来总是不错。为了促进依据证据的决策制定，管理者必须经常进行试验以减少自己的无知，并且根据一定的熟悉程度得出结论。他们必须首先确定关键性的假设，然后通过严格的试验进行验证。像腾讯、共同点以及瑞可利集团等公司在走到最后的关键时刻之前，都不断演化，进行过大量的试验。这就是在面临不确定性时的战略过程，我们必须创造足够多的机会让相关证据显现，一旦这种证据变得明确，我们就必须全力以赴。

最能威胁大型复杂企业的问题，就是集团内斗和集体不作为。这就是为什么坚定的最高层管理者必须准备好介入其中，在需要的时候发出新的指令。正如我之前提到的深潜，最高层管理者必须在关键节点亲自介入，运用自己的权力克服障碍。深潜跟微观管理不一样，它是依靠知识的力量而非地位的力量。

大型企业在重新配置和连接自己的时候，还面临最后一项组织障碍，下一章也就是最后一章将会讨论如何将自上而下与自下而上两种方法结合起来，以解决这个问题。

第三部分

接下来该发生什么

第七章
从远见到组织化的行动

别问经理"你的策略是什么",看看他们在做什么!因为人们会假装。

——安迪·格鲁夫(1936—2016),英特尔前 CEO 和董事长

一台非常非常小的电脑

有句话叫作"如果你不知道自己要到哪里去,那么每条路都能把你带到目的地",这句话说明了经理人塑造自己的世界观的重要性。但知道并不等于执行,因此,光有远见是不够的。由于战略和执行紧密地交织在一起,因此除非将想法转化成日常的行动和运营策略,否则创新者还是有被后来者取代的风险。尤其是在动荡时期,CEO 的角色要超越战略规划层面,深入推动战略执行。

　　施崇棠对自己公司生产的笔记本电脑一点儿也不满意。那一年是 2006 年，距离苹果公司发布第一代 iPad 还有四年。身材矮小的施崇棠是一个佛教徒，他自 1993 年起就一直领导着台湾的电脑制造巨头华硕公司。周末的时候，员工经常会发现，施崇棠会去苑里镇周边的一座寺庙当义工，他穿着衬衫和卡其裤，跟其他头戴草帽的农民一起干活。[1]

　　但施崇棠也有争强好胜的一面，这种勇于争先的精神跟禅宗的风格不太一致。佛教徒在冥想的时候不会思考科技和商业，但据说施崇棠经常这样做。[2]施崇棠有一次谈起安迪·格鲁夫写的畅销书《只有偏执狂才能生存》时说道："如果你想成为第一名的话，那么完美主义者和偏执狂有什么区别吗？"[3]

　　正如我在第四章中所说，个人电脑是一种非常复杂的产品，然而在现代制造业体系中，其生产流程非常简单。一台电脑由标准主板、连接器、电源、显示器、键盘以及触控板等部件组成。在 20 世纪 70 年代末期，台湾许多公司利用低成本劳动力优势生产主板。

　　1989 年，四名工程师从台湾宏碁电脑公司辞职，创办了华硕电脑公司。施崇棠也是宏碁公司的老员工，他在 1992 年辞去了宏碁公司研发部门主管的职位，加入当时仍然是一家初创企业的华硕公司，担任其 CEO。[4]到 2005 年左右，华硕已经成为世界上最大的主板制造商。该公司还拥有庞大的合同委托制造业务，服务一系列国际客户，包括索尼、IBM、戴尔、惠普等大客户。但施崇棠野心勃勃，他希望把华硕打造成一个拥有全球知名度的自主品牌。他抱怨说："我认为台湾人没有接受过良好的培训，以发挥自己内在的创造力。"[5]

2006年10月，施崇棠宣称传统的电脑变得过于复杂，需要大幅简化。传统的电脑开机需要三分钟，需要大量的内存和存储空间，还需要一个强大的微处理器。施崇棠认为，一台更加简单和便宜的电脑将会成为未来10亿用户的选择，新的消费者群体囊括孩子、老人、家庭主妇以及青少年等。

问题在于，开发这样的电脑会偏离华硕传统的定位。华硕公司的口号是"华硕品质坚如磐石"，这句口号体现了华硕20年来的追求，即培养质量意识以及在电脑行业领先的技术实力。有些人之所以没有电脑，主要是因为电脑太贵，或者令人望而生畏。现在公司却要为这些大众群体开发一款产品，这将极其困难甚至是完全行不通。

施崇棠没有简单地将这个任务甩给属下，而是亲自参与到Eee电脑的开发过程中。CEO电脑也被称为上网本。施崇棠作为董事长扮演了项目经理的角色，一直延伸到运营层面。在一开始的三个月里，他跟一些工程师一起讨论产品概念，采用人类学研究的方法调研终端用户，而不是采用主流电脑厂商非常依赖的市场研究。

由于微软的操作系统授权费太高，会使产品的价格超过 300 美元，因此施崇棠的团队使用免费和开源的操作系统——Linux 开源系统——开发新的用户界面。然而，接下来内部团队不断开会讨论用户界面设计，整个项目进展缓慢。随后施崇棠将工程师团队带到台北的一个温泉度假地，让他们能够完全不被打扰。在这两天的时间里，他们不用接触电子邮件、电话，也不用和总部的同事开会。这些来自不同团队的软件程序员、工业设计师以及硬件工程师通力合作，只要关注如何设计用户界面即可。对许多人来说，这两天的时间最后发展成了 6 个月的尝试。产品副经理陈增回忆说："我们没有足够的经验，所以犯了许多错误，导致延误。我们都被扔到一个大房间里，去整理我们的信息。2007 年 6—12 月，我们一直待在那个大房间里。"事实证明，这种通力合作至关重要。它不仅提高了团队的活跃度，还改变了团队的很多互动模式。在 Eee 电脑开发过程中，这种高效的跨领域沟通很快就成为团队的标志。

当施崇棠后来得知，没有供应商能够提供达到团队要求的操作系统时，他让员工放眼全球，寻找有能力的合作伙伴。后来成为华硕 Eee 电脑部门总经理的胡书宾回忆说："施总让我们不要局限于公司内，或者局限于亚洲，而是要放眼全球寻找有才华的人。最后我们找到加拿大一家公司，这家公司有兴趣跟我们合作开发用户界面。因为我们的时间很紧，把很多供应商都吓跑了，所以我们当时很难找到潜在的供应商。"这是华硕第一次与亚洲以外的软件公司合作。

可能最有戏剧性的地方就在于，当新的上网本即将推出的时候，施崇棠同意了一项倡议，决定绕过公司质保部门进行最终产品测试。华硕开展了一项"千名用户测试倡议"，免费将产品分发给员工的朋友和家人进行测试。由于上网本的使用方式跟传统笔记本电脑大相径庭，因此几周时间内这些用户就反馈了大量问题，这些问题是传统的测试程序无法发现的。

Eee 电脑于 2007 年 10 月正式在台湾地区推出，当时的定价是 340 美元，这些产品在 30 分钟内销售一空。由于华硕生产的上网本供不应求，第二天公司股价就上涨了 4.9%。上网本在台湾首秀之后，很快在全世界其他地区上架，而且成为亚马逊2007 年假期购物季消费者最想要的礼物。上网本在美国的需求也非常强劲，包括百思买和梅西百货等大卖场都想销售这款产品，这使得华硕的其他产品，如传统的笔记本电脑，首次实现了分销。这家台湾电脑制造商最终进入惠普和戴尔的领地，它凭借的并非销售某些高端大气的产品，而是专注于生产简单的上网本。

战略究竟是如何运转的

天才和自大狂之间只有细微的差别。著名的硅谷里有很多拥有创业精神的 CEO，他们拥有令人印象深刻的性格，总是亲自推动业务发展，并且能够忍受其他人难以忍受的工作时长。这些CEO 通常都非常痴迷于产品的细节，并且坚持让其他高管也这样做。从宝丽来的埃德温·兰德到苹果的史蒂夫·乔布斯，从亚马逊的杰夫·贝佐斯到特斯拉的埃隆·马斯克，这些人已经将个人的色彩融入公司的每一个角落。他们之所以被人们崇拜，既因为他们能够创造出人们渴望的东西，也因为他们痴迷于产品设计的细节。

苹果在 2001 年 10 月首次发布 iPod，这次发布旨在达成乔布斯设定的自上而下施加的几乎难以实现的项目目标。为了在项目截止日期前完成任务，硬件部门负责人乔恩·鲁宾斯坦不得不迅速组建了一支工程师团队，专门负责将标准化的第三方配件集成进 iPod 的软件包里。[6] 这些限制迫使 iPod 项目团队尝试一种新的工程方法，不仅能够在既定时间内实现产品功能，也能够大幅降低成本，几乎不需要在产品开发前期进行投资。正是这种至关重要的标准，让苹果能够从这个并不昂贵的产品中获利，因为相比 Mac 电脑，iPod 拥有更短的产品生命周期以及更低的利润。

乔布斯除了控制项目进展外，还深入执行层面。有员工说，如果"CEO 按三下按钮还无法找到他想要的歌，他就会变得非常暴躁"[7]。重要的是，iPod 的主要优点不仅在于其优雅的工业设计，还在于其辅助软件 iTunes。据说乔布斯坚持要求 iTunes

的用户界面要模仿 Palm 公司的 HotSync 软件，只有这样 iPod 才能够无缝地将歌曲从 iTunes 转移过来。[8]

一年之后，当产品团队忙着发布能够兼容 Windows 系统的 iPod 时，乔布斯则首先站出来劝说大型唱片公司，让它们把音乐拿到网上卖。他为了实现每首歌 99 美分的定价方案，亲自向重要的唱片公司高管、著名歌手以及作曲家展示产品。苹果公司提供了一个合法的在线音乐市场，让唱片公司能够应对奈普斯特等网站猖獗的盗版行为。而且乔布斯让唱片公司得到大部分的在线收益，几乎接近音乐销售额的 80%。苹果公司并没有用 iTunes 获利，而是在内部将其定位为辅助性的基础设施，是为了推广 iPod 进行的投资。

因此，乔布斯或者施崇棠的行为是任性的干预吗？我们对这种管理行为又该如何解读呢？在什么情况下，我们可以将 CEO 的干预看成是有目的的行动，是为了克服组织的惰性以及促进长期的适应性？或者简单来说，CEO 微观管理的功能性角色是什么？

* * *

1975 年，波士顿咨询公司向英国政府提交了一份里程碑式的报告——《英国摩托车行业的战略备选方案》。[9] 这份报告长达

150 页，详细讲述了本田如何采用独特的制造战略——包括削减成本、提升销量以及降低价格等手段——开拓北美市场。在这期间，本田持续降低价格和减少成本，直到其依赖销量，在摩托车市场占据主导地位。

除了低成本、高销量战略外，本田还采用独特的设计，开展吸引人眼球的市场营销活动，建立强大的零售商和供应商网络，以此满足其最主要的目标用户群体——休闲摩托车爱好者——的需求。总之，本田的发展历程就是坚持不懈地追求精致的工艺，再加上一丝不苟地执行深思熟虑的战略。但波士顿咨询公司提交的报告有一个问题，那就是事实并非完全如此。

1959 年，本田派遣 39 岁的经理川岛喜八郎去美国开拓摩托车市场。[10] 随着第二次世界大战结束，本田经过一番努力之后终于成为日本国内领先的摩托车制造商。当时日本仍然处于重建和摆脱贫穷的阶段，在快速扩张的城区，司机仍然使用小巧但耐用的本田摩托车送货。

当时，美国的摩托车市场一年能卖 5 万~6 万辆摩托车。一些老牌玩家主宰着这个市场，包括哈雷戴维森、宝马、凯旋、莫托古兹等。[11] 当川岛喜八郎和另外两个同事来到洛杉矶时，他的任务是出口三种型号的摩托车，分别是超级幼兽（排气量 50 毫升）、Benly（排气量 125 毫升）和梦想（排气量 250 毫升和 305 毫升）。川岛喜八郎后来说："我们当时没有什么策略，只是想看看能不能把这些东西在美国市场卖出去。"[12]

这场冒险从一开始就让人感到挫败。消费者觉得本田的摩托车没有什么明显的优点，零售商则不愿意跟不知名的品牌合作。最后川岛喜八郎终于向十几个供应商推销出去上百辆较大排放量的摩托车，[13] 但结果非常糟糕。东京的工程师在设计摩托车的时候，没考虑到美国骑手骑摩托车的习惯。因此，在美国的州际高速公路上，本田摩托车经常出现引擎故障、离合器磨损以及机油泄漏等问题，而且通过空运的方式将摩托车从洛杉矶运回东京维修，费用高昂，几乎导致本田破产。

在此期间，蒙哥马利-沃德和西尔斯百货公司曾提出，在户外动力装备区销售本田小排量的超级幼兽型号摩托车。奇怪的是，本田团队毫不犹豫地拒绝了这一提议。美国团队之前与总部达成的方案是销售大排量型号摩托车，他们太过痴迷于这一方案，即使这一战略正在走向失败。

有一天，心烦意乱的川岛喜八郎骑着超级幼兽摩托车去附近山头散心。他觉得在泥土路上骑摩托车非常解压，他的两个同事也开始效仿他。有人看到他们三个人在泥土路上骑摩托车之后，开始问他们在哪儿能买到这种摩托车。川岛喜八郎出于礼貌，特地从日本进口了一些超级幼兽摩托车给这些美国邻居。摩托车爱好者的热情开始高涨。一开始尝鲜的人继续骑这种摩托车，后来这种摩托车的名声快速扩散。更多的人喜欢上这种小型摩托车并加入泥土路摩托车骑行队伍，骑着摩托车在城镇闲逛。在美国的本田经理过了一段时间才发现，他们差点就错过了北美这个全新的市场。专门为休闲越野骑行设计的摩托车在这里很有市场，而且排气量 50 毫升的超级幼兽型号恰好非常合适。

洛杉矶团队在获得更多证据之后，开始劝说日本总部改变原来的战略。本田最好放弃目前追求的大排量摩托车市场，而是专注于公司无意间创造的新的市场机遇。[14] 当然，这些偶然事件背后，是本田一流的工程设计以及制造工艺，这些反过来也能让本田继续降低成本并提升产品质量。而且超级幼兽的价格比大型的哈雷摩托要低 3/4，所以其消费者也都是普通消费者，他们对大型或者是马力更强劲的摩托车没有多少兴趣。

事后来看，本田一开始就低估了美国市场。本田在 1959 年估计，它能够占领 10% 的市场，每年的销量能够达到 55 万辆，每年的增长率能够达到 5%。但到 1975 年，本田的市场年均增长率达 16%，销量达到每年 500 万辆。这一切都得益于超级幼兽型号在美国的成功，这是本田没有预料到的事情。

牛津大学赛德商学院教授理查德·帕斯卡尔曾写道："其他日本汽车企业高管也欣然认同，企业的成功并不是因为企业高层中某些人的远见。企业的成功是通过那些谦逊的高层管理者实现的，他们一开始不会把自己最初的战略定位看得太重。日本人不会使用'战略'来描述商业定义或者竞争性蓝图。他们更多地使用'战略性适应'或者'适应性坚持'来强调他们的信念，即认为企业是通过渐进性调整来寻找前进方向的。"[15]

深思熟虑的战略和新兴战略

本田的案例阐释了战略制定与执行相互交织的关系。[16] 在大多数情况下，当经理人做决策时，他们遵循的是深思熟虑的战略，这个战略是在现有知识、经验以及指导公司的战略意图的基础上制定的。结果都是用定义精准的标准来衡量的。经理人需要对他们的行动负责。即使在最有创新性的公司里，员工的精力和努力也是通过一套补偿和奖励系统来引导的。丰田可以根据产品缺陷减少的程度来衡量其是否成功，谷歌则根据搜索结果的准确性来衡量，脸书则依据用户数量的增长规模来衡量。所有这些指标最终都会转化成收益和利润，为公司提供新资源以投资新一代产品和服务。在这种已知最有效的工作方式的控制环境中，目标必须被清楚地阐述出来，执行也必须准确。

此外，执行深思熟虑的战略也不是没有挑战，而且它也不会剥夺管理人员发挥创造力的机会。如果仔细研究丰田的生产体系，我们会发现，日本制造商用来生产世界一流产品的工具充满创新。生产线工人会组成质量小组，来确认生产问题的核心根源。他们会在没有高级管理人员详细指令的情况下，在现场开展小规模试验。工人在找出有效的解决方案之后，会立即在全公司进行传播。总之，在准时制生产以及全面质量控制等体系之下，普通员工也能够发挥自己的聪明才智，最终产生巨大影响。

埃德·卡姆尔是皮克斯动画工作室的总裁，曾经制作出《玩具总动员》《机器人总动员》《美食总动员》等经典动画电影，他称赞日本的质量体系，并说这种体系帮助他"塑造自己的方法，推动皮克斯向前发展"[17]。卡姆尔意识到，在整个公司释放聪明人士的创造力非常重要，此外还要授权他们解决公司面临的问题。他选择的方法，正是日本人开创的质量小组法。当执行深思熟虑战略的时候，信息要容易获取，而且要鼓励员工不断进行试验，这不仅对汽车制造巨头来说至关重要，对皮克斯梦工厂来说也同样重要。

然而，本田的故事让我们意识到另一种情况，在这种情况下信息不仅不完整，而且还未知。用美国国防部前部长唐纳德·拉姆斯菲尔德的话来说，这些情况就是"我们不知道自己不知道什么"。这时候新兴战略就必须发挥作用了。

本田的高管不可能预见到小巧的超级幼兽摩托车在美国有市场。这种小巧的摩托车在设计的时候，主要考虑的是要在东京等拥挤城市的狭窄街道上穿梭。高大的美国人只会在宽阔的高速公路上驾驶大型摩托车。本田的可取之处就是，它恰好发现而不是预测了一个新兴的趋势，然后利用这一趋势，最终导致越野摩托车需求的爆发式增长。本田之所以获得成功，主要是因为管理者能够识别一个意想不到的商业机会，而不是因为不屈不挠地执行深思熟虑的战略。这就是新兴战略的核心定义。

阿马尔·毕海德教授曾追踪了 400 名哈佛商学院毕业生的创业历程，这项研究证明了新兴战略的重要性。[18] 大部分人的创业都不出所料地失败了，但在成功的人群里，由于原来的战略没有可行性，有高达 93% 的人都放弃了一开始的战略。这些创业者必须将一开始筹集到的资金用在别的地方。换句话说，成功的初创企业必须打破他们一开始向投资者做出的承诺，做一些不同的事情。那些坚持原来战略的企业，最终都会危及自身发展。尤其是当风险资本要求初创企业必须快速扩张，而不给它时间进行重新调整时，这种错误的坚持就会变得格外明显。毕海德写道："资本如果要求初创企业快速扩张，变得非常庞大，那么几乎总是会将企业推下悬崖。"[19] 那些将所有钱都花在最初成功机会渺茫的计划上的公司，最终都失败了。因此，初创企业的成败，并不取决于他们是否一开始就做对了，而是取决于他们能否及时发现错误，改变方向。当他们发现前进方向错误时，他们还要剩下足够的钱来重新开始。

这就是为什么著名创业家埃里克·莱斯支持"精益创业法"。[20] 这种方法是指企业要尽可能抓住机会学习并获得市场先机，使用最少的资源来实现新技术的市场商业化。对创业者来说，最大的风险就是太过痴迷于制造完美的机器，结果市场却不断发展，最后他制造出来的产品无人问津。更好的办法是制造一个拥有简易特征的可行性产品，用行业术语来说，就是最小可行性产品。最小可行性产品能让管理层尽快实现开发—评测—学习的循环。速度非常重要，尤其是在高科技领域。而对那些想要与初创企业竞争的大公司来说，它们必须首先像初创企业那样行动。大量证据表明，现有企业要想成功实现颠覆性创新的商业化，就必须采取结构性分离的方法，以此管理整个战略过程。也就是说，管理者必须获得一定的自主权，以独立的团队形式开发颠覆性的商业模式。现有主流企业有时候会过于传统，而且非常拖沓，因此最好的办法就是尽量减少新业务与原有业务的接触，以免后者扼杀前者。当然，拥有自主权的团队不一定会成功，但这是必要条件。

全面去中心化的问题

商业学术研究领域的大量深入研究已经证明，在公司内部的资源分配过程中，大多数战略倡议都是自下而上驱动的。[21] 为了消除当前成就与目标之间的差异，比如产品生产能力不足或者市场机遇不明显等，运营经理必须明确项目提案的细节。

对于得到支持的提案，中层管理人员（部门或者分公司高管）必须进一步推动那些他们觉得最有希望的方案。在这个过程中，他们必须利用自己的信誉和影响力。因为他们是最了解企业和经理人的高管，所以他们决定选择或者忽略哪个提议，就会决定哪个提议最终能够获得资金支持。

因此，最终决定事态发展趋势的是资金以及执行类型，而非战略研究或者顶层管理人员的声明。一项倡议在正式获得公司层面的认同之前，多层选择的过程就已经开始。定义以及选择过程已经深深融入公司的运营和融合层面，将会从根本上决定战略能否实现。这种自下而上的过程的效果非常强大，因此，底层管理人员才应该被视为真正的变革捍卫者，而顶层管理人员最多只能在事后承认这些将公司推上成功道路的意外事件。[22]

就跟本田的例子一样，在战略变革中顶层管理人员的作用就是"愿意承认并且利用自下而上的战略倡议，而非忽略它们"[23]。顶层管理人员能够采用的影响手段也是间接的，比如，影响组织对外部威胁的认知，[24] 或者是在面临阻碍时授予团队自主权。[25]

事实上，谷歌结构体系中最令人赞叹的一个特征就是去中心化。不管是在线搜索还是安卓系统团队，各个团队都拥有无限制的自由，可以独立工作，谷歌大部分产品也都是自主进化的。[26] 谷歌创立了著名的 20% 额外时间制度，每周拿出一天来，让员工从事他们核心工作之外的项目。大量伟大的产品，包括谷歌邮箱以及谷歌地图，就是这样被开发出来的。[27] 公司创始人埃里克·施密特以及拉里·佩奇还鼓励员工参与"登月计划",开发比竞争者优秀 10 倍的产品和服务。佩奇表示:"人们当然都想从事他们觉得不会失败的工作。但渐进式提升随着时间发展必然会落伍。尤其是在科技领域,变革都是跨越式发展。"[28] 合计来看,从某种程度上来说将近 70% 的项目支撑着谷歌的核心业务,20% 左右是新兴商业理念,还有 10% 是预测性试验。[29]

谷歌虽然进行了大量试验,但没有让公司陷入混乱,其原因就在于公司拥有定义清晰的战略:免费提供产品,快速扩大消费者群体,提高用户使用率,挖掘用户数据,然后卖广告。这一导向用于在组织的各个层面分配战略任务。谷歌的企业战略变成了深思熟虑的新兴战略;而且自从谷歌成立以来,广告收入就一直是其支柱。谷歌每年的收入是 600 亿美元,实际上是世界上营收最高的广告公司,远超新闻集团的 69 亿美元、赫斯特集团的 40 亿美元,以及时代集团的 29 亿美元。[30] 谷歌 2015 年只有 80 亿美元的收入来自非广告业务。因此,每当谷歌想要偏离这个成功的秘诀时都会遭遇失败,也就不奇怪了。[31]

早在 2012 年,谷歌就以 125 亿美元的价格收购了摩托罗拉,想要进入硬件业务领域,但最终谷歌以 29 亿美元的价格将摩托罗拉卖给联想。[32] Nest 是一家初创企业,谷歌以 32 亿美元的价格收购了这家公司,但其发布的首款产品——智能温度调节器——惨遭失败。[33] 此外,谷歌的 Nexus 平板也没有成功。谷歌的光纤部门想要推广超高速互联网服务，这个业务也失败了。[34]
即使谷歌眼镜大受追捧，被誉为增强现实时代的到来，最后也
完全失败。[35] 最引人注目的谷歌自动驾驶汽车项目也陷入了停滞，
最后被优步和特斯拉超越。[36] 好像谷歌总部有一只看不见的手一
样，挫败所有与广告不兼容的业务："如果你不能马上在这上面
打广告，我们就会立即把它砍掉。"去中心化创新就是这样遏制
一家公司的，对谷歌这样的公司来说也不例外。不管我们用臭鼬
工厂、精益创业还是其他什么技巧来管理企业风险投资，如果顶
层管理人员能做的只是将一堆聪明人放到一个黑暗的房间里，给
他们一些钱然后走开，希望以后会有奇迹发生的话，那么顶层管
理人员的作用就微乎其微。幸运的是，我们还有另一种管理创新
的方式。

有用的干预还是无效的干涉

　　气候温润的西雅图位于阳光明媚的硅谷以北 800 英里处，冬
天的时候这里阴湿寒冷，大多数时候没有太阳，亚马逊的总部就
位于这里。亚马逊跟谷歌一样，有一长串失败的项目，包括"亚
马逊目的地"（酒店预订平台）、Endless.com（高端时装）以及
WebPay（端对端支付）。[37] 亚马逊 CEO 杰夫·贝佐斯曾说："实
际上，亚马逊曾在失败的项目上花了几十亿美元。[38] 这些事让

人感到不快，但它们都不重要。重要的是公司没有继续试验下去，或者坚持到最后，等到一切都难以挽回的时候，公司只能放手一搏。我不相信将公司前途都压上去的放手一搏。"亚马逊跟谷歌不一样的地方在于，贝佐斯会亲自参与亚马逊的众多试验项目。知情人曾透露，贝佐斯是最高级别的产品经理。还有一个人透露："我曾看到他跟工业设计团队一起进行头脑风暴，还跟用户界面团队讨论字体以及互动内容等。[39]贝佐斯拥有广阔的视野，能够融合每一个购物环节的体验。"[40]

亚马逊自从1997年公开上市以来，已经收购了将近80家企业，[41]衍生出大量新业务。公司一开始的时候只是卖图书和CD。随后开始卖时装、视频、音乐、企业云计算、电子书、有声书以及智能Wi-Fi音箱。最近亚马逊还进入高端零售和生鲜杂货行业，收购了全食超市，提供提前处理过的生鲜食材和即食菜。

考虑到亚马逊业务的多元化，不同业务通常都采用不同的资源、独特的过程以及利润公式，为终端消费者提供有说服力的价值主张。其中一些业务出售硬件，另一些出售服务；一些是企业对消费者模式，另一些是企业对企业模式。所有业务遵循的信条都不同。在这一切增长的背后，贝佐斯是最后的裁决者，是他打破所有规则让企业资源继续流动。

当亚马逊在智能手机行业受挫之后，贝佐斯公开承担自己的责任。亚马逊推出的Fire智能手机，能够调动多个摄像头模拟 3D 场景，用户移动手机就能够改变画面。这可能是聚会上一个不错的吸引人眼球的噱头，但算不上一个有实际影响力的功能。而且这台手机的其他功能也都是围绕亚马逊自己的服务设计的，所以其最大的卖点就是能够提升用户在亚马逊的购物体验。此外，更让消费者疑惑的是，这台手机的第三方应用非常少。一年之后，贝佐斯不得不终止这个项目，此时这个项目已经花费了 1.7 亿美元。还剩价值约 8 300 万美元没有卖出去的手机，只能放在仓库里吃灰。公司位于硅谷的研发中心 126 实验室曾开发了 Kindle 电子书阅读器，贝佐斯告诉这里的员工不要为 Fire 手机的失败感到懊恼，因为公司从中学到了宝贵的一课。

这宝贵的一课很快就被用到了亚马逊回声产品的发布上。回声是亚马逊推出的智能 Wi-Fi 音箱，相当于实体的 Siri，能够倾听和遵循用户的指令。这一产品融合了搜索引擎以及人工智能等技术，以女性的声音提供帮助。从一开始，贝佐斯就积极地督促回声项目上千人的团队，让他们加速认证第三方应用。第三方开发人员可以轻易地重复使用一些功能（比如浏览页面上的下一项、暂停正在进行的操作、回到上一项或者恢复操作），并且将这些基本功能融合成更先进的功能。向第三方人员开放一个系统可能听上去很简单，但正如第四章所提到的美国国防部高级研究计划局的案例，要为第三方人员构建一套易于操作的工具，鼓励他们使用这一套工具，是一件非常困难的事情。

寒鸦研究的创始人简·道森曾说："理论上，谷歌比亚马逊更有实现这一点的优势。"[42] 谷歌拥有强大的搜索能力以及算法，在处理非结构化和随机的问题时，谷歌的虚拟助手胜过亚马逊的回声系统。比如问："猴子的平均身高是多少？"谷歌用户可以跟语音助手进行更直观的对话互动，而不是发出语音命令。但是回声的功能多达 1.5 万项，包括使用优步打车，使用 Fitbit 查看健康数据，使用 Mixologist 查找鸡尾酒配方，以及使用达美乐订比萨等。此外，回声还可以使用其他设备制造商的应用，包括飞利浦、三星以及通用电气等。[43] 与之相比，谷歌到 2017 年 6 月 30 日只有 370 款语音 App，而微软只有微不足道的 65 款。

亚马逊拥有如此多的第三方应用，因此，在家用声控音箱市场，不论是谷歌、微软还是苹果都无法撼动它的市场领先地位。在本书撰写期间，亚马逊在这一领域的市场份额是其他三个竞争者合起来的两倍。[44] 谷歌的 CEO 桑达尔·皮查伊也承认："要想做好这一点，我们真的需要跟开发者以及第三方好好合作，只有这样才能更好地服务用户。"[45]

亚马逊影响最深远的地方，可能就是改变了人们对后台运营的理解。2012 年，亚马逊开始将自己的内部电脑服务器对外部客户开放。服务器是所有互联网公司的支柱。网飞、多宝箱或者其他任何公司，都可以花钱使用这些服务器，而不必自己搭建昂贵的服务器。这正是亚马逊云服务背后的基本理念。这是为企业市场推出的云解决方案，贝佐斯发现这样能够让后台服务器赢利，因为企业一般都将搭建服务器当成是成本负担，而不是赢利渠道。贝佐斯对这一业务志在必得，他坚持将这一平台上的所有服务建立在开放的应用程序接口上，因为这样亚马逊的服务器就可以通过标准网络协议，轻松与外部客户进行互通。贝佐斯曾在一封电子邮件里谈到这一点，这封邮件明显带有他的个人特色，他表示："任何做不好这一点的人都会被开除。谢谢。祝你今天愉快！"

这种威权策略在谷歌似乎是不可想象的，但这一措施能够打破大公司中的壁垒。

CEO 无法授权的东西

芝加哥大学著名经济学家理查德·塞勒曾在一家大公司做过一项思维试验，他让高管评估一个投资方案：假设现在子公司有一个投资机会，能够产生两种回报中的一种。在投资之后，有 50% 的机会能够获得 200 万美元的收益（预期收益是 100 万美元），还有 50% 的机会损失 100 万美元（预期损失是 50 万美元），那么有多少经理人会进行这项投资呢？[46] 塞勒还额外添加了一项保证条款，就是公司规模庞大，能够承受 100 万美元的损失。即使有几个项目没有成功，也没有一个项目会危及公司的偿付能力。

在塞勒询问的 23 名高管里，只有三人表示他们会进行这项投资。为什么大多数人会否决这项投资呢？因为如果项目成功，经理人相信他们能够得到少量奖励，但是如果项目失败的话，那么他就可能会被炒鱿鱼。他们都喜欢自己的工作，没人想冒着被解雇的风险进行这项投资。但从 CEO 的角度来看，每个项目的预期收益是 50 万美元，因此符合逻辑的答案就一目了然，那就是公司应该尝试所有投资机会，以此获得最大的潜在收益。因此，即使项目不必冒着"成败在此一搏"的风险，CEO 也必须适时进行干预，化解个别中层管理人员会躲避的职业风险。这正是杰夫·贝佐斯、施崇棠以及史蒂夫·乔布斯等人所做的事情。

在竞争越发激烈的商业环境中，企业必须迅速采取行动，因此，只有纯粹的去中心化创新模型远远不够。普通员工拥有市场知识，企业领导者必须利用自己的地位、权力向他们施加压力。这并不是为盲目的微观管理或者是企业干预做辩护，但有时候来自最高层的战略干预确实至关重要。通用电气前董事长以及 CEO 杰克·韦尔奇深知这一点："我最喜欢做的事情之一就是挑出一件事情，然后进行我所说的'深潜'。这是指你要发现一个挑战，觉得自己可以有所作为……然后用你的地位力量从背后支持它。我经常这么做，几乎深入公司各个层面。"

一旦你意识到"深潜"之后，你就会发现它无处不在。[47]

CEO 深潜

上一章我们提到，社区解决方案是共同点的衍生项目，它的新总部就位于华尔街中心，在梅登路和水街之间。现在，社区解决方案已经是一个完全独立的实体。事实上，在 2011 年，洛赞就已经辞去共同点主席的职位，任命布伦达·罗森担任新的主席，罗森之前是住房运营项目的主管。

洛赞觉得她必须将自己所有精力都放到社区解决方案的发展上，只关注知识传播，而不拥有和运营住房项目，也就是许多人所说的轻资产模式。洛赞告诉我："最终放弃共同点，并不像我过去多年以为的那样困难。我们在共同点完成了伟大的工作，为那些我们能够直接提供帮助的人运营和建造房屋。但多年来，我越来越关注那些我们无法通过这一机制触及的人，因此我很高兴通过我们的创意工作（知识传播），我们能够找到解决这个问题的方法，对我来说这种转变非常简单。"

当我听到洛赞说这些话的时候，我感到很震惊。我忍不住开始好奇，不管一项事业多么有希望，美国有多少企业 CEO 愿意放弃过去的成就，重新开始这项事业呢？人类天生喜欢熟悉的东西并且重视过去的资产。我还进一步了解到，就在洛赞彻底离开共同点之前，在社区解决方案成为一个独立的实体之前，组织就已经经历了一次深潜。

当贝肯·坎尼斯的团队刚开始聚焦并发现"长期无家可归者"的重要性时，这只不过是通过对少量样本近距离观察所做的推测。没有证据能够证明这个策略的有效性，可能除了洛赞本人之外，也没有人准备好搏一把这个想法。跟其他常规项目不一样，尽管这个项目里长期无家可归者只有 18 个人，但洛赞并没有把给他们提供住所的任务下放给员工。对 CEO 来说，与运营共同点在纽约市的三栋建筑相比，为 18 个人服务似乎是毫无意义的小事。

但洛赞不这么认为，她通过改变共同点现有的住房政策，服务于少数长期无家可归者。她向共同点在社工领域的长期合作伙伴——都市社区服务中心——寻求帮助，借助该服务中心的力量评估申请者。都市社区服务中心在管理精神病人方面更有经验，这一特长在面对新的目标群体时更加有用。洛赞还规定，共同点的住房运营项目要拿出一部分房屋提供给长期无家可归者。

但住房运营项目团队对此表示怀疑。洛赞曾笑着回忆说："每个人都表示怀疑。他们纷纷表示：'他们会成为麻烦的住户，他们会把事情搞得一团糟，他们会疯的！'"管理层之所以反对洛赞的想法，是因为他们觉得这些潜在的住户可能不会交房租，或者更糟糕的是他们可能故意破坏房屋设施。由于房屋经理负责年度预算，对他们来说这是噩梦般的场景。

洛赞为了缓解员工的忧虑并且降低他们的抗拒，同意持续追踪新住户住进来之后产生的影响。都市社区服务中心也提供额外资源，以防住户临时需要进行精神疾病治疗。洛赞本人甚至做出承诺，如果产生额外的资金需求的话，她会批准所有的费用申请。

18个月之后，这一项目几乎没有产生任何负面影响。洛赞解释说："这一次又是这样，我们本来以为能够提供的帮助最后却没派上用场。我们以为这些长期无家可归者会需要许多精神健康服务，以此让他们适应新的环境。但我们错了，在街头生活多年的人能够快速适应环境。他们已经学会在任何地方生存。办公室人员唯一的额外工作，就是帮助他们开设银行账号以及管理他们的资金。这就是他们需要帮助的地方。"

正如之前章节所说，专注于这18个独特的个人证明了为长期无家可归者提供住房能给周围带来变革性影响。这不仅仅影响了街头的18个渺小的个体，时代广场的流浪者实际上也开始减少。这种对为什么"住房优先"非常重要的准确理解，为十万家庭项目的广泛成功打下了坚实基础。聚焦于最明显的流浪者群体，并且为他们提供房屋，能够劝说其他短期流浪街头人员接受帮助。

假如有如果

现在让我们想象有另外一个平行宇宙，假如洛赞或者施崇棠没有干预，将会发生什么。假如两位领导在最初过问之后就走开了，让其他较低层级经理人负责执行后续任务，又会发生什么。

关于共同点，负责的经理在让长期流浪者住进来之前，毫无疑问首先要说服住房运营部门，与他们进行讨价还价以及协商。这种情况会轻易毁掉整个项目。

在华硕，负责的经理毫无疑问会就无数的公司政策问题，陷入漫无边际的争论之中，比如与亚洲以外的软件供应商合作，以无法接受的低利润率销售电脑，以及违反公司的质保条例，将首批产品直接分发给终端用户进行测试。这样做会耗时数月，甚至是数年时间才能让 Eee 电脑上市，从而错过至关重要的时间窗口。

正如一位产品经理所说："一度有一段时间，Eee 电脑团队之外的人都觉得这个项目已经失败了……我们的笔记本电脑部门也需要许多技术专家，因此在资源分配问题上产生许多冲突。但施崇棠亲自平息了这些'噪声'。"此外，反事实很有趣，而且通常富有启发性。你可能会好奇 Eee 电脑的命运，最后 Eee 电脑团队成为一个新的业务部门，扩大后的部门继续制造消费电子产品，而不是高端的笔记本电脑。到此时为止，施崇棠觉得他不必再监督团队每天的运营，因此他任命两名高管负责进一步的业务发展。而他本人继续在公司的其他领域深潜。

因此，就是这样。当必要的创新变得具有破坏性之后，恰当组建团队并赋予他们自主权是必要的，但远远不够。正如我们在第一部分看到的诺华和宝洁的例子，每次企业要想成功跳跃到新的知识领域，企业高层都不能只停留在制定战略阶段，而是要亲力亲为，深入执行之中。企业领导者要化解个别中层管理人员通常会躲避的职业风险。成功需要将知识的力量与地位的力量完美结合。CEO 这一角色最为关键的作用，可能就是在企业顶层展现出企业家精神以及采取相应的行动，而且 CEO 也无法将这一角色授权给其他人。这就是顶层高管的主要作用。

尾 声

　　每个高管都渴望获得可持续竞争优势。曾经人们以为，垂直整合以及控制生产体系的每一个阶段，能赋予企业无与伦比的优势。这就是为什么企业要将研发、制造、销售、营销都放到一起。规模经济很重要，但范围经济占据更重要的地位。正是这种战略让通用汽车、通用电气以及 IBM 在 20 世纪中期成为企业巨头。随后日本企业开始崛起，在索尼、丰田、本田、东芝等企业的带领下，日本企业将六西格玛质量控制以及精益制造当成崛起的法宝。随后戴尔在 20 世纪 90 年代末期开始崛起，戴尔将所有辅助性的任务都外包给供应链，专注于公司的核心竞争力，以此获得优异表现。但无论管理学领域出现多少创新，要想实现可持续竞争优势的目标越来越虚无缥缈。

　　本书从讲述纺织制造业的史诗级竞争开始，在这场竞争中，无数新企业相继超过了行业创新者，实际上是取代了它们，但这些新企业又在新一轮竞争中落败。到 19 世纪 50 年代，英国有一半的出口产品是棉制品，到 20 世纪早期，英国的工厂生产了世界上几乎一半的棉布。然而，在随后不到 20 年的时间里，来自美国的企业就打败了它们的英国同行。但随后，又一批新的竞争者打败美国企业，成为纺织业的龙头。这一次的竞争者来自亚洲，一开始是日本，随后是中国香港，之后是中国台湾和韩国，最后是中国大陆、印度和孟加拉国。竞争加剧之后，英国和美国制造业盆地里人口稠密的大型工厂小镇开始成为鬼镇。工业建筑要么经历痛苦的重新设计，要么被彻底遗弃。

但纺织工业并非特例。从重型工业设备制造到家用电器，从汽车制造到太阳能电池板和风力涡轮发电机，企业总是一再被取代。以标普 500 指数的企业为参考，我们能够看到榜单上的企业平均寿命，已经从 20 世纪 20 年代的 67 年，降低到目前的 15 年；而美国企业 CEO 的平均任期在过去 30 年里也不断缩短。[1] 我们生活在一个加速变革的世界里。

竞争优势太过虚无缥缈，这正是一个多世纪之前，德国药物制造商赫斯特在与瑞士后来者汽巴精化、嘉基以及山德士竞争时发出的抱怨。当时欧洲人将瑞士称为"制假之地"，直到 1888 年瑞士才制定专利法。在当时，当地的企业可以自由模仿外国的发明，甚至被鼓励这么做。当赫斯特在实验室制造出第一种合成的退烧药物时，全世界都为之发狂，而瑞士也立马开始出售类似产品。有机化学是创新的温床。等到亚历山大·弗莱明发现青霉素之后，每个人都认识到下一个爆款不是来自化学领域，而是来自一个全新的领域，即微生物学。就在第二次世界大战刚结束的时候，从欧洲到美国，新生的制药公司在全世界开展土壤筛选项目，四处搜寻土壤，寻找异国的真菌，希望能够发现更强效的抗生素。野外工作者会从公墓取土，放气球到空中收集风中的微粒。他们下至矿井底部，上至山顶，在所有能够到达的地方搜寻。微生物学取代有机化学，成为科学研究的主要领域。随着深层发酵法以及药物提纯等技术的发明，全世界的传染病感染病例急剧下降。曾经病情严重而且致命的感染，成为一种能够治愈的小病。

　　然后就是20世纪70年代的生物科技革命。科学家终于揭开细胞核内部染色体的运作机制，再加上随后的科学发现，人们能够重组DNA分子，改造细菌，生产糖尿病患者所需的胰岛素，以及合成许多其他无法从自然界中大量提取的活性成分。现在，科学家已经对人类所有的基因组进行排序，再加上计算机应用的发展，基因工程已经基本实现数字化。科学家正在研究分子通道，这是罕见癌症的生物学支柱。我们又一次见证了向新知识领域的转移，这一次的知识领域是基因学和生物工程。今天，要想走到行业前沿，需要设备精良的实验室、巨额预算以及庞大的研究团队。瑞士诺华在2014年的研发费用，就接近100亿美元，而且就在那一年，诺华和罗氏制药的市值仍在上升，两家企业的市值合起来超过 4 000 亿美元。从癌症治疗到艾滋病治疗，西方的开拓者一直引领行业发展趋势。与之相比，底特律的汽车产业在全球竞争中节节溃败，这座城市也成为美国的铁锈地带。诺华和罗氏制药总部所在的巴塞尔看起来却有无限机遇，当地居民的生活水平在西欧仍然属于最高水准。

然而，制药公司的资本支出虽然高，但不足以解释为什么来自新兴国家的后来者，仍然没有颠覆西方现存的开拓者。事实上，在 19 世纪和 20 世纪之交，当美国取代英国成为领先的纺织品出口商时，资本支出、商业机密以及专利保护都不是难题。同样的还有重型设备制造、风力涡轮机、太阳能电池板、个人电脑、手机以及汽车等行业，在这些行业里后来者势不可当地取代了早期的创新者。制药公司的发展历史则体现了知识领域转移的重要性，从化学到微生物学再到基因学，只要创新者愿意开辟新的道路，他们就会一直领先。因此，可持续竞争优势并非企业永远无法获得的东西。只有不断注入新的知识，改变游戏规则，创新者才能够建立创新的温床，以此避免被后来者取代。这就是百年制药公司创造出来的神奇药物，让它们能够长盛不衰。

如果了解过去能够影响到未来的决策制定，那么这种了解才是有用的。因此，我们必须问："我们如何发现下一个前沿？哪一条竞争规则接下来会被重写？"有三个关键点会影响答案：无处不在的连接性开始出现，智能机器势不可当地崛起，以及人类工作的角色发生改变。这几点将会在接下来的几十年里，影响几乎所有公司，并且成为日常商业生活的一部分。这就是新的十字路口，企业需要重写游戏规则，让结果对它们更有利。

就像施坦威的手工钢琴被雅马哈大规模制造的钢琴打败，我们现在制定决策的时候也面临一个新的转变。新的竞争者改变了以往的习惯，不再只依赖内部少量经验丰富的管理者的判断，而是开始依赖众人的智慧。正如大规模制造在工业革命的时候改变了手工业，众人的智慧在数字革命时代也在改变决策过程。

微信和 DARPA 已经证明，要想拥抱开放合作，必须超越单纯招募志愿者的范围，并且遵循一系列原则：将复杂的问题分解成细小的部分，开发可以使用的工具包，将它们交给个人使用。只要方法正确，业余爱好者也能解决最困难的技术问题。

还有一个关键点就是人类直觉的自动化。谷歌阿尔法围棋最终战胜了人类最强选手，这一点对企业追求领先也有深远影响。大型科技公司，比如谷歌、脸书、IBM 以及微软等，都开始创建企业实验室，致力于研发先进的机器学习。日本瑞可利集团旗下涉足广告分类、出版以及人力资源等行业，也开始加速人工智能研究，并且向广大商家开放其平台，包括美容沙龙、餐馆以及其他小商家，使这些商家可以直接使用其一流的软件平台。但这也带来一个问题，在瑞可利集团里，仍然有大量销售人员以及辅助人员，他们在将顾客带到机器学习平台方面发挥着至关重要的作用。在大量办公室任务变得自动化之后，这套新体系并没有让人工出现剩余，而是释放人类的大脑，让大脑从事更高层次的任务。这也涉及我们接下来要说的第三点，通过提升创新性，将人工智能与人类专业技术融合。

在可预测性分析和机器学习方面，小数据的重要性不能被忽略。矛盾的是，当我们的社会产生并存储越来越多数据的时候，人类的同理心和观察能力却变得更加重要。同一领域的洛赞、通用电气的道格以及宝洁的克劳迪亚等人都已经证明，商业无法单独依靠大数据存在。商业必须理解繁杂的小数据，并在人类创意能够战胜机器的领域胜出。理解人类的处境，明白人类欲望与感情的主要驱动力，对消费者产品公司和工业服务公司同样重要。在一个被在线数据潮流淹没的世界里，小数据只会越来越重要。

影响未来竞争的三点因素——无处不在的连接性、智能机器势不可当地崛起以及更加强调以人类为中心的创新，要求企业的领导层更加坚定。单纯知道并不等于坚定。由于战略与执行相互交织在一起，因此光有远见本身远远不够。除非新想法被转化成日常的行动以及运营策略，否则创新者仍面临被取代的风险。包括施坦威、通用汽车、松下以及其他无数纺织工厂在内，这些曾经的领先者因无法抵御低成本的后来者而失败，如果说它们有什么共同点的话，那就是它们都不愿意自我革命，而这是长期生存必不可少的代价。与之相比，从宝洁到诺华，从苹果到亚马逊，这些富有远见的企业已经意识到，它们需要及时革新自己现有的产品。要想接受自我革命非同寻常，这也就是为什么 CEO 要进行干预，或者说深潜。高管要亲自干预具体工作，运用自己的地位、力量克服具体的困难，这一点至关重要。正如诺华的 CEO魏思乐在格列卫发明前夕所说："钱不重要，只管去做吧。"宝洁最后一任家族董事长威廉·普罗克特在谈到合成洗涤剂时也曾说过："这种合成活性剂可能会摧毁肥皂生意，但如果肥皂生意注定要被毁掉，那最好还是让宝洁来做吧。"

铁锈地带的居民正在遭受痛苦煎熬，那里有失业率居高不下、城市去中心化、毒品泛滥、犯罪率上升、居民寿命下降以及自杀等问题。但如果说纺织制造业注定是一个悲伤的故事，是全球竞争的受害者的话，那么还有一个同样古老，甚至是更古老的行业，能给我们带来一些希望，这就是农业装备制造行业。在这个行业里，一家企业不仅能存活下来，而且大获成功，它已经繁荣发展了一个半世纪。

每个人都能跳跃吗

1836 年，佛蒙特州一个 32 岁的铁匠决定前往美国西部。当时是农民的年代，大量美国人带着节省劳动力的装备以及新的农业技术前往西部地区。但来到美国中西部平原的农民，要与当地的土壤做斗争。新英格兰地区的土壤富含黏土和沙质，然而在中西部平原地区，这里的泥土黏度非常高，形成一种胶质，多年以来都无法生长植物。把东部地区的铁犁拿到这里使用，就像是用刀子割奶油一样，铁犁很快就被当地的黏土磨钝。

在伊利诺伊州的格兰德图，一个年轻的铁匠总是听到农民抱怨这种情况。他在当地一个锻造车间实地观察，看到了角落里堆放的用坏的钢片。因此，他决定发明一种新型的铁犁，犁完土地之后，铁犁上的泥土能够自动脱落。农民不再需要每犁几码土地，就停下来清除钢片上的黏土。[2] 这种能够自动去除黏土的犁大获成功。这位足智多谋的发明者后来说："如果我不能把自己的聪明才智发挥出来，那么我是不会在产品上印上自己名字的。"[3] 这位铁匠以"热情和严密"著称，他就像美国不断扩张并且飞速发展的边疆地区一样，粗鲁且不善交际。[4] 他就是约翰·迪尔。

在约翰·迪尔的二儿子查尔斯·迪尔的领导下，这家家族企业开设分店，出售马拉铁犁、耙子、二轮马车以及四轮马车等产品，这些分店就是原始的独立零售商网络。查尔斯与分店签订合同，让它们不仅卖约翰迪尔公司的铁犁，也可以出售其他制造商生产的辅助工具，甚至是竞争者的产品。这一战略非常高明，农民可以在一家店里买到所需的所有工具，而且约翰迪尔公司也能够从竞争者的利润里分得一部分佣金，公司也不必仅依赖于内部资金扩大销售范围。

约翰迪尔公司面临的第一个重大威胁就是汽油引擎。虽然在19世纪末，约翰迪尔公司已经成为犁和其他农具的知名制造商，但形势已经很明朗，那就是随着汽车的出现，农田里的马匹将逐渐让位于汽车。公司该如何与福特、通用汽车以及其他汽车制造商竞争呢？负责解决这一问题的重任，就落到了第三任CEO威廉·巴特沃斯的身上，他是查尔斯·迪尔的女婿。

在很长一段时间里，巴特沃斯考虑的都是专注于生产犁，并且为汽车公司提供优质的辅助工具。这是一个保守的战略，只专注于自身。但这也有一定的生存风险，那就是把动物当作动力的时代已经结束。如果约翰迪尔公司仍然要留在农业领域，它就要进入拖拉机行业。正如制药公司在生物工程革命的时候抢购生物科技公司一样，约翰迪尔公司也大胆收购了一家叫作滑铁卢汽油拖拉机公司的拖拉机厂。因此，这家犁制造商几乎一夜之间就转变为一家拖拉机制造商。在收购的第一年里，"滑铁卢男孩"拖拉机就卖出去5 634台。约翰迪尔公司一开始从事冶金造犁，但现在它已经跳跃到机械工程领域。

熬过20世纪30年代的大萧条之后，约翰·迪尔的曾孙，也就是公司第四任领导人查尔斯·迪尔·威曼，与纽约亨利·德雷夫斯设计公司签订合同，让这家公司对拖拉机的设计进行"精简"，使其更加有美感。[5]德雷夫斯是美国领先的工业设计公司，其将拖拉机的转向轴封闭起来，加上电子启动器以及点火装置，又给拖拉机加上格网以及散热器罩，用金属盖子覆盖住发动机，而且为了扩展视野还缩小了发动机盖的宽度。所有这些改变都是为了增加拖拉机的体积，让顾客觉得"这个机器能够拉更多东西，具有强劲动力"[6]。

等到比尔·休伊特接任 CEO 之后，他的风格更加激进。休伊特喜欢规模宏大的产品发布会，他在总部位于达拉斯的豪华百货公司尼曼百货举办了一场活动。他将一辆全新的拖拉机装进一个巨大的礼盒里，摆放在珠宝柜台前。当天鹅绒幕布拉开时，周围聚集起兴奋的群众，随后包装盒被拆开。里面是一台闪烁着光芒的黄绿色拖拉机，地板上印着"约翰·迪尔"的名字。拖拉机的发动机盖和排气孔上都镶嵌着钻石。[7] 当天晚上还有一场得克萨斯风味的烧烤会，鼓乐齐鸣，伴着烟花。这台四缸拖拉机的动力空前强劲，非常受欢迎。

到 20 世纪 60 年代，约翰迪尔公司已经将当初的冶金知识、从滑铁卢汽油拖拉机公司获得的机械工程以及一流的工业设计和营销融为一体。正如我们在第一部分看到的宝洁的例子，正是这种融合不同知识学科的做法，让企业实现长期成功。到 1963 年，约翰迪尔公司超过万国收割机公司，成为全球最大的农业与工业拖拉机装备制造商和销售商，此后它一直牢牢占据着这一位置。约翰迪尔公司现在每年的销售额达到 266 亿美元，拥有超过 5.6 万名员工，它在农业装备行业繁荣发展至今，其总部仍然位于当初的伊利诺伊州小镇。

但这并非约翰迪尔公司的全部历史。在超过 15 年的时间里，在谷歌和特斯拉开始研发无人驾驶之前，约翰迪尔公司就开始在美国探索自动驾驶拖拉机技术。[8]就像第二部分中的所有例子一样，约翰迪尔公司利用无处不在的连接性和人工智能抵御行业后来者的竞争，其中后来者就包括印度孟买的马恒达公司，这家公司的年收入达到 130 亿美元，它主要为印度乡村地区制造低成本拖拉机。约翰迪尔公司不会也不可能陷入价格战的竞争中。因此，约翰迪尔公司在自己的 7760 型棉花采收机上应用 GPS 定位、传感器以及自动化等新技术。进入棉花采收机的驾驶室，就像是进入了太空飞船的内部舱：司机面前是一系列的电脑显示屏，它会告诉司机车辆的状况，例如，当棉花采收机在棉田里工作时，比如收集棉花，传送带就会被激活，将棉花卷成大捆，然后用塑料膜将棉花包起来。司机只需要在每行棉花收割完之后拐个弯，其他时候不必进行任何干预。[9]从那时起，美国的商品作物种植变成一项非常精准和自动化的事业，即使在个人农场也是如此。[10]

但是，自动拖拉机和收割机的增长潜力仅限于此。农民最终想实现的是，让整个农场的生产力都能够实现最优化，也就是说将灌溉系统设备、土壤和养分以及天气信息、农作物价格和商业前景等所有信息联系起来。[11]约翰迪尔公司发布的"我的约翰·迪尔"软件实现了这一点，这款软件能够将约翰迪尔公司的设备与其他机器、业主、操作员、零售商以及农业顾问联结起来。这款软件能够分析传感器搜集到的历史数据，包括天气、土壤构成以及农作物特征等。正如我们在第四章和第五章所见到的内容一样，平台战略这种想法非常重要。在各个行业里，利润最终都流向了平台提供者，而非传统的制造商。一项研究显示，苹果公司在2016年拿走了全球智能手机行业91%的利润。苹果唯一重要的竞争对手就是谷歌，而谷歌的成功很大程度上是因为它本身也是一个庞大的平台建造者。三星能够生产优质而且精密的智能手机，但只能从这个市场中获得微薄的利润。[12]服务业也表现出同样有害的动态发展特征。《经济学人》曾刊登了一篇文章，分析银行业的未来发展趋势，这篇文章声称大型银行的真正危险并非被金融科技初创企业取代，而是这些银行的利润率在缩减，它们的地位变得越来越不稳固，未来将会成为"类似于金融便利设施，虽然无处不在，但受到严格管理，没有魅力，而且利润率很低"。[13]而约翰迪尔公司跟瑞可利集团一样，都在各自的领域逐渐进化成平台提供者。

约翰迪尔公司跟其他公司一样，拥有很多有才华而且甘于奉献的普通员工，所有公司领导都非常务实。在2010年退休的前CEO鲍勃·莱恩曾说："公司确实有一些天才，但大部分人都不是。"因此，在2013年，本着我们第四章所提到的开放创新精神，"我的约翰·迪尔"平台向第三方敞开了大门，允许供应商、农业零售商、当地农学家以及软件公司开发自己的应用。杜邦创新者是化工巨头杜邦公司的农业部门，其营销主管埃里克·伯克曾评论说："比如，收割之后分析土壤里的氮含量，能帮助种植者更好地理解土壤养分随着季节产生的变化，以及为什么会这样。"杜邦公司现在也开始与约翰迪尔公司分享数据，让种植者"在给农作物施肥和农业设备优化方面做出更好的决断"。约翰迪尔公司商业解决方案经理凯文·威利已经意识到开放合作的好处，他解释说："当种植者选择分享他们的数据时……他们开创了一系列全新的先进管理经验。这就意味着他们能更有效地配置农业设备和劳动力。"[14]

约翰迪尔公司在计算机视觉以及机器学习等新知识领域坚持不懈地探索，可能最能证明约翰迪尔公司这一坚定追求的事情就是公司在旧金山设立了约翰迪尔实验室。现在通过智能手机的GPS定位就可以操作拖拉机，而且智能传感器知道该喷洒多少肥料，这样做的必然趋势就是精准农业的产生——通过能够自主学习的机器设备，做出更快和更准确的判断，可能有一天甚至可以不用任何一个人的参与。但公司为什么要选择旧金山呢？约翰迪尔实验室的主任亚历克斯·珀迪解释说，他的团队经常来旧金山湾区，与科技领域的合作伙伴开会，他表示："我们发现在湾区住酒店花了许多钱。"[15]

当美国工业腹地的许多大型企业被全球竞争打败时，约翰迪尔公司成为一个耀眼的例子。约翰迪尔公司就像诺华和宝洁一样，在超过一个半世纪的时间里不断进化，在与土地相关的设备行业一直是全球领袖。事实最终证明，无论是什么行业，都可以彻底重新改写游戏规则，进入一个全新的知识领域。任何创新者实际上都可以避免被后来者打败，如果一个来自伊利诺伊州的犁制造商，能够走完跟瑞士制药公司一样的企业发展历程，从一个知识领域跳跃到另一个知识领域，那么其他公司也都可以实现跳跃。即使在这个世界上所有东西都可以被复制，我们也能够繁荣发展。

这本书在开头回顾了西方创新者的发展历程。有些公司失败了，有些公司成功了，还有一些公司继续繁荣发展。但这本书也是未来的剧本。更重要的是，这是一个宣言，让创新企业能够重新思考它们的业务、它们与消费者的关系以及它们存在的原因。你的企业就像其他或大或小的公司一样，有自己传统的优势和重要产品，让公司成为今天的样子。但你的消费者、你所在的社区以及你的利益相关者，他们都依赖和指望你去创新。创新没有最佳时刻。我们有充足的时间，现在就应该开始。让我们一起跳跃。

致　谢

写一本书不仅要耗费作者的时间，也要麻烦其他许多人，他们要忍受作者独特的工作习惯，并且坚持到这个项目最终结束。每个初次写作的作者都应该明白这一点，而且所有商学院的教授，不管他们是否教授高管培训项目，都知道来自同事的帮助总是必不可少。

首先，我要感谢瑞士洛桑国际管理学院的主席吉恩·弗朗西斯·曼佐尼，他一直提醒我在创作本书的时候要减少教学任务，这样我才能够全身心地做研究并以此为基础写作。我很荣幸在瑞士洛桑国际管理学院有一群挚友，我们一起讨论书中的观点，直到最后这些观点成为本书的文稿。汤姆·马尔奈特和巴拉·查克拉法斯在我刚进入学校时，就是我的领路人，当我还没有具体酝酿这本书的时候，他们就塑造并影响了我的思维方式。我还借鉴了很多同事的想法，并受到他们的启发，包括比尔·费舍尔、米塞科·皮斯科斯基、卡洛斯·克顿、阿尔布莱切特·恩德斯、拜缇娜·布切尔、席尔默·本胡、古塔姆·查拉格拉、多米尼克·特平、阿南德·那拉斯曼、斯蒂凡·米切尔、西里尔·波切特以及高津直志。在洛桑国际管理学院之外，我还非常受益于陈吉米、赞维尔·卡斯特纳、希拉·里弗斯茨以及简·昂多斯，他们改变了我对创新的思考方式。最重要的是，这是我写的第一本书，这本书的学术骨架直接来自我读博时接受的培训，约瑟夫·鲍威尔、克莱顿·克里斯滕森、威利·希尔、汤姆·艾森曼以及简·瑞夫金等人给我留下难以磨灭的痕迹，改变了我对企业战略的看法。

人们经常说，商业图书不能坐在扶手椅里空想。我之所以能够从扶手椅上站起来，进入企业世界，还要感谢高管们的慷慨，他们让我得以接触他们所在的企业，或者在吃饭喝酒的时候忍受我的学术问题。我要感谢杰根·维格·科纳德斯多普、洛赞·哈格蒂、贝肯·坎尼斯、保罗·霍华德、杰克·曼格尤尔、施崇棠、黛比·李、伊戈尔、杨希以及爱德华·安德瑞德等人，感谢他们的远见卓识以及耐心。

我也非常感谢出版事务公司的团队成员，尤其是我的编辑，睿智的科伦·劳瑞，他让本书变得更加充实，还有目光如炬的定稿编辑艾瑞斯·巴斯，他让本书变得更加紧凑。我还要感谢我的出版人杰斯·厄温、营销主管林德赛·弗兰德克夫，以及高级项目编辑桑德拉·百瑞斯。此外，我的图书代理人是来自艾维塔斯创意公司的埃斯蒙德·哈姆斯沃斯，他比我本人更信任这个项目，一直陪伴我完成本书。当我很容易被其他事情分神的时候，是他帮助我重新聚焦于真正重要的东西。还有詹姆斯·博格，他为人足智多谋而且勤勉认真，负责检查本书的事实准确性。此外还有贝弗利·莱诺克斯，他提前校对了我的终稿，并且在交稿日之前及时帮助我，并且回应了最后关头的所有求助。最后，我要感谢马克·佛提尔以及露茜·杰·肯尼迪，是他们将本书推向更广阔的世界。

从本质上来说，写书是一件孤独的事情，但我从不觉得孤独。我的弟弟俞堃跟我感情很好，每当我有些自我膨胀时，他都会用兄弟之间的玩笑让我回到现实。我的母亲吴慧珉一直毫无保留地相信我，她相信我能够做到自己也无法预见的事情。正是因为有她和我已故的父亲俞渊，香港一个大学毕业后没有积蓄的银行小职员，才敢于申请哈佛商学院追求博士学位。父母能做的就是信任他们的孩子，鼓励他们追求一些他们当时也无法真正理解的事情。最后，我要感谢布伦丹，是他在过去 8 年里一直支持我，他让我意识到自己生活中错过的美好，让我变得更加慈悲，并且每天都与我共同成长。

注 释

序 章

1. Daniel Augustus Tompkins, *Cotton Mill, Commercial Features: A Text-Book for the Use of Textile Schools and Investors* (n.p.: Forgotten Books, 2015), 189.

2. Allen Tullos, *Habits of Industry: White Culture and the Transformation of the Carolina Piedmont* (Chapel Hill: University of North Carolina Press, 1989), 143.

3. "A Standard Time Achieved, Railroads in the 1880s," American-Rails. com, accessed September 8, 2017, http://www.american-rails.com/1880s.html.

4. Piedmont Air-Line System (1882), "Piedmont Air-Line System (advertisement)," J. H. Chataigne, retrieved September 8, 2017.

5. Pietra Rivoli, *The Travels of a T-Shirt in the Global Economy: An Economist Examines the Markets, Power, and Politics of World Trade*, 2nd ed. (Hoboken, NJ: Wiley, 2015), 100.

6. Alexandra Harney, *The China Price: The True Cost of Chinese Competitive Advantage* (New York: Penguin Press, 2009), chap. 1.

7. "Piedmont Manufacturing Company (Designation Withdrawn) | National Historic Landmarks Program," National Parks Service, accessed September 9, 2017, https://www.nps.gov/nhl/find/withdrawn/piedmont.htm.

8. "Oral History," The Greenville Textile Heritage Society, accessed March 11, 2018,

http://greenvil le-textile-heritage-society.org/oral-history/.

9. Clayton M. Christensen, "The Rigid Disk Drive Industry: A History of Commercial and Technological Turbulence," *Business History Review* 67, no. 4 (1993): 533–534, doi:10.2307/3116804.

10. "Novartis AG," AnnualReports.com, accessed February 3, 2018, http://www.annualreports.com/Company/novartis-ag.

第一章

1. "FDNY vintage fire truck, 1875-Photos-FDNY Turns 150: Fire Trucks Through the Years," *New York Daily News*, April 25, 2015, accessed February 3, 2018, https://web.archive.org/web/20170608165852/http://www.nydailynews.com/news/fdny-turns-150-fire-trucks-years-gallery-1.2198984?pmSlide=1.2198967.

2. "Steinway & Sons | The Steinway Advantage," accessed February 3, 2018, https://web.archive.org/web/20170611062352/http://www.steinwayshowrooms.com/about-us/the-steinway-advantage; Danne Polk,"Steinway Factory Tour," accessed February 3, 2018, https://web.archive.org/web/20150225093233/http://www.ilovesteinway.com/steinway/articles/steinway_factory_tour.cfm. See also: "Steinway & Sons," www.queensscene.com, accessed March 12, 2018, http://www.queensscene.com/news/2014-08-01/Lifestyle/SteinwaySons.html.

3. Ricky W. Griffin, *Management* (Australia: South-Western Cengage Learning, 2013), 30-31. "Steinway Factory Tour | Steinway Hall Texas," accessed February 3, 2018, https://web.archive.org/web/20160330202353/http://www.steinwaypianos.com/instruments/steinway/factory.

4. Matthew L. Wald, "Piano-Making at Steinway: Brute Force and a Fine Hand," *New York Times*, March 28, 1991, http://www.nytimes.com/1991/03/28/business/piano-making-at-steinway-brute-force-and-a-fine-hand.html.

5. Michael Lenehan, "The Quality of the Instrument," *Atlantic*, August 1982, 46.

6. Joseph M. Hall and M. Eric Johnson, "When Should a Process Be Art, Not Science?" *Harvard Business Review*, March 2009, 59–65.

7. James Barron, *Piano: The Making of a Steinway Concert Grand* (New York: Times Books, 2006), xviii.

8. "Arthur Rubinstein," Steinway & Sons, accessed January 31, 2017, https://www.

steinway.com/artists/arthur-rubinstein. A far more complete history of Steinway & Sons can be found in an authoritative narrative by Richard K. Lieberman, *Steinway & Sons* (New Haven, CT: Yale University Press, 1995), 139.

9. "A Sound Investment | Steinway Hall Texas," accessed February 3, 2018, https://web.archive.org/web/20170614055826/http://www.steinwaypianos.com/kb/resources/investment.

10. Elizabeth Weiss, "Why Pianists Care About the Steinway Sale," *Currency* (blog), September 13, 2013, accessed January 31, 2017, http://www.newyorker.com/online/blogs/currency/2013/09/why-pianists-care-about-the-steinway-sale.html.

11. Plowboy,"As Predicted—Steinway's Other Shoe Falls" [re: Steve Cohen], August 14, 2013, http://www.pianoworld.com/forum/ubbthreads.php/topics/2133374.html.

12. "Steinway & Sons | About Steinway Hall," accessed February 3, 2018, https://web.archive.org/web/20170706195110/http://www.steinway showrooms.com:80/steinway-hall/about; "Steinway Hall: A Place for the Piano in Music, Craft, Commerce and Technology," LaGuardia and Wagner Archives, January 1, 1970, accessed February 3, 2018, http://laguardiawagnerarchives.blogspot.ch/2016/04/steinway-hall-place-for-piano-in-music.html; Richard K. Lieberman, Steinway & Sons (Toronto: CNIB, 1999), 146–152.

13. The Steinway Collection, February 1–23, 1968, box 040241, folder 23, Henry Z. Steinway, LaGuardia and Wagner Archives.

14. "How Yamaha Became Part of the U.S. Landscape," *Music Trades*, July 1, 2010.

15. Adapted from "How Yamaha Became Part of the U.S. Landscape." Much of the data for this part of the analysis came from *The Music Trade,* a highly respected market publication; see "Yamaha's First Century," August 1987, 50–72.

16. Peter Goodman, "Yamaha Threatens the Steinway Grand: The Steinway/Yamaha War," *Entertainment*, January 28, 1988.

17. Ibid.

18. Ibid.

19. *Music Trades,* Vol. 135, Issues 7–12 (Englewood, NJ: Music Trades Corp., 1987), 69, accessed March 15, 2018, https://books.google.com/books?id=N jA AAAMAAJ&g=robert+p.+bull+%22yamaha%22+1964+piano&dg=robert+p.+

bull+%22Zyamaha%22+1964+piano&hl=en&sa=X&ved=OahUK.EwiL
1-X500zZAh VlO4MKHTuFC04Q6AEIKDAA."On Yamaha's Assembly Line,"
New York Times, February 22, 1981.

20. Two important books have inspired the model I outline here. In *Design of Business,* Roger Martin describes the evolving nature of general knowledge. I believe he was the first to coin the term *knowledge funnel* (see chap. 1, 1–28; Cambridge, MA: Harvard Business Review Press, 2009). In another highly influential book, *The Innovator's Prescription*, Clayton Christensen et al. describe how technology can convert complex intuition into rules-based tasks (see chap. 2, 35–72; New York: McGraw-Hill Education, 2009). The model that I describe here, however, focuses on the outcome of international competition.

21. Siddhartha Mukherjee, *The Emperor of All Maladies: A Biography of Cancer* (New York: Scribner, 2010), 81.

22. David J. Jeremy, *Transatlantic Industrial Revolution: The Diffusion of Textile Technologies Between Britain and America, 1790–1830s* (Cambridge, MA: MIT Press, 1981), 36–37.

23. Robert F. Dalzell, *Enterprising Elite: The Boston Associates and the World They Made* (Cambridge, MA: Harvard University Press, 1987), 5.

24. Charles R. Morris, *The Dawn of Innovation: The First American Industrial Revolution* (New York: PublicAffairs, 2012), 92–93.

25. Mary B. Rose, *Firms, Networks, and Business Values: The British and American Cotton Industries since 1750* (Cambridge, UK: Cambridge University Press, 2000), 41; quoted in Pietra Rivoli, *The Travels of a T-Shirt in the Global Economy*, 2nd ed. (Hoboken, NJ: John Wiley & Sons, 2009), 96.

26. Tom Nicholas and Matthew Guilford, "Samuel Slater & Francis Cabot Lowell: The Factory System in U.S. Cotton Manufacturing," HBS No. 814-065 (Boston: Harvard Business School Publishing, 2014).

27. Ibid.

28. Dalzell, *Enterprising Elite*, 95–96.

29. Rivoli, *Travels of a T-Shirt*, 97.

30. Henry Z. Steinway private letters, Henry Z. Steinway Archive, February 12, 1993, La Guardia and Wagner Archives.

31. Garvin, David A., "Steinway & Sons," Harvard Business School Case 682–025, September 1981 (rev. September 1986).

32. Carliss Y. Baldwin and Kim B. Clark, "Capital-Budgeting Systems and Capabilities Investments in U.S. Companies After the Second World War," *Business History Review* 68, no. 1 (Spring 1994), http://www.jstor.org/stable/3117016.

33. Cyb Art (website built by), "Steinway History," accessed March 11, 2018. http://steinwayhistory.com/october-1969-in-steinway-piano-history/.

34. Robert Palmieri, *The Piano: An Encyclopedia*, 2nd ed. (New York: Routledge, 2003), 411.

35. "Pianos and Parts Thereof: Report to the President on Investigation No TEA-I-14 Under Section 30l(b)(a) of the Trade Expansion Act of 1962," United States Tariff Commission, December 1969, accessed March 15, 2018, https://www.usitc.gov/publications/tariffaffairs/pub309.pdf

第二章

1. Ernst Homburg, Anthony S. Travis, and Harm G. Schröter, eds., *Chemical Industry in Europe*, 18.

2. The Mineralogical Record-Label Archive, accessed January 31, 2018 http://www.minrec.org/labels.asp?colid=765.

3. The Editors of Encyclopaedia Britannica, "Ciba-Geigy AG," Encyclopaedia Britannica, February 19, 2009, accessed January 31, 2018, https://www.britannica.com/topic/Ciba-Geigy-AG.

4. Mark S. Lesney, "Three Paths to Novartis," *Modern Drug Discovery*, March 2004.

5. Ernst Homburg, Anthony S. Travis, and Harm G. Schröter, eds., *The Chemical Industry in Europe, 1850–1914: Industrial Growth, Pollution, and Professionalization* (Dordrecht, Netherlands: Springer Science+Business Media, 1998), 18.

6. Rudy M. Baum, "Chemical Troubles in Toms River: Damning Portrayal of Past Chemical Industry Practices Is Also In-Depth Examination of a Public Health Disaster," *Book Reviews* 91, no. 18 (May 2013): 42–43.

7. Alan Milward and S. B. Saul, *The Economic Development of Continental Europe 1780–1870* (Abingdon, UK: Routledge, 2012), 229.

8. Anna Bálint, *Clariant Clareant: The Beginnings of a Specialty Chemicals Company* (Frankfurt: Campus Verlag, 2012), 28.

9. Walter Dettwiler, *Novartis: How a Leader in Healthcare Was Created Out of Ciba, Geigy and Sandoz* (London: Profile Books, 2014), chap. 1.

10. Anita Friedlin and Kristina Ceca, "From CIBA to BASF: A Brief History of Industrial Basel," *Mozaik*, accessed February 3, 2018, http://www.mozaikzeitung. ch/spip/spip.php?article282.

11. "Switzerland's Industrialization," accessed February 03, 2018, http://history-switzerland.geschichte-schweiz.ch/industrialization-switzerland.html.

12. "History of Sandoz Pharmaceuticals," Herb Museum, accessed February 3, 2018, http://www.herbmuseum.ca/content/history-sandoz-pharmaceuticals.

13. "Company History," Novartis Indonesia, accessed February 3, 2018, https://www.id.novartis.com/about-us/company-history.

14. Markus Hammerle, *The Beginnings of the Basel Chemical Industry in Light of Industrial Medicine and Environmental Protection* (Basel: Schwabe & Co., 1995), 44.

15. Ibid., 41.

16. Robert L. Shook, *Miracle Medicines: Seven Lifesaving Drugs and the People Who Created Them* (New York: Portfolio, 2007), chap. 7.

17. Encyclopaedia Britannica Online, s.v. "Knorr, Ludwig," http://www. britannica. com/EBchecked/topic/1353916/Ludwig-Knorr.

18. Joseph S. Fruton, *Contrasts in Scientific Style: Research Groups in the Chemical and Biochemical Sciences* (Philadelphia: American Philosophical Society, 1990), 211.

19. Kay Brune, "The Discovery and Development of Anti-Inflammatory Drugs," *Arthritis and Rheumatology* 50, no. 8 (August 2004), 2391–2399.

20. P. R. Egan, "Antipyrin as an Analgesic," *Medical Record* 34 (1888), 477–478, cited in Janice Rae McTavish, *Pain and Profits: The History of the Headache and Its Remedies in America* (New Brunswick, NJ: Rutgers University Press, 2004), 80.

21. F. Tuckerman, "Antipyrine in Cephalalgia," *Medical Record* (1888), 180, cited in McTavish, *Pain and Profits*, 80.

22. "Antipyrine a Substitute for Quinine," *New York Times*, January 1, 1886, 6, cited

in McTavish, *Pain and Profits*, 74.

23. "Antipyrin," *Druggists Circular 28* (1884), 185.

24. Parvez Ali et al., "Predictions and Correlations of Structure Activity Relationship of Some Aminoantipyrine Derivatives on the Basis of Theoretical and Experimental Ground," *Medicinal Chemistry Research* 21, no. 2 (December 2010): 157.

25. Dan Fagin, *Toms River: A Story of Science and Salvation* (New York: Bantam, 2013), 11.

26. Popat N. Patil, *Discoveries in Pharmacological Sciences* (Hackensack, NJ: World Scientific, 2012), 672.

27. Dettwiler, *Novartis*, chap. 1.

28. Vladimír Křen and Ladislav Cvak, *Ergot: The Genus Claviceps* (Amsterdam, Netherlands: Harwood Academic Publishers, 1999), 373–378.

29. "First Penicillin Shot: Feb. 12, 1941," *HealthCentral*, February 11, 2013, http://www.healthcentral.com/dailydose/2013/2/11/first_penicillin_shot_feb_12_1941/.

30. Maryn Mckenna, "Imagining the Post Antibiotics Future," *Medium*, November 20, 2013, https://medium.com/@fernnews/imagining-the-post-antibiotics-future-892b57499e77.

31. "Howard Walter Florey and Ernst Boris Chain," *Chemical Heritage Foundation*, last modified September 11, 2015, http://www.chemheritage.org/discover/online-resources/chemistry-in-history/themes/pharmaceuticals/preventing-and-treating-infectious-diseases/florey-and-chain.aspx.

32. "The Discovery and Development of Penicillin," American Chemical Society, 1999, last modified November 5, 2015, https://www.acs.org/content/acs/en/education/whatischemistry/landmarks/flemingpenicillin.htm.

33. Mary Ellen Bowden, Amy Beth Crow, and Tracy Sullivan, *Pharmaceutical Achievers: The Human Face of Pharmaceutical Research* (Philadelphia: Chemical Heritage Foundation, 2005), 89.

34. Joseph G. Lombardino, "A Brief History of Pfizer Central Research," *Bulletin for the History of Chemistry* 25, no. 1 (2000): 11.

35. "Discovery and Development of Penicillin."

36. Alex Planes, "The Birth of Pharmaceuticals and the World's First Billionaire," *Motley Fool*, September 28, 2013, http://www.fool.com/investing/general/

2013/09/28/the-birth-of-pharmaceuticals-and-the-worlds-first.aspx.

37. H. F. Stahelin, "The History of Cyclosporin A (Sandimmune®) Revisited: Another Point of View," *Experientia* 52, no. 2 (January 1996): 5–13.

38. Pfizer, Inc.,"Pfizer History Text," MrBrklyn, http://www.mrbrklyn.com/resources/pfizer_history.txt.

39. David W. Wolfe, *Tales from the Underground: A Natural History of Subterranean Life* (New York: Basic Books, 2002), 137.

40. "Penicillin: The First Miracle Drug," accessed February 3, 2018, https:// web. archive.org/web/20160321034242/http://herbarium.usu.edu/fungi/funfacts/penicillin.htm.

41. J. F. Borel, Z. L. Kis, and T. Beveridge, "The History of the Discovery and Development of Cyclosporine (Sandimmune®)," in *The Search for AntiInflammatory Drugs: Case Histories from Concept to Clinic*, ed. Vincent K. Merluzzi (Basel: Birkhäuser, 1995), 27–28.

42. Donald E. Thomas Jr., *The Lupus Encyclopedia: A Comprehensive Guide for Patients and Families* (Baltimore, MD: Johns Hopkins University Press, 2014), 555.

43. Advameg,"Cyclosporine,"*Medical Discoveries*, http://www.discoveries inmedicine.com/Com-En/Cyclosporine.html; Henry T. Tribe, "The Discovery and Development of Cyclosporin," *Mycologist* 12, no. 1 (February 1998): 20.

44. Camille Georges Wermuth, ed., *The Practice of Medicinal Chemistry,* 3rd ed. (Burlington, MA: Academic Press, 2008), 25; D. Colombo and E. Ammirati, "Cyclosporine in Transplantation—A History of Converging Timelines," *Journal of Biological Regulators and Homeostatic Agents* 25, no. 4 (2011): 493.

45. David Hamilton, *A History of Organ Transplantation: Ancient Legends to Modern Practice* (Pittsburgh: University of Pittsburgh Press, 2012), 382.

46. Harriet Upton, "Origin of Drugs in Current Use: The Cyclosporine Story," David Moore's World of Fungi: Where Mycology Starts, 2001, http://www.davidmoore.org.uk/Sec04_01.htm.

47. Karl Heuslera and Alfred Pletscherb,"The Controversial Early History of Cyclosporin," *Swiss Medical Weekly* 131 (2001): 300.

48. Larry Thompson, "Jean-François Borel's Transplanted Dream," *Washington Post,*

November 15, 1988, accessed February 3, 2018, https://www.washingtonpost.com/ archive/lifestyle/wellness/1988/11/15/jean-francois-borels-transplanted-dream/ f3a931b9-e1a1-4724-9f08-a85ec4d3e68f/?utm_term=.9de240694fd1.

49. Ketan T. Savjani, Anuradha K. Gajjar, and Jignasa K. Savjani, "Drug Solubility: Importance and Enhancement Techniques," *ISRN Pharmaceutics*, July 5, 2012, https://www.ncbi.nlm.nih.gov/pmc/articles/PMC3399483/.

50. "Borel, Jean-François (1933–)," Encyclopedia.com, 2003, http://www.encyclopedia.com/doc/1G2-3409800096.html.

51. Nadey S. Hakim, Vassilios E. Papalois, and David E. R. Sutherland, *Transplantation Surgery* (Berlin: Springer, 2013), 17.

52. "Borel, Jean-François (1933–)," Encyclopedia.com.

53. "Gairdner Foundation International Award," Wikipedia, January 24, 2018, accessed February 3, 2018, https://en.wikipedia.org/wiki/Gairdner_Foundation_International_Award.

54. Dettwiler, *Novartis*, chap. 6.

55. "Pfizer's Work on Penicillin for World War II Becomes a National Historic Chemical Landmark," American Chemical Society, accessed September 13, 2017, https://www.acs.org/content/acs/en/pressroom/newsreleases/2008/june/pfizers-work-on-penicillin-for-world-war-ii-becomes-a-national-historic-chemical-landmark.html.

56. Catharine Cooper, "Procter & Gamble: The Early Years," *Cincinnati Magazine* 20, no. 11 (August 1987), 70.

57. "The Art of American Advertising: National Markets," Baker Library Historical Collections, http://www.library.hbs.edu/hc/artadv/national-markets.html.

58. Alfred Lief, *It Floats: The Story of Procter & Gamble* (New York: Rinehart & Company, 1958), 23.

59. Barbara Casson, "It Still Floats," *Cincinnati Magazine* 8, no. 10 (July 1975): 48.

60. Lady Emmeline Stuart-Wortley, *Travels in the United States During 1849 and 1850 (1851)*, as cited in "Cincinnati," Porkopolis, http://www.porkopolis.org/quotations/cincinnati/.

61. Bill Bryson, *One Summer, America 1927* (New York: Anchor, 2014), 235.

62. Ted Genoways, *The Chain: Farm, Factory, and the Fate of Our Food* (New York:

Harper Paperbacks, 2015), 26.

63. Writers' Project of the Works Progress Administration, *They Built a City: 150 Years of Industrial Cincinnati* (Cincinnati: Cincinnati Post, [1938] 2015), 112.

64. Oscar Schisgall, *Eyes on Tomorrow: The Evolution of Procter & Gamble* (n.p.: J. G. Ferguson Publishing Company, 1981), 25.

65. Casson, "It Still Floats," 50.

66. Paul du Gay, ed., *Production of Culture/Cultures of Production* (London: Sage Publications Ltd., 1998), 277.

67. Vince Staten, *Did Trojans Use Trojans?: A Trip Inside the Corner Drugstore* (New York: Simon & Schuster, 2010), 90.

68. Allan A. Kennedy "The End of Shareholder Value," *Cincinnati Magazine*, July 1975, 50.

69. Staten, *Did Trojans Use Trojans?*, 91.

70. Pink Mint Publications, *Elvis Was a Truck Driver and Other Useless Facts!* (Morrisville, NC: Lulu Enterprises, 2007), 89.

71. Kennedy, "End of Shareholder Value," 50.

72. Schisgall, *Eyes on Tomorrow*, 33.

73. Joan M. Marter, ed., *The Grove Encyclopedia of American Art*, vol. 1 (New York: Oxford University Press, 2011), 467.

74. Robert Jay, *The Trade Card in Nineteenth-Century America* (Columbia: University of Missouri Press, 1987), 25.

75. Pamela Walker Laird, *Advertising Progress: American Business and the Rise of Consumer Marketing* (Baltimore: John Hopkins University Press, 1998), 87; as cited in "The Art of American Advertising: Advertising Products," Baker Library Historical Collections, accessed February 3, 2018, http://www.library.hbs.edu/hc/artadv/advertising-products.html.

76. "High Art on Cardboard," *New York Times*, December 3, 1882, 4.

77. Davis Dyer, Frederick Dalzell, and Rowena Olegario, *Rising Tide: Lessons from 165 Years of Brand Building at Procter & Gamble* (Boston: Harvard Business School Press, 2004), 35.

78. Bob Batchelor and Danielle Sarver Coombs, eds., *We Are What We Sell: How Advertising Shapes American Life . . . and Always Has* (Santa Barbara, CA:

Praeger, 2014), 201.

79. Graham Spence Hudson, *The Design & Printing of Ephemera in Britain & America, 1720–1920* (London: British Library, 2008), 97.

80. Procter & Gamble, "Ivory Advertisement," *Journal of the American Medical Association* 6, no. 7 (1886): xv; as cited in Batchelor and Coombs, eds., *We Are What We Sell*, 202.

81. *Saturday Evening Post*, October 25, 1919, 2, as cited in Batchelor and Coombs, eds., *We Are What We Sell*, 203.

82. Ibid., 35.

83. Dyer, Dalzell, and Olegario, *Rising Tide*, 31.

84. Lief, *It Floats*, 81; "Harley T. Procter (1847–1920)," Advertising Hall of Fame, accessed September 14, 2017, http://advertisinghall.org/members/member_bio. php?memid=766.

85. "Hastings Lush French," *Genealogy Bug*, accessed February 4, 2018, http://www. genealogybug.net/oh_biographies/french_h_l.shtml.

86. Schisgall, *Eyes on Tomorrow*, 34.

87. Dyer, Dalzell, and Olegario, *Rising Tide*, 39.

88. David Segal, "The Great Unwatched," *New York Times*, May 3, 2014, https://www. nytimes.com/2014/05/04/business/the-great-unwatched.html.

89. Walter D. Scott, "The Psychology of Advertising," *Atlantic Monthly* 93, no. 555 (1904): 36.

90. Christopher H. Sterling, *Encyclopedia of Journalism* (Thousand Oaks, CA: Sage, 2009), 20.

91. D. G. Brian Jones and Mark Tadajewski, *The Routledge Companion to Marketing History* (Abingdon, UK: Routledge, 2016), 71.

92. "Ad Man Albert Lasker Pumped Up Demand for California, or Sunkist, Oranges," *Washington Post*, November 14, 2010, http://www.washington post.com/wp-dyn/ content/article/2010/11/13/AR2010111305878.html; Robin Lewis and Michael Dart, *The New Rules of Retail: Competing in the World's Toughest Marketplace* (New York: Palgrave Macmillan, 2014), 43.

93. Jim Cox, *The Great Radio Soap Operas* (Jefferson, NC: McFarland, 2011), 115.

94. Batchelor and Coombs, eds., *We Are What We Sell*, 77–78.

95. Anthony J. Mayo and Nitin Nohria, *In Their Time: The Greatest Business Leaders of the Twentieth Century* (Boston: Harvard Business School Press, 2007), 197.

96. Alexander Coolidge, "Ivorydale: Model for More P&G Closings?" Cincinnati.com, last modified June 9, 2014, http://www.cincinnati.com/story/money/2014/06/07/ivorydale-model-pg-closings/10162025/.

97. "A Company History," Procter & Gamble, https://www.pg.com/translations/history_pdf/english_history.pdf.

98. "The Creed of Speed," *Economist*, December 2015, 23.

99. Jerker Denrell, "Vicarious Learning, Under-sampling of Failure, and the Myths of Management," *Organization Science* 14 (2003): 227–243.

100. That companies must leap to new knowledge disciplines in order to create new markets for growth is a conclusion consistent with a growing body of management research, most notably by W. Chan Kim and Renee Mau borgne at INSEAD whose *Blue Ocean Strategy* (2005) and *Blue Ocean Shift* (2017) have influenced and shaped the thinking of generations of practitioners and academics, including my own.

第三章

1. Andrew Solomon, *Far from the Tree: Parents, Children and the Search for Identity* (New York: Scribner, 2012), 254.

2. Ashutosh Jogalekar, "Why Drugs Are Expensive: It's the Science, Stupid," *Scientific American*, January 6, 2014, https://blogs.scientificamerican.com/the-curious-wavefunction/why-drugs-are-expensive-ite28099s-the-science-stupid/.

3. Walter Dettwiler, *Novartis: How a Leader in Healthcare Was Created out of Ciba, Geigy and Sandoz* (London: Profile Books, 2014), chap. 8.

4. Günter K. Stahl and Mark E. Mendenhall, eds., *Mergers and Acquisitions: Managing Culture and Human Resources* (Redwood City, CA: Stanford University Press, 2005), 379–380.

5. Daniel Vasella, *Magic Cancer Bullet: How a Tiny Orange Pill is Rewriting Medical History* (New York: HarperCollins, 2003), 32–33.

6. Rik Kirkland, "Leading in the 21st Century: An Interview with Daniel Vasella," McKinsey & Company, September 2012, http://www.mckinsey.com/global-

themes/leadership/an-interview-with-daniel-vasella.

7. Bill George, *Discover Your True North* (Hoboken, NJ: John Wiley & Sons, 2015), 58.

8. Bill George, Peter Sims, Andrew N. McLean, and Diana Mayer, "Discovering Your Authentic Leadership," *Harvard Business Review*, February 2007, https://hbr. org/2007/02/discovering-your-authentic-leadership.

9. Ananya Mandal, "Hodgkin's Lymphoma History," News-Medical.net, last modified August 19, 2014, http://www.news-medical.net/health/Hodgkins-Lymphoma-History.aspx.

10. Vasella, *Magic Cancer Bullet*, 34–36.

11. Robert L. Shook, *Miracle Medicines: Seven Lifesaving Drugs and the People Who Created Them* (New York: Portfolio, 2007), chap. 8.

12. Siddhartha Mukherjee, *The Emperor of All Maladies: A Biography of Cancer* (New York: Scribner, 2010), 432; Shook, *Miracle Medicines*, chap. 8.

13. Neil Izenberg and Steven A. Dowshen, *Human Diseases and Disorders: Infectious Diseases* (New York: Scribner/Thomson/Gale, 2002), 30.

14. Shook, *Miracle Medicines*, chap. 8.

15. Andrew S. Grove, *Only the Paranoid Survive* (New York: Doubleday, 1999), 146.

16. Robert A. Burgelman, "Fading Memories: A Process Theory of Strategic Business Exit in Dynamic Environments," *Administrative Science Quarterly* 39, no. 1 (1994): 24, doi:10.2307/2393493.

17. Gordon M. Cragg, David G. I. Kingston, and David J. Newman, eds., *Anticancer Agents from Natural Products*, 2nd ed. (Boca Raton, FL: CRC Press, 2011), 565.

18. Mayo Clinic Staff, "Leukemia Symptoms," Mayo Clinic, January 28, 2016, http://www.mayoclinic.org/diseases-conditions/leukemia/basics/symptoms/con-20024914.

19. Shook, *Miracle Medicines*, chap 8.

20. Ibid.; Nicholas Wade, "Powerful Anti-Cancer Drug Emerges from Basic Biology," *New York Times*, May 7, 2001, accessed January 18, 2018, http://www.nytimes.com/2001/05/08/science/powerful-anti-cancer-drug-emerges-from-basic-biology.html.

21. Ibid.

22. Wade, "Powerful Anti-Cancer Drug."

23. Mukherjee, *Emperor of All Maladies,* 436.

24. Vasella, *Magic Cancer Bullet,* 16.

25. US Department of Health and Human Services, "Remarks by HHS Secretary Tommy G. Thompson: Press Conference Announcing Approval of Gleevec for Leukemia Treatment," HHS.Gov Archive, May 10, 2001, http://archive.hhs.gov/news/press/2001pres/20010510.html.

26. Rob Mitchum, "Cancer Drug Gleevec Wins Lasker Award," *ScienceLife,* September 14, 2009, http://sciencelife.uchospitals.edu/2009/09/14/cancer-drug-gleevec-wins-lasker-award/.

27. Mukherjee, *Emperor of All Maladies,* 438–440.

28. Tariq I. Mughal, *Chronic Myeloid Leukemia: A Handbook for Hematologists and Oncologists* (Boca Raton, FL: CRC Press, 2013), 30–31.

29. Andrew Pollack, "Cancer Physicians Attack High Drug Costs," *New York Times,* April 25, 2013.

30. Joan O. Hamilton, "Biotech's First Superstar: Genentech Is Becoming a Major-Leaguer—and Wall Street Loves It," *Business Week,* April 14, 1986, 68.

31. Andrew Pollack, "Roche Agrees to Buy Genentech for $46.8 Billion," *New York Times,* March 12, 2009, accessed February 3, 2018, http://www.nytimes.com/2009/03/13/business/worldbusiness/13drugs.html?mtrref=www.google.ch&gwh=75ED1CAF2D042A3546663BBF0F5D3706&gwt=pay.

32. Gary Hamel and C. K. Prahalad, "Strategic Intent," *Harvard Business Review,* July/August 2005, https://hbr.org/2005/07/strategic-intent.

33. Andrew Pollack, "F.D.A. Gives Early Approval to Drug for Rare Leukemia, *New York Times,* December 14, 2012, http://www.nytimes.com/2012/12/15/business/fda-gives-early-approval-to-leukemia-drug-iclusig.html; Dave Levitan, "Nilotinib Effective for Imatinib-Resistant CML," Cancer Network, July 21, 2012, http://www.cancernetwork.com/chronic-myeloid-leukemia/nilotinib-effective-imatinib-resistant-cml.

34. Susan Gubar, "Living with Cancer: The New Medicine," *New York Times,* June 26, 2014, http://well.blogs.nytimes.com/2014/06/26/living-with-cancer-the-new-medicine/?_r=0.

35. Jeremy Rifkin, *Zero Marginal Cost Society: The Internet of Things, the Collaborative Commons, and the Eclipse of Capitalism* (New York: St. Martin's Press, 2014), 379.

36. "Procter & Gamble," Fortune.com, accessed February 3, 2018, http://beta.fortune. com/fortune500/procter-gamble-34.

37. Alfred Lief, "Harley Procter's Floating Soap (Aug, 1953)" *Modern Mechanix*, July 14, 2008, http://blog.modernmechanix.com/harley-procters-floating-soap/.

38. Robert A. Duncan,"P&G Develops Synthetic Detergents: A Short History," typewritten manuscript, September 5, 1958, P&G Archives, 1.

39. The laboratory visited was that of I. G. Farben, the chemical giant that would later become notorious for engaging in war crimes under the Nazi regime.

40. Duncan, "P&G Develops Synthetic Detergents," 3.

41. Davis Dyer, Frederick Dalzell, and Rowena Olegario, *Rising Tide: Lessons from 165 Years of Brand Building at Procter & Gamble* (Boston: Harvard Business School Press, 2004), 70; Duncan, "P&G Develops Synthetic Detergents," 5.

42. Oscar Schisgall, *Eyes on Tomorrow: The Evolution of Procter & Gamble* (n.p.: J. G. Ferguson Publishing Company, 1981), 42; Advertising Age Editors, *Procter & Gamble: How P & G Became America's Leading Marketer* (n.p.: Passport Books, 1990), 11.

43. American Chemical Society, "Development of Tide Laundry Detergent Receives Historical Recognition," *EurekAlert!*, October 11, 2016, http://www.eurekalert.org/ pub_releases/2006-10/acs-dot101106.php.

44. "Laundry Detergent," MadeHow.com, http://www.madehow.com/Volume-1/ Laundry-Detergent.html.

45. "Birth of an Icon: TIDE," *P&G*, November 2, 2012, http://news.pg.com/blog/ heritage/birth-icon-tide.

46. G. Thomas Halberstadt, interview, April 7, 1984, P&G Archives, cited in National Historic Chemical Landmarks program of the American Chemical Society, "Development of Tide Synthetic Detergent: National Historic Chemical Landmark," American Chemical Society, October 25, 2006, http://www.acs.org/ content/acs/en/education/whatischemistry/landmarks/tidedetergent.html.

47. Ibid.

48. Ibid.

49. Ibid.

50. American Chemical Society, "Development of Tide Synthetic Detergent."

51. Dyer, Dalzell, and Olegario, *Rising Tide*, 73.

52. National Historic Chemical Landmarks program of the American Chemical Society, "Development of Tide Synthetic Detergent."

53. G. Thomas Halberstadt, interview, April 7, 1984, P&G Archives; Dyer, Dalzell, and Olegario, *Rising Tide*, 74; Dan Hurley, "Changing the Tide," *Cincy Magazine*, December 2013/January 2014, http://www.cincymagazine.com/Main/Articles/Changing_the_Tide_3939.aspx.

54. The description is reconstructed from multiple sources, including the Halberstadt interview, April 7, 1984, P&G Archives; and Dyer, Dalzell, and Olegario, *Rising Tide*, 74–75.

55. "Discover Great Innovations in Fashion and Lifestyle," Tide.com, http://www.tide.com/en-US/article/unofficial-history-laundry.jspx.

56. Advertising Age Editors, *How Procter and Gamble*, 23.

57. Alfred Lief, *It Floats: The Story of Procter & Gamble* (New York: Rinehart & Company, 1958), 254.

58. Dyer, Dalzell, and Olegario, *Rising Tide*, 81.

59. G. Thomas Halberstadt, interview, April 7–9, 1984, P&G Archives, 34.

60. Lief, *It Floats*, 253.

61. Howard Yu and Thomas Malnight, "The Best Companies Aren't Afraid to Replace Their Most Profitable Products," *Harvard Business Review*, July 14, 2016, https://hbr.org/2016/07/the-best-companies-arent-afraid-to-replace-their-most-profitable-products.

62. See Rita Gunther McGrath, *The End of Competitive Advantage* (Boston: Harvard Business School Press), 2013. Professor McGrath's work on this topic, in my opinion, constitutes the fundamental paradigm upon which much subsequent research is being built.

63. Ron Adner, "From Walkman to iPod: What Music Tech Teaches Us About Innovation," *Atlantic*, March 5, 2012, https://www.theatlantic.com/business/archive/2012/03/from-walkman-to-ipod-what-music-tech-teaches-us-about-

innovation/253158/.

64. One starting point is for managers to "reconstruct market boundaries" described by INSEAD's W. Chan Kim and Renee Mauborgne in *Blue Ocean Shift* (2017), Ch. 10, in which managers are shown six ways to challenge an industry's "self-imposed boundaries." Tills' powerful framework is built upon decades of work, first published in 2005 in *Blue Ocean Strategy,* an international bestseller.

第四章

1. Alexander Osterwalder, "The Business Model Ontology: A Proposition in a Design Science Approach" (PhD thesis, HEC, 2004), http://www.hec.unil.ch/aosterwa/ PhD/Osterwalder_PhD_BM_Ontology.pdf.

2. Alexander Osterwalder, interview by Howard Yu, December 3, 2015.

3. Paul Hobcraft, "Business Model Generation," *Innovation Management*, September 23, 2010, accessed April 23, 2017, http://www.innovationmanage ment. se/2010/09/23/business-model-generation/.

4. Alex Osterwalder, accessed April 23, 2017, http://alexosterwalder.com/.

5. "The 10 Most Influential Business Thinkers in the World," *Thinkers 50*, November 11, 2015, accessed June 30, 2017, http://thinkers50.com/media/media-coverage/the-10-most-influential-business-thinkers-in-the-world/; "Alexander Osterwalder and Yves Pigneur," *Thinkers 50*, February 1, 2017, accessed June 30, 2017, http://thinkers50.com/biographies/alexander-osterwalder-yves-pigneur.

6. Alex Osterwalder, "How to Self-Publish a Book," Agocluytens, accessed April 23, 2017, http://agocluytens.com/how-to-self-publish-a-book-alexander-osterwalder/. An earlier version of this case study has been published as a backgro undnote"WhoisAlexOsterwalder?"atIMDbasedonaprivateinterviewwith Alexander Osterwalder and public sources.Yu,Howard H.,"Howa Best-Selling Author Crowdsourced and Broke Every Rule in the Book," IMD, October 28, 2016, accessed March 13, 2018, https://www1.imd.org/publications/articles/ how-a-best-selling-author-crowdsourced-and-brokeevery-rule-in-the-book/.

7. "50 Years of Moore's Law," *Intel*, accessed April 23, 2017, http://www.intel.com/ content/www/us/en/silicon-innovations/moores-law-technology.html.

8. Barry Ritholtz,"When Do Scientists Believe Computers Will Surpass the Human Brain?" *The Big Picture*, August 3, 2015, accessed June 30, 2017, http:// ritholtz. com/2015/08/when-do-scientists-believe-computers-will-surpass-the-human-brain/.

9. "Your Smartphone Is Millions of Times More Powerful Than All of NASA's Combined Computing in 1969," *ZME Science*, May 17, 2017, accessed June 30, 2017, http://www.zmescience.com/research/technology/smartphone-power-compared-to-apollo-432/.

10. Daniel J. Levitin, *The Organized Mind: Thinking Straight in the Age of Information Overload* (New York: Dutton, 2016), 381.

11. Berin Szoka, Matthew Starr, and Jon Henke, "Don't Blame Big Cable. It's Local Governments That Choke Broadband Competition," *Wired*, July 16, 2013, accessed September 25, 2017, https://www.wired.com/2013/07/we-need-to-stop-focusing-on-just-cable-companies-and-blame-local-government-for-dismal-broadband-competition/.

12. Steven Cherry,"Edholm's Law of Bandwidth," *IEEE Spectrum*, July 1, 2004, http://spectrum.ieee.org/telecom/wireless/edholms-law-of-bandwidth.

13. Andrew McAfee and Erik Brynjolfsson, *Machine Platform Crowd: Harnessing Our Digital Future* (New York: W. W. Norton & Company, 2017), 98.

14. Ingrid Lunden,"If WhatsApp Is Worth $19B, Then WeChat's Worth 'at Least $60B' Says CLSA," *TC*, March 11, 2014, http://techcrunch.com/2014/03/11/if-whatsapp-is-worth-19b-then-wechats-worth-at-least-60b-says-clsa.

15. Tencent shares closed at a record high of 248.40 Hong Kong dollars (just under $32). "China's Tencent Is Now Worth $300 Billion," CNNMoney, accessed June 30, 2017, http://money.cnn.com/2017/05/03/investing/china-tencent-300-billion-company/index.html.

16. Tim Higgins and Anna Steele, "Tesla Gets Backing of Chinese Internet Giant Tencent," *Wall Street Journal*, last modified March 29, 2017, https:// www.wsj. com/articles/chinas-tencent-buys-5-stake-in-tesla-1490702095.

17. Jordan Novet, "China's WeChat Captures Almost 30 Percent of the Country's Mobile App Usage: Meeker Report," CNBC, May 31, 2017, accessed July 2, 2017, http://www.cnbc.com/2017/05/31/wechat-captures-about-30-percent-of-chinas-

mobile-app-usage-meeker-report.html.

18. "Number of Monthly Active WhatsApp Users Worldwide from April 2013 to January 2017," *Statista*, accessed April 23, 2017, https://www.statista.com/ statistics/260819/number-of-monthly-active-whatsapp-users/.

19. Josh Constine, "Facebook Now Has 2 Billion Monthly Users . . . and Responsibility," *TechCrunch*, June 27, 2017, accessed June 30, 2017, https:// techcrunch.com/2017/06/27/facebook-2-billion-users/.

20. "2017 WeChat User Report Is Out!—China Channel," *WeChat Based Solutions & Services*, accessed June 30, 2017, http://chinachannel.co/1017-wechat-report-users/.

21. David Cohen, "How Much Time Will the Average Person Spend on Social Media During Their Life? (Infographic)," *Adweek*, accessed June 30, 2017, http://www. adweek.com/digital/mediakix-time-spent-social-media-infographic/; Brad Stone and Lulu Yilun Chen, "Tencent Dominates in China. The Next Challenge Is the Rest of the World," Bloomberg.com, June 28, 2017, accessed July 2, 2017, https://www.bloomberg.com/news/features/2017-06-28/tencent-rules-china-the-problem-is-the-rest-of-the-world. *As for WeChat:* An earlier version of this case study has been published as Shih, Willy, Howard Yu, and Feng Liu, "WeChat: A Global Platform?" Harvard Business School Case 615–049, June 2015 (Rev. August 2017).

22. Beth Carter, "High Tech, Low Life Peeks Through China's Great Firewall," *Wired*, April 27, 2012, https://www.wired.com/2012/04/high-tech-low-life/.

23. He Huifeng, "WeChat Red Envelopes Help Drive Online Payments Use in China," *South China Morning Post*, February 15, 2016, http://www. scmp.com/tech/ article/1913340/wechat-red-envelopes-help-drive-online-payments-use-china.

24. Juro Osawa, "China Mobile-Payment Battle Becomes a Free-for-All," *Wall Street Journal*, last modified May 22, 2016, http://www.wsj.com/articles/china-mobile-payment-battle-becomes-a-free-for-all-1463945404; Paul Smith, "The Top Four Mistakes That Make Business Leaders Awful Storytellers," *Fast Company*, November 5, 2016, https://www.fastcompany.com/3065209/work-smart/ the-top-four-mistakes-that-make-business-leaders-awful-storytellers.

25. Paul Mozur, "In Urban China, Cash Is Rapidly Becoming Obsolete," *New*

York Times, July 16, 2017, accessed September 26, 2017, https://www.nytimes.com/2017/07/16/business/china-cash-smartphone-payments.html?mcubz=0.

26. James H. David, "Social Interaction and Performance," in *Group Performance* (Reading, PA: Addison-Wesley, 1969).

27. Tony Perry and Julian Barnes,"U.S. Rethinks a Marine Corps Specialty: Storming Beaches," *LA Times*, June 21, 2010, http://articles.latimes.com/2010/jun/21/nation/la-na-marines-future-20100621.

28. Christopher Drew, "Pentagon Is Poised to Cancel Marine Landing Craft," *New York Times*, January 5, 2011, http://www.nytimes.com/2011/01/06/business/06marine.html?_r=0.

29. Edward Bowman and Bruce M. Kogut, eds., *Redesigning the Firm* (Oxford: Oxford University Press, 1995), 246.

30. L. J. Colfer and C. Y. Baldwin, "The Mirroring Hypothesis: Theory, Evidence and Exceptions" (Harvard Business School, Tech. Rep. Finance Working Paper No. 16-124, May 2016).

31. Spencer Ackerman, "Build a Swimming Tank for DARPA and Make a Million Dollars," *Wired*, October 2, 2010, http://www.wired.com/2012/10/fang/.

32. DARPAtv, "FANG Challenge: Design a Next-Generation Military Ground Vehicle," YouTube video, 3:26, September 27, 2012, https://www.youtube.com/watch?v=TMa1657gYIE.

33. Christopher Drew, "Pentagon Is Poised to Cancel Marine Landing Craft," *New York Times*, January 5, 2011, http://www.nytimes.com/2011/01/06/business/06marine.html?_r=0; Ackerman, "Build a Swimming Tank for DARPA."

34. Michael Belfiore, "You Will Design DARPA's Next Amphibious Vehicle," *Popular Mechanics*, October 3, 2012, http://www.popularmechanics.com/military/research/a8151/you-will-design-darpas-next-amphibious-vehicle-13336284/.

35. Kyle Maxey, "DARPA FANG Challenge—$1M to the Winners," Engineering.com, April 22, 2013, http://www.engineering.com/DesignerEdge/DesignerEdgeArticles/ArticleID/5624/DARPA-FANG-Challenge—1M-to-the-winners.aspx.

36. "Test and Evaluation of AVM Tools for DARPA FANG Challenge," *NASA JPL*, accessed April 23, 2017, https://www-robotics.jpl.nasa.gov/tasks/showTask.cfm?TaskID=255&tdaID=700059.

37. Lane Boyd, "DARPA Pushes for an Engineering Internet," *Computer Graphics World* 21, no. 9 (1998).

38. "DARPA Challenges Combat Vehicle Designers: Do It Quicker," *Aviation Week*, November 5, 2012, http://aviationweek.com/awin/darpa-challenges-combat-vehicle-designers-do-it-quicker.

39. Allison Barrie,"Could You Design the Next Marine Amphibious Assault Vehicle?"*Fox News*,April 25,2013,http://www.foxnews.com/tech/2013/04/25/could-design-next-marine-amphibious-assault-vehicle/.

40. Beth Stackpole, "Dispersed Team Nabs $1 Million Prize in DARPA FANG Challenge,"*DE*, May 3,2013,http://www.deskeng.com/virtual_desktop/?p=7101.

41. Sean Gallagher, "Tankcraft: Building a DARPA Tank Online for Fun and Profit," *Ars Technica*, April 24, 2013, http://arstechnica.com/information-technology/2013/04/tankcraft-building-a-darpa-tank-online-for-fun-and-profit/.

42. Graeme McMillan, "The Family That Stays Together, Designs Award-Winning Military Vehicles Together," *Digital Trends*, April 25, 2013, http:// www.digitaltrends.com/cool-tech/the-family-that-stays-together-designs-award-winning-tanks-together/.

43. Ibid.

44. Stephen Lacey, "How Crowdsourcing Could Save the Department of Energy," *GTM*, February 27, 2013, accessed September 29, 2017, https://www.greentechmedia.com/articles/read/how-crowdsourcing-could-save-the-department-of-energy#gs.FQgDUb8; Robert M. Bauer, and Thomas Gegenhuber, "Crowdsourcing: Global Search and the Twisted Roles of Consumers and Producers," *Organization* 22, no. 5 (2015): 661–681, doi:10.1177/1350508415585030.

45. McMillan, "Family That Stays Together."

46. "DARPA Challenges Combat Vehicle Designers."

47. Oliver Weck, *Fast Adaptable Next-Generation Ground Vehicle Challenge, Phase 1 (FANG—1) Post-Challenge Analysis*, September 21, 2013, http:// web.mit.edu/deweck/Public/AVM/FANG-1percent20Post-Analysispercent20Technical percent20Report percent20(de percent20Weck).pdf.

48. Anita McGahan, "Unlocking the Big Promise of Big Data," *Rotman Management*

Magazine, Fall 2013.

49. Sandi Doughton, "After 10 Years, Few Payoffs from Gates' 'Grand Challenges,'" *Seattle Times*, December 22, 2014, accessed September 27, 2017, http://www. seattletimes.com/seattle-news/after-10-years-few-payoffs-from-gatesrsquo-lsquogrand-challengesrsquo/.

50. Maxey, "DARPA FANG Challenge."

51. David Szondy, "DARPA Announces Winner in FANG Challenge," *New Atlas*, April 24, 2013, http://newatlas.com/darpa-fang-winner/27213/.

52. I would like to thank Professor Hila Lifshitz-Assaf at the New York University Stern School of Business, who first explained to me the importance of decontextualization for successful collaboration in the open. For her excellent research, please refer to Karim Lakhani, Hila Lifshitz-Assaf, and Michael Tushman, "Open Innovation and Organizational Boundaries: Task Decomposition, Knowledge Distribution, and the Locus of Innovation," in *Handbook of Economic Organization: Integrating Economic and Organizational Theory*, ed. Anna Grandori (Northampton, MA: Elgar, 2014), 355–382.

53. L. Argote, B. McEvily, and R. Reagans, "Managing Knowledge in Organizations: An Integrative Framework and Review of Emerging Themes," *Management Science* 49, no. 4 (2003): 571–582.

54. "Gennady Korotkevich Wins Google Code Jam Fourth Time in a Row," Новости Университета ИТМО, accessed January 31, 2018, http://news.ifmo.ru/en/ university_live/achievements/news/6871/.

55. Joseph Byrum, "How Agribusinesses Can Ensure Success with Open Innovation," AgFunder News, November 14, 2016, https://agfundernews.com/tips-agribusinesses-succeed-open-innovation.html.

56. Ibid.

57. Discussion with multiple Syngenta managers on March 1, 2016, at a strategy workshop in Lausanne, Switzerland.

58. Lizzie Widdicombe, "The Programmer's Price," *New Yorker*, November 24, 2014, http://www.newyorker.com/magazine/2014/11/24/programmers-price; Frederick Brooks, *The Mythical Man-Month: Essays on Software Engineering* (Boston: Addison-Wesley, 1995), chap. 3.

59. An earlier version of this argument has been published as a supplementary reading, "Why Do People Do Great Things Without Getting Paid?" IMD Case IMD-7-1537, 2013. A great source on this topic can be found in *The Power of Habit: Why We Do What We Do in Life and Business* (New York: Random House, 2012) by Charles Duhigg, Ch. 5.

60. See Charles Duhigg, *The Power of Habit*. For more details, please refer to Duhigg's book for a succinct explanation of the series of fascinating experiments conducted by Professor Mark Muraven at SUNY Albany.

61. The concept of social bragging rights is articulated in Jonah Berger, *Contagious: Why Things Catch On* (New York: Simon & Schuster, 2013), chap. 1.

62. For a review of this line of inquiry on human willpower by Mark Muraven and his colleagues, see Andrew C. Watson, *Learning Begins—The Science of Working Memory and Attention/or the Class* (Rowman & Littlefield, 2017), 123–128

63. Yue Wang, "How Chinese Super App WeChat Plans to Lock Out Foreign App Stores in China," *Forbes*, January 9, 2017, https://www.forbes.com/sites/ywang/2017/01/09/chinese-super-app-wechat-launches-new-plan-to-rival-app-stores-in-china/#156830965748; Yi Shu Ng, "WeChat Beats Google to Release Apps That Don't Need to be Downloaded or Installed," *Mashable*, January 10, 2017, http://mashable.com/2017/01/10/wechat-mini-programs/#fKWl6IRhosqE; Jon Russell, "China's Tencent Takes on the App Store with Launch of 'Mini Programs' for WeChat," *TC*, January 9, 2017, https://techcrunch.com/2017/01/09/wechat-mini-programs/.

64. Sarah Perez, "Nearly 1 in 4 People Abandon Mobile Apps After Only One Use," *TC*, May 31, 2016, https://techcrunch.com/2016/05/31/nearly-1-in-4-people-abandon-mobile-apps-after-only-one-use/.

65. Wang, "How Chinese Super App WeChat Plans."

66. Sijia Jiang, "With New Mini-Apps, WeChat Seeks Even More China Clicks," *Reuters*, May 28, 2017, http://www.reuters.com/article/us-tencent-wechat-china-idUSKCN18E38Z.

第五章

1. "What AlphaGo Means to the Future of Management," *MIT Sloan Management*

Review, accessed May 28, 2017, http://sloanreview.mit.edu/article/tech-savvy-what-alphago-means-to-the-future-of-management/.

2. Alan Levinovitz, "The Mystery of Go, the Ancient Game That Computers Still Can't Win," *Wired*, May 12, 2014, https://www.wired.com/2014/05/the-world-of-computer-go/.

3. Cho Mu-Hyun, "AlphaGo Match 'a Win for Humanity': Eric Schmidt," *ZDNet*, March 8, 2016, http://www.zdnet.com/article/alphago-match-a-win-for-humanity-eric-schmidt/.

4. Brad Stone, *The Everything Store: Jeff Bezos and the Age of Amazon* (New York: Back Bay Books, 2014), 134.

5. Seth Fiegerman, "Man vs. Algorithm: When Media Companies Need a Human Touch," *Mashable*, October 30, 2013, accessed September 30, 2017, http://mashable.com/2013/10/30/new-media-technology/#H4yVxcTntkq7.

6. "The Valentines!" *Stranger*, February 7, 2002, accessed September 30, 2017, http://www.thestranger.com/seattle/the-valentines/Content?oid=9976.

7. Molly Driscoll, "'The Everything Store': 5 Behind-the-Scenes Stories About Amazon," *Christian Science Monitor*, November 4, 2013, http://www.csmonitor.com/Books/2013/1104/The-Everything-Store-5-behind-the-scenes-stories-about-Amazon/Less-space-for-creativity.

8. "History of the World Jeopardy Review Game Answer Key," accessed May 28, 2017, https://www.superteachertools.us/jeopardyx/answerkey.php?game=1408637225.

9. An earlier version of this case study has been published as "IBM Watson (A): Will a Computer Replace Your Oncologist One Day?" IMD Case IMD-3-2402, 2013. Stephen Baker, *Final Jeopardy: The Story of Watson, the Computer That Will Transform Our World* (Boston: Mariner Books, 2012), 3.

10. Paul Cerrato, "IBM Watson Finally Graduates Medical School," *InformationWeek*, accessed May 28, 2017, http://www.informationweek.com/healthcare/clinical-information-systems/ibm-watson-finally-graduates-medical-school/d/d-id/1106982.

11. "Memorial Sloan-Kettering Cancer Center, IBM to Collaborate in Applying Watson Technology to Help Oncologists," IBM News Room, March 22, 2012,

https://web.archive.org/web/20141222165826/http://www-03.ibm.com/press/us/
en/pressrelease/37235.wss; "The Science Behind Watson," IBM Watson, accessed
May 28, 2017, https://web.archive.org/web/20130524075245/http://www-03.ibm.
com/innovation/us/watson/the_jeopardy_challenge.shtml.

12. IBM, "Perspectives on Watson: Healthcare;" YouTube video, 2:16,
    February 8, 2011, https://www.youtube.com/watch?v=vwDdyxj6S0U.

13. Ken Jennings, "Watson Jeopardy! Computer: Ken Jennings Describes What It's
    Like to Play Against a Machine," *Slate Magazine*, February 16, 2011, http://www.
    slate.com/articles/arts/culturebox/2011/02/my_puny_human_brain.2.html.

14. Brian Christian, "Mind vs. Machine," *Atlantic*, February 19, 2014, https://www.
    theatlantic.com/magazine/archive/2011/03/mind-vs-machine/308386/.

15. Natasha Geiling, "The Women Who Mapped the Universe and Still Couldn't Get
    Any Respect," *Smithsonian*, September 18, 2013, http://www.smithsonianmag.
    com/history/the-women-who-mapped-the-universe-and-still-couldnt-get-any-
    respect-9287444/.

16. A. M. Turing, "Computing Machinery and Intelligence," *Mind* (1950): 433–460,
    doi:10.1093/mind/LIX.236.433.

17. IBM, "IBM Healthcare," YouTube video, February 21, 2013, https://www.youtube.
    com/watch?v=D07VJz0uGM4.

18. Baker, *Final Jeopardy*.

19. IBM, "IBM Watson: Watson After Jeopardy!" YouTube video, 4:36,
    February 11, 2011, accessed October 2, 2017, http://www.youtube.com/
    watch?v=dQmuETLeQcg&rel=0.

20. Deepak and Sanjiv Chopra, *Brotherhood: Dharma, Destiny, and the American
    Dream* (New York: New Harvest, 2013), 187.

21. Malcolm Gladwell, *Blink: The Power of Thinking Without Thinking* (Boston:
    Little, Brown, 2007), 9.

22. Gary Klein, a psychologist, originally reported this story, which a number of
    authors have since popularized. For additional accounts, please refer to http://
    www.fastcompany.com/40456/whats-your-intuition; Daniel Kahneman, *Thinking,
    Fast and Slow* (New York: Farrar, Straus and Giroux, 2011); Gladwell, *Blink: The
    Power of Thinking Without Thinking*.

23. "Simon Property Group Fights to Reinvent the Shopping Mall,"*Fortune*, accessed October 1, 2017, http://fortune.com/simon-mall-landlord-real-estate/.

24. "Simon Property Group Inc.," AnnualReports.com, accessed October 1, 2017, http://www.annualreports.com/Company/simon-property-group-inc.

25. "China's Dalian Wanda 2015 Revenue up 19 Pct as Diversification Takes Hold," Reuters, January 10, 2016, accessed October 1, 2017, http://www.reuters.com/article/wanda-group-results/chinas-dalian-wanda-2015-revenue-up-19-pct-as-diversification-takes-hold-idUSL3N14V1DU20160111.

26. "Dalian Wanda to Open Nearly 900 Malls by 2025, Focus on Lower-Tier Cities," Reuters, April 20, 2015, accessed October 1, 2017, http://www.reuters.com/article/dalian-wanda/dalian-wanda-to-open-nearly-900-malls-by-2025-focus-on-lower-tier-cities-idUSL4N0XH2MM20150420.

27. Zhu Lingqing,"Top 12 Chinese Firms Debuted in 2016 Fortune Global 500," ChinaDaily.com, accessed October 2, 2017, http://wap.chinadaily.com.cn/2016-07/22/content_26203491.htm.

28. Wang's Dalian Wanda Group is one of China's biggest conglomerates. Sherisse Pham,"China's Wang Jianlin Battles Talk of Trouble at Dalian Wanda," CNNMoney, accessed October 2, 2017, http://money.cnn.com/2017/07/20/investing/wanda-wang-jianlin-battles-rumors/index.html.

29. Barbara Goldberg, "Trump's Net Worth Dwindled to $3.5 Billion, Forbes Says," Reuters, March 20, 2017, accessed October 2, 2017, https://www.reuters.com/article/us-usa-trump-forbes-idUSKBN16R250.

30. Daniel J. Levitin, *The Organized Mind: Thinking Straight in the Age of Information Overload* (New York: Dutton, 2016), chap. 6.

31. Nicholas Bakalar, "No Extra Benefits Are Seen in Stents for Coronary Artery Disease," *New York Times*, February 27, 2012, accessed November 18, 2017, http://www.nytimes.com/2012/02/28/health/stents-show-no-extra-benefits-for-coronary-artery-disease.html.

32. Brian Christian, "The A/B Test: Inside the Technology That's Changing the Rules of Business," *Wired*, April 25, 2012, accessed October 15, 2017, https://www.wired.com/2012/04/ff_abtesting/.

33. Jerry Avorn, "Healing the Overwhelmed Physician," *New York Times*,

June 11, 2013, http://www.nytimes.com/2013/06/12/opinion/healing-the-overwhelmed-physician.html.

34. "Watson Is Helping Doctors Fight Cancer," IBM Watson, accessed May 28, 2017, http://m.ibm.com/http/www-03.ibm.com/innovation/us/watson/watson_in_healthcare.shtml.

35. "Big Data Technology for Evidence-Based Cancer Treatment," *Experfy Insights*, August 28, 2015, accessed July 3, 2017, https://www.experfy.com/blog/big-data-technology-evidence-based-cancer-treatment.

36. David Kerr, "Learning Machines: Watson Could Bring Cancer Expertise to the Masses," *Huffington Post*, March 29, 2012, http://www.huffingtonpost.com/david-kerr/learning-machines-watson-_b_1388429.html.

37. Cerrato, "IBM Watson Finally Graduates Medical School."

38. "Memorial Sloan Kettering Cancer Center, IBM to Collaborate in Applying," Memorial Sloan Kettering, March 22, 2012, https://www.mskcc. org/press-releases/mskcc-ibm-collaborate-applying-watson-technology-help-oncologists.

39. Memorial Sloan Kettering, "Memorial Sloan-Kettering's Expertise Combined with the Power of IBM Watson Is Poised to Help Doctors,"YouTube video, 2:45, January 8, 2014, https://www.youtube.com/watch?v=nNHni1Jm4p4.

40. Cerrato, "IBM Watson Finally Graduates Medical School."

41. Jon Gertner, "IBM's Watson Is Learning Its Way to Saving Lives," *Fast Company*, October 16, 2012, http://www.fastcompany.com/3001739/ibms-watson-learning-its-way-saving-lives.

42. Sy Mukherjee, "Digital Health Care Revolution," Fortune.com, April 20, 2017, http://fortune.com/2017/04/20/digital-health-revolution/.

43. Ian Steadman, "IBM's Watson Is Better at Diagnosing Cancer Than Human Doctors," *Wired UK*, May 23, 2016, http://www.wired.co.uk/article/ibm-watson-medical-doctor.

44. Jacob M. Schlesinger, "New Recruit IPO, New Era for Japan?" *Wall Street Journal*, September 11, 2014, https://blogs.wsj.com/japanrealtime/2014/09/12/new-recruit-ipo-new-era-for-japan/.

45. Susan Carpenter, *Japan's Nuclear Crisis: The Routes to Responsibility* (Basingstoke, UK: Palgrave Macmillan, 2014), 130.

46. *Recruit's AI lab:* An earlier version of this case study has been published as "Recruit Japan: Harnessing Data to Create Value," IMD Case IMD-7-1815, 2016. Iwao Hoshii, *Japan's Pseudo-democracy* (Sandgate, UK: Japan Library, 1993), 175.

47. This network effect is sometimes referred to as Metcalfe's law, after Xerox's PARC researcher Bob Metcalfe, who posited that the value of a network is proportional to the square of the number of users.

48. Richard Teitelbaum, "Snapchat Parent's IPO Filing Omits Monthly Data," *Wall Street Journal*, February 8, 2017, https://www.wsj.com/articles/snapchat-parents-ipo-filing-omits-monthly-data-1486580926.

49. Nicholas Jackson and Alexis C. Madrigal, "The Rise and Fall of MySpace," *Atlantic*, January 12, 2011, https://www.theatlantic.com/te/archive/2011/01/the-rise-and-fall-of-myspace/69444/.

50. Stuart Dredge,"MySpace—What Went Wrong:'The Site Was a Massive Spaghetti-Ball Mess,'"*Guardian*,March 6,2015,https://www.theguardian.com/technology/2015/mar/06/myspace-what-went-wrong-sean-percival-spotify.

51. Amy Lee, "Myspace Collapse: How the Social Network Fell Apart," *Huffington Post*, June 30, 2011, http://www.huffingtonpost.com/2011/06/30/how-myspace-fell-apart_n_887853.html.

52. Christopher Mims,"Did Whites Flee the 'Digital Ghetto' of MySpace?" *MIT Technology Review*, October 22, 2012, https://www.technologyreview.com/s/419843/did-whites-flee-the-digital-ghetto-of-myspace/.

53. "GE's Jeff Immelt on Digitizing in the Industrial Space," McKinsey & Company, accessed May 28, 2017, http://www.mckinsey.com/business-functions/organization/our-insights/ges-jeff-immelt-on-digitizing-in-the-industrial-space.

54. KurzweilAI, "Watson Provides Cancer Treatment Options to Doctors in Seconds," accessed May 28, 2017, http://www.kurzweilai.net/watson-provides-cancer-treatment-options-to-doctors-in-seconds.

55. Bruce Upbin, "IBM's Watson Gets Its First Piece of Business in Healthcare," *Forbes*, February 15, 2013, https://www.forbes.com/sites/bruceupbin/2013/02/08/ibms-watson-gets-its-first-piece-of-business-in-healthcare/.

56. "IBM Watson Hard at Work: New Breakthroughs Transform Quality Care for Patients," Memorial Sloan Kettering, February 8, 2013, https://www.mskcc.org/

press-releases/ibm-watson-hard-work-new-breakthroughs-transform-quality-care-patients.

57. Kerr, "Learning Machines."

58. David H. Freedman, "What Will It Take for IBM's Watson Technology to Stop Being a Dud in Health Care?" *MIT Technology Review*, June 27, 2017, accessed June 29, 2017, https://www.technologyreview.com/s/607965/a-reality-check-for-ibms-ai-ambitions/.

59. Christof Koch, "How the Computer Beat the Go Master," *Scientific American*, March 18, 2016, http://www.scientificamerican.com/article/how-the-computer-beat-the-go-master/.

60. Cade Metz, "In Two Moves, AlphaGo and Lee Sedol Redefined the Future," *Wired*, March 16, 2016, https://www.wired.com/2016/03/two-moves-alphago-lee-sedol-redefined-future/.

61. Measured in calculations performed per second per thousand dollars of hardware, computer performance has increased since 1960 from one ten-thousandth of a calculation per second (one every three hours) to 10 billion calculations per second. See Edward O. Wilson, *Half-Earth: Our Planet's Fight for Life* (New York: Liveright Publishing Corporation, 2017), 199.

62. Sam Byford, "Why Google's Go Win Is Such a Big Deal," *Verge*, March 9, 2016, http://www.theverge.com/2016/3/9/11185030/google-deepmind-alphago-go-artificial-intelligence-impact.

63. Metz, "In Two Moves."

64. Pui-wing Tam, "Daily Report: AlphaGo Shows How Far Artificial Intelligence Has Come," *New York Times*, May 23, 2017, https://www.nytimes.com/2017/05/23/technology/alphago-shows-how-far-artificial-intelligence-has-come.html; Cade Metz, "AlphaGo's Designers Explore New AI After Winning Big in China," *Wired*, May 27, 2017, https://www.wired.com/2017/05/win-china-alphagos-designers-explore-new-ai/.

65. David Runciman, "Diary: AI," *London Review of Books*, January 25, 2018, accessed February 9, 2018, https://www.lrb.co.uk/v40/n02/david-runciman/diary.

66. Paul Mozur, "Google's AlphaGo Defeats Chinese Go Master in Win for A.I.," *New York Times*, May 23, 2017, https://www.nytimes.com/2017/05/23/business/google-

deepmind-alphago-go-champion-defeat.html.

67. "AI May Be 'More Dangerous Than Nukes,' Musk Warns," CNBC, August 4, 2014, http://www.cnbc.com/2014/08/04/ai-potentially-more-dangerous-than-nukes-musk-warns.html.

68. Greg Kumparak,"Elon Musk Compares Building Artificial Intelligence to 'Summoning the Demon,'" *TechCrunch*, October 26, 2014, https://tech crunch. com/2014/10/26/elon-musk-compares-building-artificial-intelligence-to-summoning-the-demon/.

69. Stacey Higginbotham, "Elon Musk, Reid Hoffman and Amazon Donate $1 Billion for AI Research," Fortune.com, December 12, 2015, http://fortune. com/2015/12/11/open-ai/.

70. "Steve Wozniak: The Future of AI Is 'Scary and Very Bad for People,'" *Yahoo! Tech*, March 23, 2015, https://www.yahoo.com/tech/steve-wozniak-future-ai-scary-154700881.html.

71. Rory Cellan-Jones, "Stephen Hawking Warns Artificial Intelligence Could End Mankind," *BBC News*, December 2, 2014, http://www.bbc.com/news/technology-30290540.

72. Andrew Nusca, "This Man Is Leading an AI Revolution in Silicon Valley—and He's Just Getting Started," November 16, 2017, accessed November 26, 2017, http://fortune.com/2017/11/16/nvidia-ceo-jensen-huang/.

73. "Predix—The Premier Industrial Internet Platform," *GE Digital*, May 15, 2017, https://www.ge.com/digital/predix?utm_expid=109794401-13.6V0rEbO8RzmRu71-IsKIUQ.0.

74. "Internet of Everything," Cisco, accessed May 28, 2017, http://ioeassessment.cisco.com/.

75. The importance of cloud computing to the success of Airbnb has been documented excellently in Leigh Gallagher, *The Airbnb Story* (London: Virgin Books, 2017), 45.

76. Joseph Treaster, "Buffett Holds Court at Berkshire Weekend," *New York Times*, April 30, 2000, http://www.nytimes.com/2000/05/01/business/buffett-holds-court-at-berkshire-weekend.html.

77. Daniel Howley, "Warren Buffett: AI Is Good for Society but 'Enormously

Disruptive,'" *Yahoo! Finance*, May 6, 2017, https://finance.yahoo.com/news/warren-buffett-ai-good-society-enormously-disruptive-203957098.html.

第六章

1. Theodore Levitt, "Marketing Myopia," *Harvard Business Review*, March 20, 2017, https://hbr.org/2004/07/marketing-myopia.

2. "An Interview with Steve Jobs," *Nova*, October 10, 2011, http://video. pbs.org/video/2151510911/.

3. Steve Lohr, *Data-Ism: The Revolution Transforming Decision Making, Consumer Behavior, and Almost Everything Else* (New York: Harper Business, 2015), 65.

4. An earlier version of this case study has been published as "Finding Community Solutions from Common Ground: A New Business Model to End Homelessness," IMD Case IMD-3-2289, 2012. Pam Fessler, "Ending Homelessness: A Model That Just Might Work," *NPR*, March 7, 2011, http://www.npr.org/2011/03/07/134002013/ending-homelessness-a-model-that-just-might-work.

5. Alastair Gordon, "Higher Ground," *WSJ Magazine RSS*, accessed June 6, 2017, https://web.archive.org/web/20120608011853/http://magazine.wsj.com/hunter/donate/higher-ground/.

6. Dennis Hevesi, "On the New Bowery, Down and Out Mix with Up and Coming," *New York Times*, April 13, 2002, http://www.nytimes.com/2002/04/14/realestate/on-the-new-bowery-down-and-out-mix-with-up-and-coming.html?pagewanted=3.

7. Gordon, "Higher Ground."

8. Brad Edmondson, *Ice Cream Social: The Struggle for the Soul of Ben & Jerry's* (San Francisco: Berrett-Koehler, 2014), 76–77, 136.

9. Malcolm Gladwell, "Million-Dollar Murray," *New Yorker*, June 7, 2017, http://www.newyorker.com/magazine/2006/02/13/million-dollar-murray.

10. "Linking Housing and Health Care Works for Chronically Homeless Persons," *HUDUSER*, accessed June 15, 2017, https://www.huduser.gov/portal/periodicals/em/summer12/highlight3.html.

11. TEDx Talks, "How to Solve a Social Problem: Rosanne Haggerty at TEDx AmherstCollege," YouTube video, 18:31, December 19, 2013, https:// www.youtube.com/watch?v=DVylRwmYmJE.

12. Fessler, "Ending Homelessness."

13. Becky Kanis, "Facing into the Truth," National Archives and Records Administration, accessed June 9, 2017, https://obamawhitehouse.archives. gov/blog/2013/03/21/facing-truth.

14. Carl Benedikt Frey and Michael A. Osborne, "The Future of Employment: How Susceptible Are Jobs to Computerisation?" *Technological Forecasting and Social Change* 114 (2017): 254–280, doi:10.1016/j.techfore.2016.08.019.

15. Edward O. Wilson, *Half-Earth: Our Planet's Fight for Life* (New York: Liveright Publishing Corporation, 2017), 199–200.

16. Gordon, "Higher Ground."

17. Brenda Ann Kenneally, "Why It's So Hard to Stop Being Homeless in New York," *Daily Intelligencer*, accessed October 8, 2017, http://nymag.com/daily/intelligencer/2017/03/nyc-homelessness-crisis.html.

18. "Turning the Tide on Homelessness in New York City," City of New York, accessed October 8, 2017, http://www1.nyc.gov/assets/dhs/downloads/pdf/turning-the-tide-on-homelessness.pdf.

19. Alana Semuels, "How to End Homelessness in New York City," *Atlantic*, January 4, 2016, accessed October 8, 2017, https://www.theatlantic.com/business/archive/2016/01/homelessness-new-york-city/422289/.

20. Ellen Lupton, *Beautiful Users: Designing for People* (New York: Princeton Architectural Press, 2014), 21.

21. Tom Kelley and David Kelley, "Kids Were Terrified of Getting MRIs. Then One Man Figured Out a Better Way," *Slate Magazine*, October 18, 2013, http://www.slate.com/blogs/the_eye/2013/10/18/creative_confidence_a_new_book_from_ideo_s_tom_and_david_kelley.html.

22. "From Terrifying to Terrific: The Creative Journey of the Adventure Series," *GE Healthcare: The Pulse*, January 29, 2014, http://newsroom.gehealthcare.com/from-terrifying-to-terrific-creative-journey-of-the-adventure-series/.

23. An excellent recount of Doug Dietz's story can be found in an authoritative exposition of design thinking by Tom Kelley and David Kelley, *Creative Confidence Unleashing the Creative Potential Within Us All* (New York: HarperCollins, 2015). Kelley and Kelley, "Kids Were Terrified of Getting MRIs."

24. "Doug Dietz: Transforming Healthcare for Children and Their Families," PenneyLaneOnline.com, January 24, 2013, http://www.penneylaneonline. com/2013/01/22/doug-dietz-transforming-healthcare-for-children-and-their- families/.

25. "'Adventure Series' Rooms Help Distract Nervous Youngsters at Children's Hospital," May 28, 2012, *Pittsburgh Post-Gazette*, accessed June 11, 2017, http:// www.post-gazette.com/news/health/2012/05/28/Adventure-Series-rooms-help- distract-nervous-youngsters-at-Children-s-Hospital/stories/201205280159.

26. "From Terrifying to Terrific," *GE Healthcare: The Pulse.*

27. "Changing Experiences Through Empathy—The Adventure Series," This Is Design Thinking! July 6, 2015, http://thisisdesignthinking.net/2014/12/changing- experiences-through-empathy-ge-healthcares-adventure-series/.

28. Kelley and Kelley, "Kids Were Terrified of Getting MRIs." If readers are interested in learning more about Doug Dietz's experience, they may see Tom and David Kelley's *Creative Confidence: Unleashing the Creative Potential Within Us All* (New York: Crown Business, 2013) and Robert I. Sutton and Huggy Rao's *Scaling Up Excellence: Getting to More Without Settling for Less* (New York: Crown Business, 2014). I depended heavily on these two excellent references to summarize Doug's personal discovery.

29. Martin Lindström, *Small Data: The Tiny Clues That Uncover Huge Trends* (New York: Picador, 2017).

30. Jeffrey Guhin, "History (and Logic) Explains Why Neil deGrasse Tyson's Proposed Rational Nation Is a Terrible Idea," *Slate Magazine*, July 5, 2016, http:// www.slate.com/articles/health_and_science/science/2016/07/neil_degrasse_tyson_ wants_a_nation_ruled_by_evidence_but_evidence_explains.html.

31. David Leonhardt, "Procter & Gamble Shake-Up Follows Poor Profit Outlook," *New York Times*, June 9, 2000, http://www.nytimes.com/2000/06/09/business/ procter-gamble-shake-up-followspoorprofit-outlook.html.

32. Nikhil Deogun and Robert Langreth, "Procter & Gamble Abandons Talks with Warner-Lambert and AHP," *Wall Street Journal*, January 25, 2000, http://www.wsj. com/articles/SB94873352953885170.

33. "P&G Warning Hurts Dow," CNNMoney, March 7, 2000, http://money.cnn.

com/2000/03/07/companies/procter/.

34. "P&G CEO Quits amid Woes," CNNMoney, June 8, 2000, http://money.cnn. com/2000/06/08/companies/procter/.

35. Leonhardt, "Procter & Gamble Shake-Up." "*Proctoids*": Numerous public sources can be found that document P&G's turnaround under the leadership of CEO A. G. Lafley. Of all the available sources, I find Roger L. Martin's *The Design of Business: Why Design Thinking Is the Next Competitive Advantage* (Boston: Harvard Business Press, 2009) most illustrative. Martin's writing has been a main source of reference for this part of the case study.

36. Dana Canedy, "A Consumer Products Giant Will Most Likely Stay With What It Knows," *New York Times*, January 25, 2000, http://www. nytimes.com/2000/01/25/ business/a-consumer-products-giant-will-most-likely-stay-with-what-it-knows. html.

37. Warren Berger, *CAD Monkeys, Dinosaur Babies, and T-Shaped People: Inside the World of Design Thinking and How It Can Spark Creativity and Innovation* (New York: Penguin Books, 2010), chap. 6.5.

38. Kamil Michlewski, *Design Attitude* (Farnham, UK: Ashgate, 2015).

39. Jennifer Reingold, "Claudia Kotchka Glides from the Design World to the Business World and Back with Ease. Now She Has to Teach 110,000 Employees at Procter Gamble to Do the Same Thing," *Fast Company*, June 2005 http://www. fastcompany.com/53060/interpreter.

40. Roger L. Martin, *The Design of Business: Why Design Thinking Is the Next Competitive Advantage* (Boston: Harvard Business Press, 2009), 83.

41. Ibid., 87.

42. Warren Berger, *Glimmer: How Design Can Transform Your Life, and Maybe Even the World* (New York: Penguin Press, 2009), 172.

43. Martin, *Design of Business*, 86.

44. Reingold, "Claudia Kotchka Glides."

45. Sutton and Rao, *Scaling Up Excellence*, 20.

46. Dorothy Kalins, "Going Home with the Customers," *Newsweek*, May 22, 2005, http://www.newsweek.com/going-home-customers-119233.

47. Martin, *Design of Business*.

48. Harvard Business Review, "Innovation at Procter & Gamble," YouTube video, 14:27, June 23, 2008, http://www.youtube.com/watch?v=xvIUSxXrffc.

49. Ibid.

50. Dev Patnaik, "Forget Design Thinking and Try Hybrid Thinking," *Fast Company*, August 25, 2009, http://www.fastcompany.com/1338960/forget-design-thinking-and-try-hybrid-thinking.

51. Sutton and Rao, *Scaling Up Excellence*, 5.

52. "Automation and Anxiety," *Economist*, June 25, 2016, accessed February 3, 2018, https://www.economist.com/news/special-report/21700758-will-smarter-machines-cause-mass-unemployment-automation-and-anxiety.

53. David Autor, "Polanyi's Paradox and the Shape of Employment Growth," *National Bureau of Economic Research*, 2014, doi:10.3386/w20485.

54. Mercatus Center, "Atul Gawande on Priorities, Big and Small," *Medium*, July 19, 2017, accessed October 9, 2017, https://medium.com/conversations-with-tyler/atul-gawande-checklist-books-tyler-cowen-d8268b8dfe53.

55. Andrew McAfee and Erik Brynjolfsson, *Machine Platform Crowd: Harnessing Our Digital Future* (New York: W. W. Norton & Company, 2017), 78.

56. Siddhartha Mukherjee, "A.I. Versus M.D.," *New Yorker*, June 19, 2017, accessed October 9, 2017, https://www.newyorker.com/magazine/2017/04/03/ai-versus-md.

57. Clayton M. Christensen and Michael E. Raynor, *The Innovator's Solution: Creating and Sustaining Successful Growth* (Boston: Harvard Business Review Press, 2013), 58.

58. "Weekly Adviser: Horror at Credit Scoring Is Not Just Foot-Dragging," American Banker, November 2, 1999, accessed October 15, 2017, https://www.americanbanker.com/news/weekly-adviser-horror-at-credit-scoring-is-not-just-foot-dragging.

59. Norm Augustine, "The Education Our Economy Needs," *Wall Street Journal*, September 21, 2011, https://www.wsj.com/articles/SB1000142405 311190426550 4576568351324914730?mg=prod percent2Faccounts-wsj#articleTabs percent3 Darticle.

60. William Taylor, *Simply Brilliant: How Great Organizations Do Ordinary Things in Extraordinary Ways* (London: Portfolio Penguin, 2016), 83.

61. Christian Madsbjerg, *Sensemaking: The Power of the Humanities in the Age of the Algorithm* (New York: Hachette Books, 2017); Cathy O'Neill, *Weapons of Math Destruction: How Big Data Increases in Equality and Threatens Democracy* (Great Britain: Penguin Books, 2017), Afterword.

62. Ethem Alpaydin, *Machine Learning: The New AI* (Cambridge, MA: MIT Press, 2016), 58, 162.

63. Larry Greenemeier, "20 Years After Deep Blue: How AI Has Advanced Since Conquering Chess," *Scientific American*, accessed October 9, 2017, https://www. scientificamerican.com/article/20-years-after-deep-blue-how-ai-has-advanced-since-conquering-chess/.

64. "Just like Airbnb," *Economist* January 6, 2015, accessed February 3, 2018, http:// www.economist.com/blogs/democracyinamerica/2015/01/data-and-homelessness.

65. James Bessen, "The Automation Paradox," *Atlantic*, January 19, 2016, accessed July 15, 2017, https://www.theatlantic.com/business/archive/2016/01/automation-paradox/424437/.

66. James Bessen, "Scarce Skills, Not Scarce Jobs," *Atlantic*, April 27, 2015, accessed July 15, 2017, https://www.theatlantic.com/business/archive/2015/04/scarce-skills-not-scarce-jobs/390789/.

67. Christopher Mims,"Automation Can Actually Create More Jobs," *Wall StreetJou rnal*,December11,2016,accessedNovember19,2017,https://www.wsj.com/articles/ automation-can-actually-create-more-jobs-1481480200.

68. Vanessa Fuhrmans,"Howthe Robot Revolution Could Create 21 Million Jobs," *Wall Street Journal*, November 15, 2017, accessed November 19, 2017, https:// www.wsj.com/articles/how-the-robot-revolution-could-create-21million-jobs-1510758001; Mims, "Without Humans."

69. A. G. Lafley, "A Liberal Education: Preparation for Career Success," *Huffington Post*, December 6, 2011, http://www.huffingtonpost.com/ag-lafley/a-liberal-education-prepa_b_1132511.html.

第七章

1. Elizabeth Woyke, "Environmental Balance," *Forbes*, September 13, 2011, http:// www.forbes.com/global/2011/0926/feature-environmental-balance-shih-revamp-

taiwan-farms-woyke.html.

2. Michael V. Copeland, "The Man Behind the Netbook Craze," *Fortune*, November 20, 2009, http://fortune.com/2009/11/20/the-man-behind-the-netbook-craze/.

3. Andrew S. Grove, *Only the Paranoid Survive* (New York: Doubleday, 1999); Willy C. Shih, Ho Howard Yu, and Hung-Chang Chiu, "Transforming ASUSTeK: Breaking from the Past," Harvard Business School Case 610-041, January 2010 (revised March 2010).

4. *Many Taiwanese companies:* An earlier version of this case study has been published as two case studies: Willy C. Shih, Ho Howard Yu, and Hung-Chang Chiu, "Transforming ASUSTeK: Breaking from the Past." Harvard Business School Case 610-041, January 2010 (Rev. March 2010) and Willy C. Shih, Chintay Shih, Hung-Chang Chiu, Yi-Ching Hsieh, and Ho Howard Yu, "ASUSTeK Computer Inc. Eee PC (A)." Harvard Business School Case 609011, July 2008 (Rev September 2009). It was Professor Willy Shih at Harvard Business School who spurred me to investigate the Taiwanese PC industry. The findings were published as "Taiwan's PC Industry, 1976-2010: The Evolution of Organizational Capabilities," by Howard H. Yu and Willy C. Shih, *Business History Review,* Vol. 88, Issue 02, June 2014, pp. 329–357. Richard Lai,"The Past, Present and Future of ASUS, According to Its Chairman," Engadget, July 14, 2016, accessed February 3, 2018, https://www.engadget.com/2015/08/16/asus-chairman-jonney-shih-interview/.

5. Keith Bradsher, "In Taiwan, Lamenting a Lost Lead," *New York Times*, May 12, 2013, http://www.nytimes.com/2013/05/13/business/global/taiwan-tries-to-regain-its-lead-in-consumer-electronics.html.

6. Jeffrey S. Young and William L. Simon, *iCon: Steve Jobs, the Greatest Second Act in the History of Business* (Hoboken, NJ: Wiley, 2006).

7. Leander Kahney, "Inside Look at Birth of the iPod," *Wired*, July 21, 2004, https://www.wired.com/2004/07/inside-look-at-birth-of-the-ipod/.

8. Leander Kahney, *Inside Steve's Brain* (London: Atlantic Books, 2012); Steven Levy, *The Perfect Thing* (London: Ebury, 2007).

9. Department of Trade and Industry, "Strategy Alternatives for the British

Motorcycle Industry," gov.uk, accessed July 10, 2017, https://www.gov.uk/government/publications/strategy-alternatives-for-the-british-motorcycle-industry.

10. American Honda 50th Anniversary Timeline, accessed July 8, 2017, http://hondanews.com/releases/american-honda-50th-anniversary-timeline?l=en-US&mode=print.

11. "Establishing American Honda Motor Co. / 1959," Honda Worldwide, accessed July 8, 2017, http://world.honda.com/history/challenge/1959establishingamericanhonda/page03.html.

12. Adam Richardson, "Lessons from Honda's Early Adaptive Strategy," *Harvard Business Review*, July 23, 2014, https://hbr.org/2011/02/lessons-from-hondas-early-adap.

13. Richard T. Pascale, *Perspectives on Strategy* (Palo Alto, CA: Graduate School of Business, Stanford University, 1982), 55.

14. Clayton M. Christensen, *The Innovator's Dilemma: When New Technologies Cause Great Firms to Fail* (Boston: Harvard Business Review Press, 2016), 150–153.

15. Richardson, "Lessons from Honda's Early Adaptive Strategy."

16. Henry Mintzberg and James A. Waters, "Of Strategies, Delibrate and Emergent," *Strategic Management Journal* 6, no. 3 (1985): 257–272, doi:10.1002/smj.4250060306.

17. Edwin Catmull and Amy Wallace, *Creativity, Inc. Overcoming the Unseen Forces That Stand in the Way of True Inspiration* (New York: Random House, 2015).

18. Amar Bhide, "Bootstrap Finance: The Art of Start-ups," *Harvard Business Review*, August 22, 2014, https://hbr.org/1992/11/bootstrap-finance-the-art-of-start-ups.

19. Justin D. Martin, "How to Predict Whether a New Media Venture Will Fail," *Quartz*, December 10, 2012, https://qz.com/35481/how-to-predict-whether-a-new-media-venture-will-fail/.

20. "The Lean Startup," The Lean Startup: The Movement That Is Transforming How New Products Are Built and Launched, accessed July 9, 2017, http://theleanstartup.com/.

21. J. L. Bower and C. G. Gilbert, eds., *From Resource Allocation to Strategy* (Oxford, New York: Oxford University Press, 2005).

22. R. A. Burgelman, "Intraorganizational Ecology of Strategy Making and

Organizational Adaptation: Theory and Filed Research," *Organization Science* 2, no. 3 (1991): 239–262.

23. T. Noda and J. L. Bower, "Strategy Making as Iterated Processes of Resource Allocation," *Strategic Management Journal* 17, no. 7 (1996): 159–192.

24. C. G. Gilbert, "Unbundling the Structure of Inertia: Resource Versus Routine Rigidity," *Academy of Management Journal* 48, no. 5 (2005): 741–763.

25. Christensen, *Innovator's Dilemma*.

26. Fortune Editors, "Is Google Suffering from Microsoft Syndrome?" Fortune.com, July 31, 2014, http://fortune.com/2011/08/04/is-google-suffering-from-microsoft-syndrome/.

27. Jessica E. Lessin, "Apple Gives In to Employee Perks," *Wall Street Journal*, November 12, 2012, https://www.wsj.com/articles/SB10001424127887324073504578115071154910456.

28. Steven Levy, "Google's Larry Page on Why Moon Shots Matter," *Wired*, January 17, 2013, accessed October 16, 2017, https://www.wired.com/2013/01/ff-qa-larry-page/.

29. "Google Inc. (NASDAQ:GOOG), 3M Company (NYSE:MMM)— Google: An Ecosystem of Entrepreneurs," Benzinga, accessed October 16, 2017, https://www.benzinga.com/general/10/09/498671/google-an-ecosystem-of-entrepreneurs.

30. Lara O'Reilly, "The 30 Biggest Media Companies in the World," *Business Insider*, May 31, 2016, http://www.businessinsider.com/the-30-biggest-media-owners-in-the-world-2016-5/#20-hearst-corporation-4-billion-in-media-revenue-11.

31. Eric Rosenberg, "The Business of Google (GOOG)," *Investopedia*, August 5, 2016, http://www.investopedia.com/articles/investing/020515/business-google.asp.

32. Zach Epstein, "Google Bought Motorola for $12.5B, Sold It for $2.9B, and Called the Deal 'a Success,'" *BGR*, February 13, 2014, http://bgr.com/2014/02/13/google-motorola-sale-interview-lenovo/.

33. Charlie Sorrel, "Google to Stop Selling Nexus One," *Wired*, June 4, 2017, https://www.wired.com/2010/07/google-to-stop-selling-nexus-one/.

34. Klint Finley, "Google Fiber Sheds Workers as It Looks to a Wireless Future," *Wired*, June 3, 2017, accessed October 16, 2017, https://www.wired.com/2017/02/google-fiber-restructure/.

35. Andrew Cave, "Why Google Glass Flopped," *Forbes*, February 15, 2015, https://www.forbes.com/sites/andrewcave/2015/01/20/a-failure-of-leadership-or-design-why-google-glass-flopped/.

36. Doug Gross, "Google: Self-Driving Cars Are Mastering City Streets," CNN, April 28, 2014, http://www.cnn.com/2014/04/28/tech/innovation/google-self-driving-car/; Max Chafkin, "Uber's First Self-Driving Fleet Arrives in Pittsburgh This Month," Bloomberg.com, August 18, 2016, https://www.bloomberg.com/news/features/2016-08-18/uber-s-first-self-driving-fleet-arrives-inpittsburgh-this-month-is06r7on; Neal E. Boudette, "Tesla Upgrades Autopilot in Cars on the Road," *New York Times*, September 23, 2016, https://www.nytimes.com/2016/09/24/business/tesla-upgrades-autopilot-in-cars-on-the-road.html.

37. Eugene Kim, "Jeff Bezos Says Amazon Is Not Afraid to Fail—These 9 Failures Show He's Not Kidding," *Business Insider*, October 21, 2015, http://www.businessinsider.com/amazons-biggest-flops-2015-10/#in-2012-amazon-shut-down-endlesscom-a-high-end-fashion-commerce-site-and-moved-it-under-amazoncomfashion-it-still-owns-other-non-amazon-branded-fashion-sites-like-zappos-and-shopbop-7.

38. Issie Lapowsky, "Jeff Bezos Defends the Fire Phone's Flop and Amazon's Dismal Earnings," *Wired*, June 2, 2017, https://www.wired.com/2014/12/jeff-bezos-ignition-conference/.

39. Austin Carr, "The Real Story Behind Jeff Bezos's Fire Phone Debacle and What It Means for Amazon's Future," *Fast Company*, July 8, 2017, https://www.fastcompany.com/3039887/under-fire.

40. Joshua Brustein and Spencer Soper, "The Real Story of How Amazon Built the Echo," Bloomberg.com, April 18, 2016, https://www.bloomberg.com/features/2016-amazon-echo/.

41. James F. Peltz and Makeda Easter, "Amazon Shakes up the Grocery Business with Its $13.7-Billion Deal to Buy Whole Foods," *Los Angeles Times*, June 16, 2017, http://www.latimes.com/business/la-fi-amazon-whole-foods-20170616-story.html.

42. Tim Higgins and Nathan Olivarez-Giles, "Google Details New Pixel Smartphones, Amazon Echo Rival," *Wall Street Journal*, October 5, 2016, https://www.wsj.com/articles/google-to-detail-amazon-echo-fighter-called-home-new-

phones-1475592365.

43. Sarah Perez, "Amazon's Alexa Passes 15,000 Skills, up from 10,000 in February," *TechCrunch*, July 3, 2017, https://techcrunch.com/2017/07/03/amazons-alexa-passes-15000-skills-up-from-10000-in-february/.

44. Mike Sullivan and Eugene Kim, "What Apple's HomePod Is Up Against," *Information*, June 20, 2017, https://www.theinformation.com/what-apples-homepod-is-up-against.

45. Brian X. Chen, "Google Home vs. Amazon Echo. Let the Battle Begin," *New York Times*, May 18, 2016, https://www.nytimes.com/2016/05/19/technology/personaltech/google-home-a-smart-speaker-with-a-search-giant-for-a-brain.html?_r=0.

46. Richard H. Thaler, *Misbehaving: The Making of Behavioral Economics* (New York: W. W. Norton, 2016).

47. The concept of a "deep dive" was first published as a working paper while I was a doctoral student at Harvard Business School. Yu, Howard H., and Joseph L. Bower. "Taking a 'Deep Dive: What Only a Top Leader Can Do." Harvard Business School Working Paper, No. 09-109, April 2009 (Rev. February 2010, May 2010.) The study then won the Best Paper Award in the Israel Strategy Conference 2010. See Yu, Howard H., "Leopards Sometimes Change Their Spots: How Firms Manage a Shift between Strategic Archetypes" (September 9, 2010). Israel Strategy Conference, 2010. Available at SSRN: https://ssrn.com/abstract=1733430. I owe much of this discovery to my dissertation committee chair Joseph Bower.

尾　声

1. Kim Gittleson, "Can a Company Live Forever?" *BBC News*, January 19, 2012, http://www.bbc.com/news/business-16611040.

2. Neil Dahlstrom and Jeremy Dahlstrom, *The John Deere Story: A Biography of Plowmakers John & Charles Deere* (DeKalb: Northern Illinois University Press, 2007), 12–14.

3. Margaret Hall, *John Deere* (Chicago: Heinemann Library, 2004), 30.

4. David Magee, *The John Deere Way: Performance That Endures* (Hoboken, NJ: John Wiley, 2005), 6.

5. Randy Leffingwell, *Classic Farm Tractors: History of the Farm Tractor* (New York: Crestline, 2010), 82.

6. Magee, *The John Deere Way*, 57.

7. Ronald K. Leonard and Richard Teal, *John Deere Snowmobiles: Development, Production, Competition and Evolution, 1971–1983* (Jefferson, NC: McFarland & Company, 2014), 15.

8. Andrea Peterson, "Google Didn't Lead the Self-Driving Vehicle Revolution. John Deere Did," *Washington Post*, June 22, 2015, https://www.washingtonpost.com/news/the-switch/wp/2015/06/22/google-didnt-lead-the-self-driving-vehicle-revolution-john-deere-did/?utm_term=.402c93254201.

9. Pietra Rivoli, *The Travels of a T-Shirt in the Global Economy* (Hoboken, NJ: Wiley, 2009), 41.

10. USDA ERS, "Glossary," accessed July 14, 2017, https://www.ers.usda.gov/topics/farm-economy/farm-household-well-being/glossary.aspx#familyfarm.

11. Michael E. Porter and James E. Heppelmann, "How Smart, Connected Products Are Transforming Competition," *Harvard Business Review*, March 17, 2017, https://hbr.org/2014/11/how-smart-connected-products-are-transforming-competition.

12. Andrew McAfee and Erik Brynjolfsson, *Machine Platform Crowd: Harnessing Our Digital Future* (New York: W. W. Norton, 2017), 204.

13. "Why Fintech Won't Kill Banks," *Economist*, June 16, 2015, accessed October 20, 2017, https://www.economist.com/blogs/economist-explains/2015/06/economist-explains-12.

14. DuPont Pioneer and John Deere, "DuPont Pioneer and John Deere Help Growers to See More Green," Pioneer Hi-Bred News Releases, May 24, 2016, https://www.pioneer.com/home/site/about/news-media/news-releases/template.CONTENT/guid.0642711A-FCCC-A4F0-21A6-AF150D49ED01.

15. Ina Fried, "John Deere Quietly Opens Tech Office in San Francisco," *Axios*, June 26, 2017, https://www.axios.com/john-deere-quietly-opens-a-lab-in-san-francisco-2448240040.html.